16

新知
文库

XINZHI

Every Contact
Leaves a Trace

蛛丝马迹

犯罪现场专家讲述的故事

［美］康妮·弗莱彻 著　毕小青 译

生活·讀書·新知 三联书店

图书在版编目（CIP）数据

蛛丝马迹：犯罪现场专家讲述的故事 /（美）弗莱彻著；毕小青译. —2版. —北京：生活·读书·新知三联书店，2015.10 （2018.5重印）
（新知文库）
ISBN 978－7－108－05551－4

Ⅰ. ①蛛… Ⅱ. ①弗… ②毕… Ⅲ. ①刑事犯罪－现场勘查
Ⅳ. ①D918.4

中国版本图书馆CIP数据核字（2015）第239427号

责任编辑 徐国强
装帧设计 陆智昌 康 健
责任印制 卢 岳
出版发行 生活·讀書·新知 三联书店
（北京市东城区美术馆东街22号 100010）
图 字 01－2007－6105
网 址 www.sdxjpc.com
经 销 新华书店
印 刷 北京隆昌伟业印刷有限公司
版 次 2009年5月北京第1版
2015年10月北京第2版
2018年5月北京第3次印刷
开 本 635毫米×965毫米 1/16 印张25.25
字 数 240千字
印 数 14,001－19,000册
定 价 42.00元
（印装查询：01064002715；邮购查询：01084010542）

新知文库

出版说明

在今天三联书店的前身——生活书店、读书出版社和新知书店的出版史上，介绍新知识和新观念的图书曾占有很大比重。熟悉三联的读者也都会记得，20 世纪 80 年代后期，我们曾以“新知文库”的名义，出版过一批译介西方现代人文社会科学知识的图书。今年是生活·读书·新知三联书店恢复独立建制 20 周年，我们再次推出“新知文库”，正是为了接续这一传统。

近半个世纪以来，无论在自然科学方面，还是在人文社会科学方面，知识都在以前所未有的速度更新。涉及自然环境、社会文化等领域的新发现、新探索和新成果层出不穷，并以同样前所未有的深度和广度影响人类的社会和生活。了解这种知识成果的内容，思考其与我们生活的关系，固然是明了社会变迁趋势的必需，但更为重要的，乃是通过知识演进的背景和过程，领悟和体会隐藏其中的理性精神和科学规律。

“新知文库”拟选编一些介绍人文社会科学和自然科学新知识及其如何被发现和传播的图书，陆续出版。希望读者能在愉悦的阅读中获取新知，开阔视野，启迪思维，激发好奇心和想象力。

生活·读书·新知三联书店

2006年3月

谨将此书献给特里格夫、布里吉特、尼克和朱丽。

目 录

1 鸣谢

1 导言

1 第一章 犯罪现场处理

45 第二章 对犯罪现场的解释：室内现场

85 第三章 对犯罪现场的解释：室外现场

129 第四章 微量痕迹证据

170 第五章 尸体上的证据

205 第六章 DNA

237 第七章 犯罪实验室

279 第八章 悬案

319 第九章 刑事审判

357 在本书中接受访谈的专家简介

鸣　谢

本书的出版应归功于那些愿意向局外人坦率地讲述其工作经历的司法证据专家们。在此我要感谢那些见证了犯罪现场调查这门科学，同时也是一门艺术的80位男男女女。他们以清晰的思路解释了司法证据科学，并且往往以感人的口吻讲述了他们在犯罪现场看到的情景以及调查刑事案件的经历。

我要特别感谢那些指引我寻找其他可靠的信息来源，与我多次长谈，带领我参观犯罪实验室，并在访谈之后与我保持联系，向我介绍事情最新进展的那些人。他们包括：爱达荷州科达伦部落警察局局长、犯罪嫌疑人画像专家汤姆·克罗宁（Tom Cronin）；伊利诺伊州威尔梅特市警察局乔治·卡彭特（George Carpenter）警长和布莱恩·金（Brian King）副警长；芝加哥警察局詹姆士·马克尔特（James Mackert）警督和罗兰德·琼斯（Roland Jones）警探；芝加哥警察局菲尔·克莱因（Phil Cline）总监；伊利诺伊州芝加哥市库克县检察官办公室DNA资源专家卡拉·斯蒂芬森（Kara Stefanson）；芝加哥警察局乔·莫菲（Joe Murphy）处长和戴夫·奥卡拉汉（Dave O'Callahan）警督；威斯康星州密尔沃基市助理地区检察官、DNA证据专家诺尔曼·加恩（Norm Gahn）；密歇根警察局司法证据科学室约翰·朱哈拉（John Juhala）主任；纽约警察局布朗克斯凶杀案组弗农·格伯斯（Vernon

Geberth）警督；洛杉矶县警察局犯罪实验室主任巴里·A·J·费舍（Barry A. J. Fisher）；洛杉矶县警察局凶杀案处雷·皮维（Ray Peavy）警监和理奇·朗肖尔（Rich Longshore）警司；马里兰州盖瑟斯堡国家标准和技术研究所司法证据科学研究项目经理休·巴卢（Sue Bureau）；新泽西州贝尔根县验尸官苏南丹·B·辛格（Sunandan B. Singh）博士和助理验尸官玛丽·安·克雷顿（Mary Ann Clayton）；新泽西州司法人类学家多娜·方塔纳（Donna Fontana）；新泽西州大西洋县警察局威廉·汉密尔顿（Bill Hamilton）警探和比尔·麦金泰尔（Bill McIntyre）警探；威斯康星州密尔沃基市犯罪实验室主任迈克尔·坎普（Michael Camp）；加利福尼亚州圣地亚哥市辩护律师、司法证据专家克里斯·普鲁尔德（Chris Plourd）；密歇根州吉纳西县检察官办公室检察官里士满·里格斯（Richmond Riggs）；以及明尼苏达州圣保罗市司法证据科学实验室的弗兰克·多雷斯（Frank Dolejsi）主任、戴维·B·彼得森（David B. Petersen）前主任和隐秘指纹专家戴维·彼得森（David Peterson）。

我要感谢我了不起的编辑戴安娜·里夫兰德（Diane Riverand）以及我不知疲倦的经纪人纳特·索贝尔（Nat Sobel）。他们已经帮助我出版了四本书，并且使每本书的编写和出版过程都成为一次愉快的经历。我要感谢芝加哥洛约拉大学的校长伊莉莎白·科夫曼（Elizabeth Coffman）和系主任伊西亚·克劳福德（Isiaah Crawford），他们将我从繁忙的教务中解放出来，使我有足够的时间从事有关本书的研究。

我还要感谢在这一切背后的家人：我的丈夫特里格夫（Trygve）、我的女儿布里吉特（Bridget）和我的儿子尼克（Nick）。他们使我快乐，这就是对我最大的帮助。最后我还要感谢我的妹妹朱丽（Julie）。她在成为芝加哥的一名警察之后开始向我讲述各种有关破案的故事，从而促成了这本书的编写。

在调查一起谋杀案时，你就像在查看一块布料。你找到了一根红色线头——这就是你认为可以揭示案件的侦查方向的线索。

于是你就沿着这根红线仔细地查看，无论它延伸到哪里，你都紧紧地跟随着它。它几乎从来不走直线，总是拐来拐去的，忽而向前，忽而向后，忽而原地转圈；有时与其他线索交错，有时它在停顿一下之后又继续蜿蜒曲折地行进；它不断变化着形态，时而粗大，时而细小。有时它会突然消失得无影无踪。这时你就要重新寻找这个线头。

无论这根红线延伸到哪里，你都要跟随着它。你还要小心，不要对它施加太大的压力，否则它就会断掉。

我总是告诫新参加工作的侦探："无论红线延伸到哪里，你都要跟随着它。但是你必须保持警惕。"

——亚利桑那州凤凰城悬案调查组组长吉姆·吉文斯警官

导　言

几年前，当一部名为《犯罪现场调查》的充满血腥场面的连续剧开始在电视台播放的时候，我从事警察工作的亲戚和朋友们以及我为写前几本书而采访过的从事凶杀案件调查的侦探们都对我说："犯罪现场调查不是这样的。"令我感到不解的是，每当提到这一电视剧的时候，他们除了作出以上这句评论之外，就再也不说什么了。

在那时，我不认识任何司法证据科学家，也不认识任何在犯罪现场收集或处理证据或者在犯罪实验室工作的人员。但是我却时常听到警察在谈论他们所处理的案件时以各种不同的方式表达上面所提到的对这一电视剧的评论："犯罪现场调查不是这样的。"

最初我以为警察对有关犯罪的电视剧的厌恶可能是出于某种形式的职业嫉妒，是为了维护其局内人的地位（我发现警察倾向于鄙视一切有关犯罪的电视。但是有一个例外，那就是重播的《巴尼·米勒》）。我曾以为，那些调查谋杀案的侦探希望以这种方式贬低犯罪侦查科学在现场调查中的作用，因为对于那些从事老式、传统的警察工作的侦探来说，科学令他们望而生畏，使他们产生了被排斥感。

我只是偶尔观看《犯罪现场调查》以及诸如此类的电视剧。但是我感到这些电视剧不仅不能令人信服，而且还让人感到有点不安。这些电视剧，尤其是《犯罪现场调查》，似乎过于沉醉于科学的威力和血腥的场面（我承认，在看恐怖片的时候我会用手遮住眼睛，嘴里不断地说“我的上帝！”）。

让人感到奇怪的是，在《犯罪现场调查》这一电视剧中，那四个人每次都只专注于一个案件，并且负责案件的所有工作——从现场处理到实验室分析（另外，为什么他们的实验室里总是那么昏暗？），再到得意洋洋地审讯嫌疑犯。这不符合情理。首先，谁会身穿名牌服装和皮夹克在那些到处都是尸体碎片的地方工作？其次，为什么这些人总是哭丧着脸？我所认识的侦探们都具有极佳的社交能力，和蔼可亲，并且很有幽默感，完全不像《犯罪现场调查》中的那些整天阴沉着脸，摆出一副居高临下样子的家伙。

因此，我想知道那些警察有关《犯罪现场调查》的说法是否正确。而要做到这一点，除了接触那些真正从事证据收集和分析工作的犯罪现场专家之外别无他法。我这么做的目的除了看看影视片中所描述的情景与现实究竟相差有多远之外，还要深入了解目前应用于犯罪现场的司法证据科学。我决定采取让尽可能多的从事犯罪现场工作的人口述其工作经历的方式来达到这一目的，因为这样可以让人们实事求是地带着感情谈论他们的工作，讲述他们的故事，并且自由地发表意见。我认为这是从局内人的视角来了解一个不同的世界的最好方法。

作为一个局外人，要了解司法证据科学世界并非易事。你如何找到一个深处实验室 DNA 部门的 DNA 分析员并且与他进行交谈？你如何使一个证据技术员、法医人类学家或验尸官向你敞开心扉，谈论他们的真实经历？你如何知道谁是真正起作用的人？如何知道你得到的消息来源是可靠的？如何知道你所提出的问题是正确的，还是极其无知的？

我有一个信念，那就是在从事这样一个项目的时候，只要你能够找到恰当的方法，整个世界的大门就会向你敞开。我在大学人类学课程上学到的一条经验就是，一个局外人所需要的是一位“关键的线人”，在一个群体中一个可靠的信息提供者，他可以帮助你接触到其他可靠的信息提供者。我在从事这一项目的时候有幸得到了几个这样的关键线人的帮助。我在本书“鸣谢”部分提到了他们。当我对他们访谈的时候，一个可靠的专家会将我介绍给另一个可靠的专家。这些专家不断地告诉我：“司法学科界是一个很小的圈子。我们都相互认识。”

对于一个局外人来说，如何让司法证据科学专家同意开口说话是一回事，而要明白他们究竟说的是什么则又是另一项挑战。我这个人天生缺乏分析能力。在上中学时，我的代数是如此之糟糕，以至于我始终没有弄明白 x 这个符号究竟代表的是什么。我一直以为到了高年级的时候老师就会告诉我的（我当时认为它可能代表一个苹果）。我的这些访谈之所以能够获得成功，原因在于这样一个事实：我代表公众，而司法证据科学家们则善于在法庭作证时向陪审团解释专业问题。另外，科学家们常常要和侦探和律师一起工作，而在后者中有些人就像我一样是英文专业毕业的。再者，我曾经向自己发过誓：随时承认自己的无知，而决不将我的无知传递给读者。

在访谈过程中，这些司法证据科学家在提供他们所掌握的材料时表现出的技巧（和耐心）以及他们与警察非常相似的谈话方式，都让我感到吃惊。我一直非常崇拜警察讲故事的本领，却从来没有想到科学家也具有这种才能。但是我却遇到了向我讲述有关一个微小的血迹的引人入胜的故事的 DNA 分析员、用诗一般的语言告诉我如何从一个人遗骸的骨骼上看出他或她在生前所遭受的创伤的法医人类学家，以及向我述说其如何根据一块油漆碎片抓获系列杀人犯的惊心动魄经历的微量痕迹分析员。

我也从这些访谈中了解了他们性格的某些方面。如果你认识某个做了父亲的隐秘印痕专家，那就问问他第一次见到自己刚刚出生的孩子的脚印时的感受吧。你一定可以感受到他们对工作的那份热诚。他们还往往具有艺术天赋，在闲暇时弹钢琴或画画。我曾经认为DNA分析员像一潭死水一样沉闷，但实际上他们往往具有很强的幽默感（也许正是因为在实验室中不能随便说话，因此他们在实验室外就变得格外健谈）。痕迹分析员承认自己有点强迫症的倾向，这对检查纤维是很有帮助的。但是在家里他们可能会做出一些稀奇古怪的事情来。在影视片中，犯罪现场处理人员往往被描述成一些像机器一样没有情感的人，但事实上那些恐怖的场面也会让他们回去之后做噩梦。

在与司法证据科学家交谈多了之后，我每次走进树林都感到自己会发现尸体。法医人类学家曾经无数次地对我说："当你在树林中发现尸体之后……"然后他们就会告诉我应该如何去做。

司法证据科学家说起话来还有点像厨师。有很多次，当他们和我交谈时，我觉得他们好像是在介绍某种糟糕的菜谱。例如，有一个法医人类学家在实验室检查尸骨时教我说："首先，将这具尸骨放在锅中用沸水煮，直到上面的肉掉下来。然后将附着在骨头上的剩余的组织剔除掉……"

虽然调查凶杀案的侦探是一些很幽默的人，但是有时与他们交谈会使我感到紧张。当我和他们面对面交谈的时候，他们有时会停下来，非常严厉地盯着我，那眼神就好像在说："我们知道你干了什么。"

我总共访谈了全国各地的80名司法证据学专家。他们包括犯罪现场处理员，"DNA证据的未来"全国委员会成员，DNA分析员，隐蔽印痕专家，微量痕迹证据分析员，血迹分析员，毒物学家，司法人类学家，司法考古学家，昆虫学家，司法植物学家，枪支检查员，专门负责凶杀、抢劫和盗窃案的侦探，悬案侦探，验尸官，犯罪实验室主任以及律师和检察官。我参观过很多犯罪实验室。以下是我的发现：

犯罪现场调查并不像那个电视剧中所描述的那样。这项工作非常耗时而又费力（新泽西州的一名犯罪现场处理督导员曾经说过："如果你知道如何正确处理犯罪现场的话，你就会知道这是一项非常麻烦的工作。"）。刑事案件的侦破取决于司法证据科学和坚实的调查工作，而不是某个花哨的司法证据科学噱头（一个证据技术员说："这些电视剧的荒唐之处在于，它们让所有人都觉得，只要到犯罪现场去提取一些 DNA 样本，犯罪现场调查工作就结束了。"）。

我所访谈过的几乎所有司法证据科学家和犯罪现场调查员都反复提到一个（对于局外人来说）默默无闻的法国犯罪学家艾德蒙德·洛卡尔（Edmond Locard）的名字。他们常常提到"洛卡尔原则"（Locard principle）。洛卡尔根据福尔摩斯故事中所提倡的方法——即对显微证据的检查——建立了司法证据科学。洛卡尔的那句名言——"每次接触都会留下痕迹"——适用于司法证据科学的所有领域。近年来在 DNA 测试和各个科学领域出现的新技术和新仪器将"洛卡尔原则"带进了 21 世纪的犯罪现场以及法庭之中。

而且这项工作远比电视剧中科幻式的司法证据科学更具创新性。例如，纽约首席验尸官办公室在鉴定世贸大厦遇害者身份的工作过程中推动了法医 DNA 技术的发展。在南方，警方使用大猎犬来搜寻在逃犯。在阿拉斯加州这样一个土地辽阔而只有一条真正可以称得上道路的地方，犯罪现场调查员采取了特殊的方法：证据技术员将必要的现场处理设备装在背包里，通过飞机、船和雪地摩托车到达现场。洛杉矶县警察部门专门为侦探们开办了一所凶杀案件侦查学校。他们征用了一家饭店并将其改装成模拟的室内和室外犯罪现场，并使用假人、被枪击的汽车、自杀留言、假血，以及从万圣节商店里买来的残肢断臂等道具来加强现场的真实感。

本书采用了口述的编写形式。在每一章的主体部分，我都让专家们自己讲述他们的故事（在每一段口述的后面我都为读者注明口述者的职业）。大多数专家在接受我的访谈之前都必须获得其所在的部门、机构或犯罪实验室的同意，而且还提出了一些条件，其中一条就是他们的评论在书中必须以匿名的方式出版。在征得本人同意之后，我在一些口述后面注明了口述者的姓名。

我的目标是尽可能将篇幅留给专家。我在每章的开始部分写一个导言，然后就直接提供犯罪现场处理或分析人员的评论或故事。除了在口述中的引言之外，我省略每段口述的引号。

但是读者应该知道这些人都是有关领域中可靠的向导。本书的最后部分列出了所有口述者的姓名以及他们的简介。

本书的内容包括从最初发现尸体到法庭最终判决的整个过程。专家谈论其专业、他们的所见所闻及其对他们的影响。通过这些读者们可以真正了解那个被《犯罪现场调查》以及诸如此类的影视剧所虚构化或在电视采访中显得过于死板的世界。如果你是一个正在考虑选择法医科学作为职业的学生，本书可以向你介绍一些以前你也许从未听说过的学科和技术。那些从事现场保护、处理和分析的人员也许可以从本书中找到一些新的思路和方法。如果你即将第一次走进犯罪现场，本书可以帮助你避免犯下严重的错误。

这是一本由有关专家所创作的书：其所记录的是专家所说的话，专家的知识——以及专家们如何从遇害者所留下的痕迹中解读其被害经过。

第一章

犯罪现场处理

在第一次你就必须将工作做好，因为你只有一次机会。一旦现场的物品被移动或改变，一旦你失去了这个小小的机会，那么你永远也不会有第二次机会了。

——弗农·J·格伯斯，纽约警察局布朗克斯凶杀案科科长、《实用凶杀案调查手册》作者

犯罪现场调查员必须具有积极的态度。你必须相信你能够发现证据。我刚刚学会打高尔夫球，它对我搜查犯罪现场很有帮助。我的球每次都会跑进树林中，那里就像一个犯罪现场。当进去寻找我所丢失的两个球时，我总是能找出六个来。积极的态度对于高尔夫和犯罪现场来说都是一样的：你不能到沙坑里去寻找，而是应该到树林里去寻找。在犯罪现场你的目标永远是尽最大努力。

——李昌钰博士，康涅狄克州莫雷顿司法科学实验室名誉主任

运动鞋上的一滴血迹。在楼梯上发现的一块布料。用来在地下室挖掘坟墓的铁锹所留下的压痕。从喷嚏中收集到的DNA样本。迸溅在闯入者衣服上的微量的玻璃碎屑。

以上这些都曾经是司法证据科学调查的第一条线索。它们是在犯罪现场发现并收集到的、凶杀案所留下的细微的蛛丝马迹。

在开始案件调查之前，首先要收集证据。现场处理人员必须像探索火星表面一样搜索犯罪现场，无论是室内、室外还是移动的现场：这是什么？它为什么在这里？为什么它不在这里？这些都意味着什么？我们如何在保证不破坏证据的前提下将其带回实验室？

在一般情况下，一旦警察向犯罪实验室发出协查请求，一个由证据技术员和一切所需专家——如血迹分析员、痕迹分析员、枪支检查员等等——所组成的小组就会被派遣到犯罪现场。这些现场处理人员开始构建一条证据链。它可能会从犯罪现场延伸到侦探的调查工作，延伸到犯罪实验室，最后一直延伸到案件的审判。对此现场处理人员和调查人员有一个说法，那就是：“始终将链条拉紧。”他们只有一次机会找到在现场遗留下来的那些环节。

本章我将带领读者跟随犯罪现场处理人员进入犯罪现场，用他们的话来描述他们在那里所发现的证据。他们的评论是匿名的，但是我在这些评论之后都标明评论者的专业领域（除非某个部分开始我已注明，该部分的所有专家都来自同一领域）。下面我们就跟随现场处理人员和专家沿着由外到内的顺序勘查现场吧。

1981年年末，他正在明尼苏达州培训新的犯罪现场调查组的成员。当然，那时我们都不够聪明，否则我们就会问：“为什么在这里工作久了的人都退出犯罪现场调查了？”

当时我们都还年轻无知，都在想：“这个工作听上去真好。”在那些日子里，我们首先从事犯罪现场的摄影工作。我们完成了整个课程，必须证明我们在这方面的能力。

我们最终的考试场地是南圣保罗的一个牲畜屠宰场。我们被带到了该屠宰场的一个废弃不用的地方，但是我们周围都是等待屠宰的牛。那里有一个空闲的建筑物，其中不同的房间被布置成不同的犯罪现场。他们在雪地上做上脚印，我们必须将其拍摄下来。在犯罪现场，我们首先要拍摄一张现场全貌照片，然后拍摄一张中等距离的照片，最后拍摄一张特写照片。因此我们必须在这个旧屠宰场的雪地上拍摄外部现场照片。

现在我能够理解使我们经历这场磨难的那位绅士的意图了。当时我们在那些臭气熏天的建筑物中——那里充满了牛粪、血和死去的动物的气息——拍摄犯罪现场照片，而在这整个过程中他却一直坐在有暖气的面包车中吸烟。而且他让我们在那里待了一整天，在那里展示我们使用照相机的技巧。那里气味难闻，并且当时还是1月份，室外气温一直在零下10度，我们的照相机都被冻住了。最终我们都获得了犯罪现场摄影师的证书。

现在我明白他们那天让我们这么做的目的了。他们是想让我们习惯最真实的犯罪现场的环境：那里臭气熏天、脏乱不堪，并且你要在那里一个小时接着一个小时地处理这些现场。

——犯罪现场调查员

每个刚刚参加犯罪现场反应小组的新人都会领到一部寻呼机。他们回去之后就观看电视新闻，然后就整晚盯着寻呼机，等着它响。第二天早上他们给我打电话说："我们怎么没有被派去犯罪现场？"我对他们说："你们没有被派去犯罪现场是有原因的：首先，必须得有人被杀死；其次，必须有犯罪发生地的警察局向我们发出请求；第三，在收到他们的请求时正好你们当班。只有在以上三个条件都满足的情况下，你才可以去犯罪现场。"

这都应归咎于《犯罪现场调查》这部电视剧。这些人太急切了。

——犯罪现场协调员

这项工作不是像《犯罪现场调查》中所描述的那样。我想我去过的犯罪现场中只有一个与这部电视剧中的情况稍微有点相似。通常犯罪现场在房屋拖车中或者堆满垃圾的破旧房屋中……我从来没有到过像电视剧中那种干净整齐的犯罪现场。

我将我从犯罪现场拍摄的照片用于教学。学员们会说："在《犯罪现场调查》中，如果你看到一盏台灯翻倒了，你就知道那里曾发生过打斗。"

在我去过的每个犯罪现场，台灯通常是翻倒的，但在台灯旁边的地板上还有80个被压扁的啤酒罐以及一些"白狼"牌伏特加酒瓶。我向学员展示了这样一张照片。他们对我说："先生，你是如何看出这个房间里曾经发生过打斗的呢？"我说："你们看：这个地方的垃圾被弄乱了，而那个地方则没有。"

——证据技术员

我记得第一次走进盗窃现场的情形。那个房子被翻了个底朝天。物品被扔得到处都是。我记得当时我站在那里想："我到底该从哪里开始呀？"

——犯罪现场警官

前往现场

接到来自犯罪现场的电话后，我首先要弄清楚那里发生的是什么类型的犯罪，现场在室内还是室外，现场是否有被害人，以及是否有嫌疑人等情况。然后根据现场的类型、死亡的方式以及办公室官员所提供的信息，我建立一个包括具有处理该现场所需的各种专业知识的人员的小组。

从现场打来的电话可能是："嗨，我们这里发生了犯罪。是一起双重凶杀案。受害人是被枪杀的。凶犯是强行闯入屋子的，似乎他们还翻动了屋里的东西。"

根据以上信息，我会找来两名隐秘印痕专家，因为现场将有很多指纹要提取；我要确保有证据采集人员去处理鞋印和轮胎印记以及纤维；我会要求枪支专家去处理有关枪击方面的证据；我也许还会叫上一两个人去作记录和照相。所以我可能需要一个由 4—5 人组成的调查小组。

然后我们就坐上设备车赶赴现场。

——犯罪现场督导员

我们每个人都有过在赶往犯罪现场过程中心急如焚的经历。例如，我们正以每小时 70 英里的速度行驶着，试图尽快赶到现场。突然轮胎爆裂，并且成为了碎片，而我们当时正处在偏僻的乡村公路上。如果我们能够像《犯罪现场调查》那部电视剧中的人物那样开悍马车的话，那么就不会有任何问题了。但是我们开的只是这些粗笨的面包车。

——犯罪现场处理员

我们刚刚到达案发现场，正站在现场的外面，等着搜查证的到来。这不是一个安全的街区。证据收集人员和警察都站在犯罪现场调查车外等着。我们的面包车车身上用很大的字印着"刑事追踪局"等标记。

突然我们听到街上传来枪声，然后所有的警察都不见了。我站在那里想："情况不妙。我们坐在这辆车上等于是举着一个'向我们开火'的标牌。"我们证据收集人员是不带武器的。而所有的警察都从车里拿出他们的枪跑出去了，把我们留在那里。

在很多时候，当听到枪声或从对讲机中得知有汽车高速追逐事件发生的时候，所有在犯罪现场的警察——他们本来是应该在那里保护我们的——都跑过来问我们："我可以去吗？我可以去吗？"这是他们的雄性激素在作怪。

——犯罪现场处理员

在阿拉斯加州赶往犯罪现场具有独特之处：当我们收到案发报告之后，需要花费很长时间才能够赶到那里。我们的这个犯罪实验室负责整个州的犯罪调查工作。

在阿拉斯加基本上只有一条公路。它位于该州的中部，紧邻铁道线，一直通到菲尔班克斯。然后是一条一直通到生产石油的北坡的、由碎石子铺成的、沿路几乎没有加油站的400英里的道路。在阿拉斯加西部，除了城镇周边上的几英里的路之外，就没有其他道路了。我们经常要使用雪地摩托车。我们的犯罪现场调查员在出发之前都要准备好背包，里面装的大多是重要的犯罪现场调查设备。通常我们会尽量乘坐商业飞机。例如我们会飞往贝瑟尔（大约离白令海峡40英里）。我们乘坐阿拉斯加航空公司的飞机飞往贝瑟尔，然后从那里乘坐定期往返飞机，前往另一个地方。在那里可能有某个政府部门的人员接我们。然后再去一个更为偏僻的地方。我们可能要乘坐四轮雪地车或雪地摩托车、渡轮或小船。公共安全部门也会有一些小型飞机。当然气候也是一个因素。有时飞机在暴风雪中起飞，我们在飞机上连跑道的尽头都看不见。

我们曾到过阿拉斯加州最偏远的地方去调查犯罪现场。我们乘坐阿拉斯加航空公司的飞机到达贝瑟尔。从那里州警察开车将我们送到卡斯科奎姆河。从那里我们乘坐小船逆流而上5英里到达一个土著人用来捕捉三文鱼和晒鱼干的营地。有一名妇女在那里失踪并最终被发现遭到杀害。

我记得又一次为了去一个犯罪现场，调查员们首先坐飞机到了阿拉斯加州东南部的朱诺，然后他们从那里乘坐一架带有浮筒的小飞机飞到了一个渔村。这种飞机的有些浮筒上还带有轮子。那一回他们必须把轮子放下来，沿着渔船下水的坡道上岸，然后前往犯罪现场。

—— 前犯罪实验室主任

保护现场

有一次我正在讲授有关犯罪现场调查的课程， 一名巡警说道："我是一个穿制服的警察，一名巡警。这些东西和我有什么关系?"我说："上帝啊！我要感谢你提出了这个问题。"然后我对他说："孩子，站起来，再重复一遍你刚才所提的问题。"他照办了。我说道："那些负责凶杀案现场调查的蠢货都说，犯罪现场调查与你们制服警察无关。但事实恰恰相反。你是最重要的人。第一个到达现场的制服警官决定以后各阶段的调查的基调。如果你按照在警察学院学到的知识去做——那就是保护现场，保护证据——并且做得很好的话，那么你就为我们开了一个好头。否则我们所做的一切都是白费。这就是犯罪现场调查与你的关系。"

—— 凶杀案件调查指挥官

对于司法证据人员来说， 一个未被破坏的犯罪现场是这样的：有人打电话给警察，让他们去检查一下一所房子里的人是否有事。两个警察到达现场，看到房子的门被踢开了。其中一名警察进入房中，发现地上躺着一位已经死亡的老太太。他走上前去检查那位老太太，确定

她确实已经死亡。既然她已经死亡，那么就没有必要把她送到医院去了。为什么要把她抬起来送到医院去呢？许多重要的证据都可以在尸体上和尸体周围找到。然后这位警察退出那所房子，采取措施保护现场，并且打电话叫司法证据人员前来处理。这就是一个保护得极好的现场。但是这种情况很少出现。每个人都想进入犯罪现场去看看那里究竟发生了什么事情。

——凶杀案件侦探

有时我们会询问在犯罪现场的警察有多少人到地下室看过尸体。警察会说“一个”。然而，当我们来到地下室用扑粉使尸体周围的鞋印显现出来的时候，我们却会发现那里有6—10双不同的鞋留下的鞋印。

——司法证据专家

如果你在冬天来到一个犯罪现场，并且地上有雪的话，以下就是摆脱现场多余警察的一个有效的方法：递给他们一把铁锹，然后对他们说：“给你，用两只手拿着这个，帮我铲几分钟雪好吗？”然后你一转身，他们就都跑得不见了踪影，因为他们意识到自己可能得干活。

——证据技术员

由外向内开展工作

我喜欢这项工作的原因就是：当你走进任何一个现场的时候，你都必须根据你的知识、能力和技巧来作出一个决定：“什么是进入这个现场的最好的方法？”这就像……如果你喜欢拼图游戏的话，这就像每次你进入一个现场就在做一种不同的拼图游戏。每次都是一种崭新

的游戏。

——犯罪现场调查组组长

我被派到一个犯罪现场。我会首先在现场走一遍，以了解我面临的问题。我通常从外部开始观察。这主要是因为在调查一个现场的时候我的主要目标之一就是确认那些脆弱的证据并且采取措施首先对其保护、记录和收集。由于气候和其他的原因，在室外的证据明显要比室内的证据更加脆弱。如果在室外的土地上有一个鞋印，并且一场暴风雨即将来临，那么这个鞋印就成为一件脆弱的证据。

——司法证据调查员

当我在现场培训学员的时候，我总是告诉他们："你必须从坏蛋的角度去思考问题。"嫌疑犯会如何处理这件事？他会如何进入室内？

嗯……他是通过撬窗户入室的。那么，他是如何撬开窗户的？嗯……他将一根撬铁插入窗户的缝隙中将其撬松，然后用手推开窗户。那么在现场你发现了什么？那里有一根撬铁，在窗户上有被撬的印痕，中间可能还有撬铁留下的小圆槽。我们有专门为此设计的橡胶注模材料，我们可能将这些印痕通过注模复制下来，在我们实验室有专门靠比较这些印痕吃饭的人。

或者你推断这个家伙是用双手推开窗户的。那么在窗户的外边是否有手印？现在窗户是开着的。他是如何爬进去的？窗户有点高，所以他很可能是抓住窗台内部下沿将自己拉上去的。你应该在窗台下沿寻找手印。

你很难相信在南加利福尼亚的监狱中有多少人就是因为我在窗台内侧查找指纹而锒铛入狱的——只要我在那里撒上一些扑粉，几个颠倒的指纹就立刻显现出来了。陪审团不用费什么劲就可以弄明白，只有当窃贼从外面爬窗入室时才会留下这些指纹的。

——隐秘印痕专家

在进入这些场所时，你必须具有极为开阔的思路。没有什么事情是不可能的。让你的思绪四处漫游。开动你的脑筋，好好想一想这个人都做了什么，如何做的，他在哪里，他可能会做什么。你需要进入这样一个思索过程。

例如，我们在堪萨斯州曾经办理过这样一起凶杀案。在案发现场房屋后门厅中有一盏拉不亮的灯。隐秘印痕专家因此推断，也许凶手在进入房屋之前先把这盏灯给拧灭了。他取下了这盏灯泡，从那上面获取了几个很清晰的指纹。我们根据这些指纹抓住了凶手。

——隐秘印痕专家

曾经有一起发生在室内的凶杀案。我们在雪地上看到一串从屋内延伸出来的血迹。我们试图弄明白凶手逃到哪里去了。当时是夜晚，天很黑，并且那座房屋地处荒郊野外。我们真的在雪地上喷洒了一种荧光剂——它会与血液发生反应，在黑暗中发出荧光——从而找出了血迹延伸的方向。

案发时犯罪现场正在举行一场晚会。当然，我们到那里的时候，所有的人都跑开了，因此雪地上到处都是脚印。但是我们能够确定那个受伤的凶手的逃跑路线，因为在他的脚印旁边有一条血迹。

——犯罪现场处理员

我在开展工作的时候会在脑子里列出一个单子。有时，尤其是在比较复杂的现场，我会将我所看到的东西以及我有关如何处理现场的想法用笔写下来。

我首先会进行记录，然后对现场进行拍照——从现场外部到疑犯进入现场的地方再到犯罪现场本身。对于大多数现场我会拍摄静止的照片。有时我会对凶杀案现场进行摄像。我首先在现场寻找一下感觉，然后再开始收集证据。

——犯罪现场摄影师/调查员

有时你必须靠近现场才能真正了解你究竟要寻找什么样的证据。比如有一具尸体正躺在起居室中住宅前门的内侧，那么你可能需要从住宅的后门进入，走到离尸体足够近的地方去观察被害人是被枪杀的还是被刀捅死的，以及其他情况。然后你退出住宅。在了解了被害人的死亡方式之后，你就可以采取正确的方法进入住宅处理现场了。

——证据技术员

进入现场内部……保护证据不受污染

比如说，你在一座房屋内发现一具尸体。在尸体旁边有一根棒球棍。在棍子的一端有许多血迹，并且死者的头部是凹陷进去的。一个警察走进房屋中。很显然他发现了凶器，因此他从把手那一端抓住棒球棍，将其放入一个口袋中。那么，在棒球棍的击球端的血迹真的很重要吗？不是的。因为我们不难猜出它是从哪里来的。当然，我们需要对这些血迹进行测试，但是我们很容易确定在棒球棍顶端的血迹来自那个死者。

但是我们真正需要寻找的是什么？我们需要得到的是遗留在棒球棍把手上的表皮细胞。因为用棒球棍击碎一个人的头骨需要相当大的力量，所以手和棒球棍之间肯定有摩擦。凶手一定会在棒球棍把手上留下一些表皮细胞。我们需要得到的重要证据是这个，而不是血液，尽管血液看上去很重要。

这个警察会说："头儿，你看，我找到了凶器!"是的，但你同时也污染了整个把手。

——DNA 专家

任何进入现场的人都必须遵守的一般性规则是：确保你知道应该从哪里走。你应该避免各个门的直接出入通道，从地板的边上行走。例如如果尸体躺在厨房里，那么你就贴近橱柜行走。跨过人们通常行走的区域以避免破坏鞋印或其他证据。

其他规则：将双手插入衣服口袋中。不要触摸或拿起任何东西。警察有一种本能，如果他们看到地板上有一把枪，他们就会想把它拾起来看一看，这样他们就把自己的 DNA 和指纹覆盖到了这把枪上原有的证据上面。

——犯罪现场调查监督员

在有了 DNA 技术之后，证据的污染成了一个大问题。这是因为仅仅在过去两三年中，我们已经能够从越来越小的样品中获取越来越多的 DNA 证据。

如果我们能够从一根毛发中获得 DNA，那么从现场处理员身上掉落在尸体上的一根毛发就可能给我们造成麻烦。30 年前我们不用担心在犯罪现场掉头发。

——DNA 专家

现在我们很难向警察解释，为什么在他们进入犯罪现场时必须采取那些他们以前从未采取过的愚蠢的、奇怪的预防措施。现在我们必须告诉每个人："你们要记住：必须尽可能不把你们自己的 DNA 样本留

在现场。因此，你们必须戴口罩，必须戴手套。你们不能触摸任何东西。如果你们将自己的毛发掉落在现场，那么我们最终可能不得不去测试你们的毛发。”

我们告诉他们：“你们不能在现场说话、咳嗽或者打喷嚏。”不能在现场说话？这对于警察来说真的很难做到。

——DNA 专家

我在对新上任的犯罪现场调查小组组长进行培训时，会教他们一些如何摆脱你不希望逗留在犯罪现场的警察和旁观者的小把戏。

有时我们很难控制犯罪现场，因为每个人都想去看一看。在大多数情况下，他们会逗留在那里。当你进入一个小镇的时候，那里的人会说：“天哪，我们这里以前从来没有发生过凶杀案。”县检察官会赶到现场，然后是他的家人……每个人都想看看尸体和犯罪现场。

当这些人不肯离去的时候——你还记得《犯罪现场调查》这部电视剧中不时出现的那种替代光源发生机吗？我经常在那个上面贴上一个很大的“激光危险”的标记。

我只要对大家说“我要打开光源了，当心你们的眼睛”就行了。你将这个机器带进房间中，然后对大家说：“好了，诸位，我不能为每个人准备一副防护眼镜。很显然这个东西可能会导致你们失明。但是我得打开这个机器了……”这些人马上就会从屋内消失了。

如果你有一台化学处理设备，那么你只要在上面贴上一个“生化危险”或者“致癌物质”的标记然后将其带入室内。这也是一个赶走所有人的好办法。

或者——有时你需要将尸体翻转过来。这可能使尸体内部积压的气体释放出来。我曾看见许多人在这个时候跑了出去。

——犯罪现场调查监督员

你在现场做的每一件事情都很重要。我们在2000年曾经调查过一起案件。在该案中一名妇女和她的女儿遭到了谋杀。当时是夏天，被害人的尸体在她们的封闭的公寓中放了很长时间。当急救人员进入房间之后，其中有一位感到一阵恶心，就对着洗脸池呕吐起来。他感到非常尴尬，因此没有对任何人提起此事。

后来他的呕吐物被作为证据收集起来，并且被送进实验室进行分析。当法庭审判这个案件时，辩护律师说被告人是一个被错误指控的无辜的人。真正的凶手是那个在洗脸池中呕吐的人。

警察调查了每一个曾到过现场的人，并对他们进行了讯问。当警察问到那个急救人员时，他立刻说道："是的！那是我吐的！"

"那么我们需要提取你的DNA样本。"

"好的！"

这一事件说明为什么在现场发生的每一件事情都很重要——如果那个急救人员当时就承认自己发生了呕吐——"我污染了你的犯罪现场，我在洗脸池中呕吐了"——那么调查人员就会知道那是他的呕吐物，并将此记录在案。他们可能甚至不会提取这一证据。实验室中的那个可怜的分析员也就不必去分析那位急救人员的呕吐物了。

最终被害人的一个姐夫被判定实施了这起谋杀案。如果那名急救人员不承认他呕吐之事的话，那么凶手就可能逃脱惩罚，因为对于陪审团来说不明呕吐物构成了合理怀疑。

——DNA分析员

你必须具有很大的适应性和灵活性。你不能一走进犯罪现场就说："案件是这样发生的。"案件发生时你不在现场。它看上去似乎是这样发生的，但是事实上也可能完全不是这样的。

以下是我上一次被叫去处理的一个犯罪现场的经历：人们在一个

乡村沼泽地的道路边上发现了一具尸体。我们的犯罪实验室为一些没有财力和人力进行现场处理的较小的犯罪调查机构提供支持。当我们赶到那里的时候，当地的侦探说他们已经知道被害人的身份，是谁杀了他，以及疑犯现在在哪里。他们只等着我们去那里处理现场，以便他们能够去逮捕那个嫌犯。

我们赶到那里并且开始处理现场。他们确信被害人是位男性，但是当我们开始检查尸体的时候却发现是位女性。由于她很重，并且是仰面躺着的，因此她的胸部不是很明显。另外她还穿着一件外套。

他们有关凶手的猜测也是错误的。他们县里有一名男子失踪了。他们认为这与毒品有关并且是他们所怀疑的一个人杀死了他。而实际上这是一起家庭纠纷引发的凶杀案。死者是被她的男友杀死的。事实真相与当地警方的推断大相径庭。

他们将自己所看到的情况与他们以前所掌握的其他一些事实编织在一起，并根据这些事实得出了错误的结论。

这只是在犯罪现场调查以及案件侦破工作中目标狭窄的一个很好的例子：他们看到了，他们知道了，情况就是这样的，案件调查完毕。而事实上他们距离真相还相差十万八千里呢。

——犯罪现场调查员

在我工作的街区有许多卖烟酒的小杂货店经常发生抢劫案件。那些案件的奇怪之处在于：当你接到有关抢劫的报警电话并到达现场后，你会看见收款机中还有几个美元。你会想："这是怎么回事？难道抢劫犯还会给事主留下一点儿钱吗？"不是的。开杂货店的是多米尼加人。在劫匪离开后，他们会说："好了，抢劫结束了。该开始工作了。我得自己撕开绑在身上的胶带，回去卖一些彩票。"这些人具有

很高的敬业精神，但是这对犯罪现场保护很不利。

——侦探

确定脆弱证据

犯罪现场调查的一个基本前提假设是：有人进入了现场；有人在现场留下了一些东西；有人从现场出去了，并且他们从现场带走了一些东西。

——督导警司

在安克雷奇一个非常豪华的住宅中发生了一起入室盗窃案。那天下了雪，没有什么异常的情况。作案时窃贼用黑色绝缘胶带缠绕在他手指的前端。在他离开作案现场之后，他将手指上的黑色胶带撕下来，丢弃在他的汽车旁边的雪地上。

我们将胶带带回实验室。前一段时间，我们实验室中的一个人曾经试图从弯曲的物体表面提取指纹，但是遇到过麻烦。如果你对弯曲的表面照相，你只能将焦距对准部分指纹。因此他设计了一个装置用来转动这种弯曲的表面并使用打开快门的照相机对其拍摄。这样他就得到了整个指纹的照片。

我们就使用这种方法处理窃贼留下的黑胶带。我们将胶带放在一个物体上让它旋转，并从胶带上提取到了指纹。

——前犯罪实验室主任

你首先要保护那些最脆弱的证据。这就像你从杂货店回来之后首先要将那些易损坏的物品放好一样。

脆弱证据包括处于繁忙交通要道或有被其他人带走的危险的任何

证据。它们包括鞋印和轮胎印以及毛发、纤维和血样等微量痕迹。在脆弱证据的清单中，枪支被排在非常靠后的地方，因为子弹本身是非常坚硬的。粉末颗粒可以牢固地吸附在物体表面。枪支发射后残留的火药可以从手上和衣物上提取。但是在此之前你必须寻找各种脆弱的证据。

——证据技术员

脆弱证据的定义可能会根据不同情况而改变。DNA，尤其是血液中的DNA，并不一定是脆弱的。但是，如果在现场有被害人，那么遗留在被害人身上的毛发和纤维等其他类型的转移性证据就可能成为脆弱证据，因为一旦被害人被移动，它们就可能消失。或者在入室盗窃案中，如果你在进入现场的地方发现了毛发或纤维，那么你就应该立即将它们收集起来，否则它们就会丢失。

——司法证据专家

我们在工作进行的过程中还要对证据进行标记和记录。我们的工作有一个一般性的顺序：首先照相；其次提取鞋印；随后再照相；然后再用扑克牌、小标牌或旗子对我们将要收集的证据进行标记，以标明他们所在的位置，并对每一个做好号码标记的证据照相。然后我们开始收集证据。我们开始对墙壁和物体表面扑粉以寻找指纹。如果在某一区域有血迹，我们首先作血清测试，然后再处理这一区域的其他印迹。

——隐秘印痕专家

我们在工作进行的过程中要对证据进行标记。这就像在橄榄球比赛中裁判要用一条链子来标记球员将橄榄球推进的距离一样。我们在收集

证据之前要了解各种证据之间的关系。

——证据技术员

我们接到一个电话。有人闯入一名男子的小木屋中并在那里谋杀了他。这个小木屋在北方森林里。那里仍然有一些没有电气设施的小木屋。我们到达那里的时候，气温只有零下一二十度。

我们在那里所做的第一件事，就是在小屋中的一个使用木柴的旧炉子中生火，以使整个屋子暖和起来。在如此低的温度下，我们无法进行隐秘指纹的处理，原因是，如果你在如此低的温度下留下指纹，从你手上转移到物体表面的水分和汗液会冻结。用来显示指纹的扑粉无法沾附在指纹上，它们会立刻从上面滑落掉。你还需要空气中有一些湿气才能够处理印迹。如果气温很低，你就要对周围的空气进行加热。你所做的就是融化指纹。

我们首先在现场花费四五个小时用来生火，使这个地方暖和起来，其目的仅仅为了能够处理指纹并收集其他证据。

——犯罪现场调查员

在混乱中整理出头绪

在一开始，犯罪现场可能会使你感到手足无措。我在处理了两三个案件之后才感到有些得心应手，并可以对自己说："好了，嫌犯总会有一个进入现场和离开现场的地方。他在实施犯罪的过程中总会接触到一些物品的。"

——犯罪现场调查小组组长

在犯罪现场你可以进行不同类型的搜查。在网格式搜查模式中，你

将现场划分成一些网格，然后依次搜查。在条状搜查模式中，你对每一条状区域来回进行搜查。还有一种螺旋式搜查模式。在凶杀案中，你可以以受害人为中心，从那里以螺旋的方式向外搜查。究竟采用何种模式则取决于你自己。

——司法证据调查员

在走进一个犯罪现场后，如果你能够首先通过观察确定可能收集到证据的区域，然后再开始处理现场，那么你就可能有了70%—80%成功的希望。不要指望拥有那么一根魔杖，只要用它在现场一挥，那些指纹就跳出来呈现在你眼前了。

在处理犯罪现场的过程中，即使你拥有世界上最先进的犯罪现场检测技术，在使用时你也必须开动你的脑筋。如果你不知道到哪里去寻找指纹，那么你拥有的技术再多也无济于事。

回去看看《福尔摩斯探案集》吧。柯南道尔笔下的福尔摩斯是一名观察大师。他也使用各种科学技术，但是最基本的底线是：它是一名观察大师。

——犯罪现场调查小组组长

你在现场所要做的是了解一下被害人生前是如何生活的。有些人的家里极为整洁，而有些人的家里则总是脏乱不堪。但是即使在那里，你还是可以看出哪些房间最近曾经发生过某些活动，而哪些房间则没有。

你应该去寻找非典型现象。你应该记住“正常”是根据现场，而不是根据你认为什么应该是正常来确定的。

——犯罪现场调查小组组长

一名男子被发现死在了他公寓的浴室中。该公寓是被从里面锁上的。这个人的喉咙上被割了很多次。他躺在地板上的一片血泊中。有一串脚印从浴室延伸到前门。

我们曾经作过很多次血迹分析，所以他们把我们叫去看一眼。警察在前往现场的一辆犯罪现场调查面包车上向我们介绍案件情况。有个家伙对我说：“哎呀，我不能和你们一起去那里，因为我前两天得了流感，现在还没有好。”我对他说：“那我得谢谢你来到这辆面包车上和我们坐在一起。”

我们来到现场。那里的确有大量的血。那名男子的颈部有很多切口。实际上，一把刀子仍然插在他的脖子上。这是一把普通的厨房用刀。

我查看了一下那串从浴室向外延伸的脚印。屋里的地毯很厚，踩在上面不会留下清晰的脚印，而只会留下一个脚的大致轮廓。这些印迹从尸体的身边向外一直延伸到这间公寓的房门口。

奇怪的是，这个房门上所使用的锁不可能从外面锁上，而只能从里面锁上。在房外没有相应的钥匙可以打开这个门锁。所以我看着这扇门说道：“得了，没有人从这里出去。那么这里究竟发生了什么呢？”

我用了很长时间坐在起居室中，眼睛盯着这些血脚印。死者仍然躺在浴室中。那些脚印似乎是穿着袜子或者光着脚踩出来的，因为它们只是一些脚的轮廓，而不是鞋子的轮廓。当我再进一步观察的时候，我看见这些脚印中有一些向外突出的三角形的暗色区域。这些区域靠近脚印的脚跟部位。而在脚印的脚趾部位也可以看见一些颜色较浅的三角形印迹。

我们最终得出的结论是：这名男子走进浴室，多次试图割断自己的喉咙，但是都没有成功。因此他就走到了房门口，因为那里放着电话。我想他然后作出了一个支配性的决定："不，我要把这件事情做完。"但是他随后所做的事情是这样的：他踩着自己以前的脚印走回了浴室。我们只看到了从浴室走出去的脚印，因为当你走过地毯的时候，你会看到地毯上的脚印越来越浅。我可以证明这脚印中的那种三角形印迹——那可能是他最初踩到的自己的一块血团——显示出了方向性。然后你可以看出他返回浴室时留下的血迹的方向性以及较浅的脚印。

这就是我们的解释。死者的家属对这一解释感到满意。验尸官向他们解释了为什么死者的颈部有那么多不同的切口：自杀者往往会在自己身上留下一些最初犹豫不决时的切口，而不是一刀割断喉咙。

我后来与曾经做过多年犯罪现场工作的我的头儿谈论这一案件。他提出的第一个问题就是："他的衣柜看上去怎么样？"我问道："为什么？"他说："我敢打赌，他的所有衬衣都整齐地挂在里面，所有东西都归置得井井有条。"他没有看到那个人的衣柜就可以将其描述得分毫不差。

那名自杀者生前非常在意让家里的所有东西都保持干净整洁。我认为正是这一性格驱使他当时这么做的。他踏着原来的脚印返回浴室，其目的并不是为了迷惑我们，而是不想在地毯上留下更多的血迹，因为这样会给他带来无穷的烦恼。他最终回到浴室里去完成了自杀。他真是一个好人：因为地砖上的血迹清洗起来要比地毯上的容易得多。

现在，当来到现场的时候，我学会研究人们的生活方式，以便了解他们是什么样的人。

——犯罪现场调查督导员

一名年轻的亚裔女子在马里兰州一个炎热的夏天失踪了。她正处于一

个普通法意义上的婚姻之中。这名女子一直与其亲戚保持着密切的联系。她的亲戚有 24 小时没有听到她的音讯了，这不正常。他们开始更加频繁地给她家打电话。她的普通法丈夫搪塞道：“噢，她出去买东西了。”或者“她去某某家了”。最终在他们的再三逼问下，他说道：“我真的不知道她去哪里了。我也没有听到她的消息。”他完全改变了口气，这使他们非常不安。

几天之后，警方介入了。一个犯罪实验室小组被派往这名女子家中。

她的丈夫是嫌疑犯，因为在她失踪后不久，他就从她的银行账户中提取了一大笔钱。并且他还欠着一大笔赌债。

我们调查的问题是：她现在究竟在哪里？我们在她家中没有找到她的尸体。她是否被埋在院子里了？因此我们花费了很多时间在院子里搜寻挖掘，寻找任何泥土最近被翻动过的地方。但是除了一些刚刚被种上的花草之外，我们什么也没有找到。

我们带失踪者的亲属察看这座房屋，并问他们：“你们看看这里是否像少了什么东西?”

他们注意到地下室的一个沙发床不见了。在夏天的几个月中，她经常会待在地下室里，躺在沙发床上看电视或做些其他事情。如果晚上天气很炎热的话，有时她甚至会睡在那里。

现在这个沙发床不见了。在发现这一问题之后，我们就在那个地方喷洒荧光剂。当我们将灯关掉之后，墙壁上发出了荧光，并且显示出沙发背的轮廓。地上也发出了荧光，显示出沙发床被放下来时留下的轮廓。我们还看到其他发出荧光的斑块一直延伸到地下室的卫生间中；还有一些延伸到楼梯上。

看到这些之后，我们想，好极了。这名女子或其他什么人一定是在这里发生了不测。我们怀疑这些发光物是血迹。我们用棉签在发出荧光的地方采取到了一些液体，并用其他化学试剂对这些液体进行了测试，它们也发生了反应——这是可以证明这些液体是血液的又一个明显的标记。

我们有很好的证据表明，所有这些反应都是血液引起的。这些证据具有一致性。如果当时这张沙发床处于被打开的状态并且一个坐在上面的人受到了攻击，那么就会产生这种血液喷溅的模式。当时沙发床挡住了墙壁和地板上的某些部位。当沙发床被移走之后这些部位是干净的，而周围的所有其他地方都发出了荧光。

这种模式一直延伸到了卫生间里。当我们在那里喷洒荧光剂时，我们在浴缸的下水管道和卫生间的凳子上发现了很强烈的荧光反应。当我们进一步检查这个凳子的时候——这是一个50年代汽水店中所使用的那种老式凳子——发现它的周围有很多发光的地方。

我们将这个凳子反转过来——我清楚地记得这一点——在凳子的背面有很多血，其中还有一些人体组织。这是我们一般所看不见的东西。这个卫生间看上去很干净。这个家伙清洗工作做得很彻底。但是当把凳子反转过来之后，我们说："噢，这真是不可思议！赶快把它收集起来。"

然后我们开始检查浴缸的下水管。我们拧开了下水管的盖子，发现里面粘着更多的组织碎片。我们指的是相当大的组织碎片。当然对于我来说只要大于一个小斑块的碎片都是相当大的碎片。但是我们发现的这块碎片有小指尖那么大。所以我们找到粘在下水管壁上的一块人体组织。

凶手很可能在肢解尸体的过程中移动了那张凳子。他没有想到在他抓住凳子内侧部分的时候会把一些证据转移到那上面。在下水管中的那些组织碎片由于体积不够大而未能被沿着下水管冲走。它们牢牢地粘贴在了下水管壁上。

我们将在那里发现的所有东西结合在一起，给实验室提供了足够的样本进行 DNA 测试。测试结果表明，那些样本与该女子家人的 DNA 样本是一致的。

我们拥有了强有力的证据。而使该案最终侦破的是侦探们的工作。他们开始询问那些在某些时间段有理由进入这座住宅的人员。结果他们找到了一个收垃圾的人。当人们想要扔掉家里诸如冰箱等大物件时，他们就会自己花钱让这些人给运走。收垃圾的人说那个丈夫给他打电话把他叫到这里，给他看了那个沙发床，并让他搬出去扔掉。那个收垃圾的人说："你知道吗？我当时就觉得事情有些蹊跷，因为那个沙发床看上去很好。它非常完整；也许有一两个地方有点破损。它的布料跟我家里沙发的一样。所以我想把它拉回我自己家里去。我不明白那个家伙为什么要扔掉它。"因此这个收垃圾的人对那个普通法丈夫说："如果你不介意，我想把这张沙发床拉回我自己家里去。"但是那个人说："不。我要你把它扔到垃圾填埋场去。我可以多给你点钱。"这个收垃圾的人想："既然这样，我为什么不多挣几个钱呢？"所以他将沙发床运到了垃圾填埋场。当然，当侦探赶到垃圾填埋场的时候——那时也许已经是事情发生两个星期之后了——他们已经无法找到那个沙发床了。

收垃圾的还说那个沙发床要比看上去的重得多。因此我们认为这个丈夫一定是杀死了他的妻子。我们猜想，他也许是在浴缸中将她的尸体肢解了，将尸块放进沙发床中，将沙发的坐垫用绳子系住，然后让那个收垃圾的把沙发床扔掉。

在整个审判过程中，那个普通法丈夫始终一言不发。即使法庭在没有尸体的情况下判定了他犯有谋杀罪，他也没有向调查人员透露其妻子的下落。

你知道吗？他后来竟然得到了上诉的机会，因此我们不得不在两年之后再一次参加该案的审判。

当时那个住宅已经被卖掉了。新的住户搬了进去。他们想使用位于一层的壁炉，于是他们在里面生了火。虽然烟道是打开的，但是烟还是回灌到了房间里。因此他们打电话叫来了烟筒清扫工。工人发现在烟筒里塞着一把被一张亚洲报纸包裹着的小砍刀。不幸的是，在这个新住户生火时最初产生的火焰烧毁了报纸上的日期以及其他一些可以确定日期的文字。他们希望搜索报纸上其他可以确定日期的内容。

我将其送进了实验室。由于报纸被烧得很严重，它在我手上变成了碎片。然后，当我查看那把砍刀的时候，我发现它非常干净，并且也遭到了焚烧。因此当我对它使用试剂的时候，试剂也不起作用，因为上面的东西已经分解了。我能够对他们说的只是："是的，有迹象表明，在砍刀上面有血迹。"但是由于血迹太少，根本无法对其作DNA测试。另外，当然，只要你提起"血液"一词，辩护方就会说："那么他们也许用这把砍刀割过肉或鸡什么的呀。"然后你就不得不在证人席上说："也许他们是这么做了。是的，血液也可能通过这种方式被弄到砍刀上。"

这也许回答了谋杀工具是什么这一问题。

然后新住户——这些可怜的人，我真不明白他们为什么明知这个房子里发生了什么事情，竟然还是买下了它——在地下室娱乐房中发现了一个爬行空间。他们进去清理那个地方的时候，在该空间深处的一个角落里发现了几个空盒子。其中一个盒子的后面塞着一块看上去是粘着血迹的布条。

侦探将这块布条带回实验室让我分析。该布条与被害人亲属所描述的沙发布相匹配，上面沾满了人的血液。它看上去是罩着沙发底部的下垂部分。我想，也许是凶手在将她的尸体放进沙发的时候，太多的血液沾在了沙发底部的这个布条上。他当时想：好吧，我不能让别人看出任何破绽来，现在暂时将这块布放在爬行空间里。我敢打赌，他当时很可能就把这块布条扔在了那里，心想以后再来处理它。但是以后他就完全忘记了这件事情。

从那块小小的布条上我们提取了 DNA，从而再一次证实这些血液中的 DNA 与被害人亲属的 DNA 相匹配。

通过在第二次审判中所提供的这一补充证据，我们终于把这个凶手送进了监狱。

——犯罪现场处理员/司法证据科学专家

对尸体的评估

如果在现场的被害人尚未死亡，那么拯救他们的生命是急救人员的工作。这一工作可能会破坏犯罪现场。在救治过程中，他们可能会掩盖或破坏人体上的物质证据，或弄掉上面的 DNA 证据。医疗救治会给我们带来麻烦。当然，我们不会要求他们不要对受害人进行救治。

消防员也是如此。罪犯往往会纵火烧毁犯罪现场。消防员必须进入现场救火。他们往往会给我们带来损失，因为他们会将我们的证据冲刷掉。但是他们必须这么做。这些人员有着他们自己的任务，他们的工作是必要的。但是他们往往使我们的工作变得更为艰巨。

——证据技术员

大家都在说急救人员如何进入现场并破坏现场。但是，他们的工作是挽救生命。如果他们可能首先对受害人进行救治，那么应该优先考虑他们的工作。

我能够很容易地分辨出医疗队留在现场的东西和坏蛋留在现场的东西之间的区别。通常入室行凶的罪犯是不会在现场留下标有强生商标的消毒纸片的。

我要求急救人员做的唯一一件事就是：在他们完成了自己的任务之后，不要移动任何东西。在他们拉一个人、移动一个人或扔掉一些东西之后，把它们留在原地。在一些案件中，医疗人员曾经在完成工作之后收拾医疗用品。有一片胶带粘住并带走了现场的一个子弹壳。我们曾经通过搜查医疗人员清理救治现场所用的垃圾袋，从那里面找到一些证据物品。因此我们要求他们：把所有的东西都留下来。如果你们触摸到了什么东西，告诉我们。无论如何，我们早晚会知道的。

尸体是我们最后要查看的。一旦医疗人员或者其他什么人确定受害人的生命已无法挽回，那么也就没有必要急急忙忙地跑过去了。那没有任何用处。

——犯罪现场调查指挥

尸体本身富含各种信息。在尸体内部、表面、周围和底下都可能找到证据：弹孔、子弹射出孔、开枪后火药的残留物、血迹证据等等。尸体上有大量可以证明犯罪的证据。除非受害人仍在轻微地呼吸，否则我们在对其进行彻底检查之前是不会让任何人去搬动的。

——司法证据调查员

我们为尸体照相。首先我们拍摄一张远距离的照片，以显示尸体与房间中其他物品或诸如子弹、血迹等证据之间的相对位置。然后我们拍摄一些用于确定死者身份的脸部以及伤口、标记或文身的近距离特写照片。

——证据技术员

在犯罪现场，你要在尸体上寻找子弹的射入孔和射出孔。有时需要在现场将尸体反转过来。往往在其他证据被收集之后，一名证据技术员或枪支检查员会在尸体上寻找弹孔。我还会在弹孔周围寻找粉末颗粒，以弄清楚开枪者离被害者有多近。这可以帮助我确定子弹的飞行距离有多远。如果开枪者和被害人为了抢枪而扭打在一起，那么他们的距离一定很近，可能我还能够找到射向不同方向的子弹。

——枪支专家

尸体会讲述它自己的故事。假设某个人受到枪击或刀刺而死在了起居室的地毯上，血液会从他的伤口处向外流淌几分钟或几个小时，这些血液将会渗入地毯中、地毯下面的填充物中以及最下面的底板中。

凶手可能会将尸体搬走，然后用蒸汽清洗地毯或在上面喷洒一些东西。他会将物体表面清洗得干干净净，然后说："嗨，你看看！这里已经没有任何血迹了！"但是在填充物以及底板下面仍然有大量的血迹。我们会找到这些血迹的。

我们所要做的就是考虑好需要寻找什么，然后就加大努力去寻找它。在卫生间或地毯底下可能藏有血迹，但是人们往往找不到它们，因为他们没有在正确的地方寻找。地砖、淋浴杆的凹槽处都可能有血迹。如果血液是湿的，并且能够流动，那么它会渗入任何它可以进入的东西：它会进入瓷砖下面、木地板、地毯、沙发垫或衣服的线头中。你只要全力以赴就可以找到它们。

——DNA 分析员/小组成员

现场情形还原

我们通过观察来确定现场究竟发生了什么事情，这些事情发生的顺序

以及当时人和物体的位置。这些观察包括：血迹式样分析、血迹在有关人员衣服上的形状、被撞倒的物体、其他损坏以及弹孔。

这基本上是一种试图将在现场所获得的所有信息综合起来，以重现事情发生的顺序和在事件发生时有关人员的位置的方法。这可能简单到只要走回到，比如说，起居室去看一下就可以做到。如果房间里有地毯，你在抬起椅子或沙发的时候就会发现地毯上有这些物体的腿所留下的印迹。根据这些印迹是在椅子腿或沙发腿的下面还是在它们旁边，你可以知道椅子或沙发是否被移动过。即使如此简单的东西也可能提供非常重要的信息。

甚至桌子上的灰尘也可以提供很重要的信息。如果房间里光线很好，并且有一些灰尘，那么你可以根据台灯、瓶子、塑像或花盆表面上灰尘的形态来判断出物品是否被移动过。

这些物体告诉我们当时究竟发生了什么。它们可能被用做武器。它们可能在扭打过程中被碰翻。而疑犯可能否认在那间屋子里发生了任何事情，或者会声称事情是这样或那样的。但是起居室中物体的位置可能会与他们的说法相矛盾。

——犯罪现场调查小组组长

犯罪现场情形还原的第一条规则：保持思想开放。不要得电视综合征，在现场待上两分钟就说："好了，我知道是怎么回事了！"情景重构并不是那么简单，并不总是黑白分明。证据的存在很重要，证据的缺失也可能同样重要。

——犯罪现场情形还原专家

血迹模式分析。在典型的情况下，我们要检查血迹的三个方面：大小、形状和分布。血迹的大小可以揭示血迹可能是怎样形成的。血

迹的分布告诉我们流血事件在哪里开始以及延续到哪里。较早开始流血的地方血迹数量较少，而较后的地方则血迹数量较多。你可以看出哪是流血开始的地方，以及哪儿是结束的地方。血迹的形状可以告诉我们血是以一定角度还是垂直滴到物体表面的。

经过多年的研究，人们发现：通过测量斜着滴落到物体表面的血滴的长度和宽度——以一定角度落到物体表面的血滴呈椭圆形——并将这些数据放进一些数学公式中进行计算（主要是几何计算），我们就可以确定血在滴落时与物体表面的角度。如果在同一次流血事件中有足够多的血滴，那么你就可以计算出血是从哪个地方流出来的了。这就可以帮助我们确定受害者当时所在的位置。在某些情况下它还可以帮助我们确定攻击者所在的位置。

下面是我能够给出的最好的一个例子：假如一个人站在那里，头部被击了一下，造成了一个开放性的伤口。然后又被击了一下。血沿着伤口流了下来。如果伤者靠近墙壁等物体表面，血液溅落在了上面，那么我们就可以在物体表面看到血滴呈一定的模式。我们可以据此得出结论："好了，在这些血液溅落的时候，出血部位离地 5 英尺，离墙 3 英尺。"这可能很重要，因为我们可以据此判断攻击者或嫌犯的说法是否属实。

——血迹分析员

血迹分析可能很困难。数学计算可以被应用于某些类型的血迹，其中最典型的是与物体表面撞击力度较大的滴落或喷溅的血液。但是在现场你可以看到很多不同的血迹，如血鞋印、滴落在地板上的血迹以及在挥动凶器时从凶器上飞溅出的血。很明显，当一个人在血泊中行走时会留下血鞋印；如果一个人跪在血泊中，就可能留下织物的印迹；而将手掌压在血上，就会在血迹中留下血手指印或手

掌印。有时不同的血迹相互叠加。实际上有很多种需要进行处理的血迹。

——血迹分析员

特别是对于血迹证据来说，如果数量很多的话，那么犯罪现场评估在很大程度上都取决于对这些血迹证据的分析。也许我们会提出一些有关这些血迹形成方式的假设。我们试图对血迹进行逐段分析："好的，这件事发生在这里，那件事发生在那里，哪件事最先发生？"我们对这些证据进行逐个分析。

——犯罪现场指挥

最初人们只是将现场的血迹擦洗掉。他们认为血迹没有任何司法证据科学价值。人们用了很长的时间才认识到了血迹证据的重要性。

——证据技术员

犯罪现场的枪支分析与血迹分析思路大致相同。但是我们使用两个参考点：子弹入口和出口，或者如果子弹穿过了墙壁、窗户或者屏风等物体，我们可以将这两个参考点连成一条线，并将这条线延伸，找出子弹运行的轨迹，以确定当子弹发射时枪所在的位置。

——枪支专家

在只有一名被害人的枪杀案中，枪支证据处理并不复杂。我曾经处理过很多很多起双重枪杀案，以及一些三重枪杀案。在我处理的案件中，最多时有六个人在同一个房屋中被枪杀。在这样的案件中要还原现场情景是非常具有挑战性的。

这一案件大约于1987年发生在密歇根州的弗林特。这是一个毒枭的家。在这个毒品家族中发生了权力斗争。人们告诉我，一个在这个组织中被称为副手的家伙本来是这个家族雇用的杀手。不知出于什么原因，很可能是为了毒品或钱，他掉转枪口杀死了这家人。

我们所复原的当时的情景是：当枪击事件发生时现场有两个人。嫌犯将他们都杀死了。其中一名是男性，他躺在后卧室的床边。有一名裸体的女性倒在卫生间，趴在浴缸上。她是在非常近的距离内被人用猎枪对准后背中心部位射杀的。

在此之后，又有两个人进入了住宅：一名穿着外套的女性，在她走到了餐厅，也进入该房屋一半的距离时被枪杀的。在她的身边躺着一名黑人男性，他也穿着外套。然后又有两个人在靠近前门的地方被枪杀了。我们可以根据尸体的相对位置推断出当时的情形。你很难在同一个房子里枪杀六个人而不引起其他人的注意。这些尸体的位置表明他们明显是在不知情的状态下被枪杀的。

嫌犯是在被害人进入房子时将他们杀死的，每次杀死两个。原来房子里有两个人，后来又分别进来了两对。

我们用了很多很多个小时来处理这一现场，因为我们勘察犯罪现场时必须对每具尸体进行处理。嫌犯使用的是那个房子里原有的一把猎枪。最终我发现了很多子弹，不仅有在那次枪击事件中留下的子弹，而且还有以前人们用枪打蟑螂以及房子中其他东西时留下的许多许多的子弹。例如，我们知道有些子弹穿过一位被害人的身体进入了地下室，因此我们去那里寻找这些子弹。但是我们却在地下室的地板上发现了很多很多以前射击留下的子弹。

在现场我们发现了好几把枪，包括曾被使用过的一把手枪和一把转轮枪。它们在射击过程中被重新装过几次子弹。在许多不同的地方都可以看到从这两把枪中退出的弹壳。有一把猎枪是用来杀死其中的一名被害人的，我们将这把枪作为证据收集起来了。我们从那座房子中的犯罪现场收集了几百件枪支证据。我们使用绳子来标示子弹的飞行线路。我们从不同的人员的衣服上以及那名女性被害人的后背中心部位提取到了火药残留物。通过测量这些证据我们确定了枪手与被害人之间的距离。最终导致枪手被抓住的证据是他留在一把猎枪上的指纹。一般来说从枪支上很难提取指纹，但这次是一个例外。这把枪表面非常平滑，因此凶手在上面留下了清晰的指纹。

警察通过指纹以及街上的目击证人确定了嫌犯并且找到了他——当时他正在另一个毒枭的家里。警察袭击了这座住宅并抓住了他。这个家伙与被害者是一家人。一个坏蛋杀死了另外几个坏蛋。

——侦探

在有的犯罪现场，凶手将被害人杀死后将一些东西放在他们的手上，让他们看上去正拿着武器。有些凶手则在杀人后移动、重新放置、擦拭或扔掉凶器。这种事情虽然不是频繁发生，但也很常见。

——侦探

一个丈夫枪杀了他的妻子。他说他妻子试图拿刀扎他，他出于自卫才开枪杀死她的。但是现场有些地方和他所讲的故事对不上。

在她的手中有一把刀子。但是如果刀子是用做扎刺工具的话，那么她握刀的方向显然不对。很明显，他是在枪杀了她之后将刀子放在她的手上的。当时他处于惊慌的状态，因此将刀的方向放反了。

在她的手掌上有血迹，那是她被枪击中时用手捂伤口留下的。用手去捂身体上疼痛的部位是人类的自然反应，她当时就是这么做的，因此在她的手上有血迹。但是在刀上却没有血迹。这个现场是事后伪造的。

——犯罪现场情形复原专家

收集证据

我们必须将这个环节的工作做好， 否则下面从调查到审判的工作都会受到影响。

我们一般等到最后再收集证据，除非那些最脆弱的证据——那些证据我们一旦发现马上收集。但是对于其他证据来说，首先应弄清楚它们的位置。

因此，在对现场照相并且确定了需要进行处理的证据，如需要提取指纹、鞋印或血液的证据之后，我们就开始收集这些证据。

——犯罪现场调查员

触摸物体的方式非常关键。 我总是告诉侦探们：当你从现场收集证据时——你们知道一个人通常如何拿起一个物体，如人们在拿起一个酒杯时通常会握住酒杯的脚——你们应该用与常人完全不同的方式拿起它们，这样你就不会触摸到这些物体上的任何印迹。将这些物体保存在盒子里，这样证据的表面就受到保护，并且不会移动。

——隐秘印痕专家

当我向警察教授收集血液证据的方法时， 我总是对他们说："今天你们从我这里学到的东西就是：纸，纸，纸。"当你将沾有血迹的物体装进封闭的塑料袋中的时候，你就把它装进了一个封闭的环境。如果衣服有湿气——你们知道血液的一半成分是水——那么这些水分不能被蒸发掉，它们会在塑料袋中为微生物繁殖创造一个非常潮湿的环境。但纸是透气的，有足够的空气通过纸张纤维间的缝隙进出纸袋。纸袋中的湿气可以被蒸发掉。血液在被晾干之后，要比它们在潮湿的

环境中稳定得多。

——DNA 分析员

最难收集的证据当然是那些最小的证据，或者罪犯试图清洗过的现场的证据。如果罪犯试图隐匿现场，他们往往会对其进行清洗，直到他们不能看见任何证据为止。他们认为这样就足以蒙混过关了。

我一直在各种现场，包括在经过清洗的现场寻找血迹。大多数罪犯无法将清洗工作做得彻底到能够蒙骗我们的地步。我们通常能够在现场的一些缝隙中找到一些被罪犯在清洗过程中稀释到他们无法看见的程度的血迹。但是由于我们拥有化学增强技术——如荧光剂、匈牙利红、隐色结晶紫、孔雀石绿，等等——以及光学设备或替代光源技术，我们还是能够在现场发现血迹。

我总是告诉别人：以上这些化学试剂在《犯罪现场调查》这种电视剧中看上去很棒，但是我们只有在不得已的时候才使用它们，因为每次对一个带有血迹的物体表面使用一种化学增强剂，你就会稀释它们上面的血液样本。

你应该像福尔摩斯一样趴在地上拿着放大镜寻找各种缝隙中的血迹。

——司法证据调查员

在我们所处理过的一起凶杀案件中，凶手在作案后将现场清洗了一遍，但我们在水龙头的手柄上发现了一个微弱的印迹。我们从上面提取了六次指纹。我们通过这枚血指纹确定了凶犯。巧合的是，与此同时有人也指认他曾经居住在这一地区。因此，当警察将他带回警局询问的时候，我们也正好在自动指纹身份确认系统中找到了他。

这一案件非常令人发指。毒品贩子因为一位年轻的母亲欠了他的钱而将其杀死，他试图用斧子和两把刀子砍下她的头。然后他就把她的尸体留在那里并从她家里偷了一些东西。

被害人在一家赌场工作。由于她未去上班，她的一些朋友和家人到她家里来找她。当他们打开她公寓的门的时候，他们发现她 18 个月的孩子还蜷缩在她的双臂中。这种场面让人毛骨悚然。

他偷了她的汽车。这个蠢货开着她的车在其他州兜了两天风。我们检查了那辆车。他每到一个地方就将在那里消费后的发票丢在车中。我们根据这些发票确定了他这几天的活动时间表。

——侦探

如果我们在一个曾经是犯罪现场的地方闻到了漂白剂的味道，那么我们就要拿荧光剂过来了，因为有人曾经试图对那里进行清洗。

有些东西会使荧光剂呈假阳性。例如金属管和铅管在洒上荧光剂后会像圣诞树一样发光，但是上面并没有血迹。我曾用荧光剂喷洒一辆轻型小货车的底部，因为它是金属的，所以会整体发光。因此我们必须用自己的眼睛进一步观察。如果某个地方比其他地方更亮一点儿，那么这就是一处应该查找的地方。

荧光剂只能在完全黑暗的地方使用，但是《犯罪现场调查》除外。在该剧中，人们会在光天化日之下使用这种试剂。

——犯罪现场调查员

这是发生在堪萨斯的一起案件。有一个人被打死了，他躺在厨房的地板上。我的一个搭档作了血迹分析。他说，是的，那个人就在他躺的那个地方曾经被人踢过。然后，我们发现似乎有两个血鞋印从那个地方向外延伸出去。那天晚上我们用荧光剂喷洒了那个地方。

结果让人觉得毛骨悚然。被害人的家有一个旋转扶梯通往位于楼上的一张床。当时凶手左脚站在厨房地板上，用右脚猛踢躺在地上的被害人。然后他走过房间，沿着旋转扶梯往上爬。在黑暗中，我们看到该扶梯每隔一个台阶就有一个发光的鞋印。这些鞋印是如此之清晰，以至于我们可以在黑暗中将它们用照相机照下来并获得鞋底的花纹。这就像跟随着一个幽灵往扶梯上爬。

——隐秘印痕专家

我记得在密歇根北部发生的一个案子。一个人在厨房中枪杀了他的室友并将尸体转移到他父亲房子的后面埋掉了。枪击事件是在一个聚会上发生的，一位目击者最终出来揭发了他。我们到了那座房子里去查看厨房，但是那里已经被清洗过了。

疑犯甚至还把墙壁粉刷了一遍。但是由于目击者能够准确地告诉我们枪击发生的位置，我们可以对那个地方进行仔细搜查。在墙壁的底部的踢脚板稍微有些突出。墙漆未能流进踢脚板与墙的缝隙之中。在枪杀事件发生时，有些血液沿着墙壁流了下来，通过缝隙流到了踢脚板后面。我扒开踢脚板，发现了血液。没有问题，在那里发现了大量的血液。

——隐秘印痕专家

提取隐秘印痕，尤其是在一个房子的物体表面上提取隐秘印痕，是我们最不愿意在犯罪现场做的事情，因为在喷洒扑粉的过程中，我们会把房子里弄得到处都是粉末，一塌糊涂。我曾经在一所房子里做过这项工作。我在那里干了一天半的时间，而且我所用的都是黑色粉末。他们因此给我起了个外号——“煤灰。”

——隐秘印痕专家

在一个犯罪现场，我们在墙壁上发现了八个弹孔。一名男子在那里对他的女朋友连开了六枪，其中三枪是在她站立的时候开的，另外三枪是在她倒地之后开的。我们所发现的凶器是一把只能装六发子弹的枪。我们弄不明白这究竟是怎么回事。凶手当时并没有重新装子弹。我后来与一位当地人谈到此事时，他说道："噢，你可以不用管其中的两个弹孔，它们是去年打的。"我决定找到所有的子弹。

就是在那一次，我和我的搭档为了提取证据而不得不爬进一个坑道中并杀死了很多的蛇。那是地板下面的一个管道爬行空间，里面爬满了蛇。我非常害怕蛇，除了蛇之外，我可以用我的双手拿起或杀死任何东西。

我问我的搭档是否愿意下到那里去帮我找回那几颗子弹。我发现他几乎像我一样害怕蛇。

我们达成一个协议：一起下去。这就像《印度安纳琼斯和末日庙宇》那部电影中的情景一样。我们爬了下去，里面到处都是蛇。当他在下面挖掘的时候，我就在旁边杀死那些爬向我们的蛇——这就是带着非常笨重的手电筒的好处。然后就轮到我挖掘，他杀蛇了。

我们知道我们必须找到那些子弹。在此过程中，一条蛇落在了我搭档的背上，我不得不把它拉开。如果那是任何其他东西都没有什么大问题，但它们却偏偏是蛇。我们最终找到了我们所要找的所有三颗子弹。

——犯罪现场调查小组成员

证据的收集与犯罪调查的其他任何一个部分都一样重要。描述这一工作的最好的方法就是：如果我们送进犯罪实验室的样本是垃圾，那么从犯罪实验室出来的检测结果也是垃圾。如果证据的收集、包装或运

输的方法不正确的话，那么科学家们在提供有关这些证据的意见时就会受到限制。但是如果将证据链从头到尾都保持完好的话，那么专家在实验过程中提供的意见就更有说服力。

——犯罪现场调查指挥

如今正确的犯罪现场处理是一件极为麻烦的事情。 如果你按照正确的方法去做的话，那么你可能要在现场待上10—12个小时。

——犯罪现场调查指挥

最重要的事情？ 那就是确保你在离开时带走所有的证据。

有一位已婚女子在她的花园公寓中被谋杀了。她的喉咙被割断了，上半身裸露着，躺在装着一部分水的浴缸中。她的丈夫在她被杀害后大约一个小时回到了家中。卫生间里到处都是血。我们在那里照相，收集血液样本，并在门上提取指纹。

然后我们就移开了尸体，收拾我们的东西，准备离开。

就在这时我注意到我们还没有仔细检查过马桶坐垫。我对我的搭档说："我们在离开之前最好再看一下这个。"

我走过去查看了一下马桶坐垫并将它立起来。这时我们发现在坐垫底部有两个指尖朝向浴缸的血指纹。我想："这很可能是被害人留下的，可能凶手当时要将她拖入浴缸，于是被害人就用手抓住了马桶坐垫。"我们卸下了马桶坐垫的螺丝，将整个坐垫拿了回去。

我们当时差点就在没有发现这一证据的情况下离开了。结果你猜怎么着？

这些指纹是凶手留下的，它是我们能够找到的最好的证据。凶手是被害人丈夫的表弟。他乘她丈夫不在的时候到了那里，他企图对她进行性攻击，但是没有能够完成这一犯罪。然后他就用一把开箱子的刀谋杀了她。

——司法证据调查员

现场对犯罪现场处理工作的影响

大约在1997年或1998年的时候，我被叫去处理西雅图郊区一所房子中的犯罪现场。有四个人在那里被杀害了。当时我刚刚从200英里外的另一个犯罪现场赶回来——这个州很大。我刚刚处理过的犯罪现场位于温哥华附近的一个山坡上，当时是1月份，下着瓢泼大雨，到处都是泥，我的处境非常悲惨。我在那里工作了一整夜，上午11点钟才回来。下午4点钟我就接到了有关这一凶杀案的电话。这是我第一次处理这么大的现场。

在该案中一家四口全部被杀死了：母亲、父亲和两个女儿。大女儿实际上是在离家四分之一英里的一个公园中被找到的。当时人们发现她被勒死在了那里。当警察赶到那所房子去通知她的家人时，他们发现她的父母和妹妹都被人用棒球棍和刀子杀死在家里。在这所房子的每个房间中都有血，这令我感到极为震惊。我没有预料到会有那么多的血。当然，现在已经见过远比这更恐怖的场面了。那次我第一次回到家中后说道："我的上帝！"

那所住宅有3 000平方英尺。当时我说了一句在类似情况下我们都说过的话："噢，我的上帝！我从哪里开始呀？"

然后我们所受到的训练发挥了作用。整个事情就是："等一下。所有这些都需要进行记录，照片、笔记、草图，等等。所有这些都需要去做。"

要做这些事情，只有一种办法，那就是成立一个小组。这就是我的任务。

我们将每个房间看做一个方块，一个有六个面的盒子。这六个面是：天花板、地板、北墙、南墙、东墙和西墙。我们将每个面上都画上格子，然后对它们进行照相和记录。我在那里待了四天半。

凶手处理掉了所有的东西。我们一直没有找到他们在作案时穿的衣服。他们在作案后立刻理了发。他们用T恤衫罩住了头，以防受害者的血液飞溅到他们的头上。我们在卧室中发现了一件掉落的这种T恤衫。他们还在手上戴着袜子。

他们没有处理掉的唯一一件东西是我们在其中一个嫌犯的家中发现的、他在作案时穿的一双鞋。我注意到在其中一只鞋上有六块不同类型的血迹。其中有一些是涂抹的血迹，还有一些是一般性的血迹。但非常重要的是，其中有些血迹表明，这些血是从肺部咳出来的。你可以通过三个特征识别它们：首先，它们有不同的大小；其次，由于它们是从嘴里出来的，与唾液混合了，因此，有点被稀释了；第三，它们中间有气泡，有点像肥皂泡，当气泡破裂后，你还可以看到它们所留下的圆圈。

其中一只凶手鞋子的帮上还留有这种带圆圈的血迹，这意味着这些血迹只能来自这只鞋子的水平方向。换句话说，当时凶手站在离被害人很近的地方，被害人在临死的时候将血咳到了他的鞋上。DNA检测表明，这些血来自那个小女儿。鞋上其他的血迹来自那位父亲。所以我们在凶手的鞋上发现了两名被害人的血迹。在此我要提到我们所咨询过的一位血迹专家，罗斯·加德纳，他给了我们很大的帮助。

当时发生的情况是这样的：那个大女儿的两个朋友杀死了她，其中一个借了她的钱，她想要回去。那两个年轻的凶手故意在他们年满18岁之前实施了这起凶杀案，这样就可以逃避死刑的惩罚。他们还专门讨论过这个问题。他们是两个辍学的孩子，就是想尝尝杀人的滋味。

对他们共进行了三次审判。他们是分别受审的。第二个凶手受到了两次审判。他们最终都被定罪，并且被判处终身监禁。

起诉他们的一个检察官告诉我们：其中一个凶手不断地说“是我们干的”。但是他拒绝告诉他们另一名凶手是谁，尽管他们都知道是他最好的朋友。他告诉检察官，如果他被定罪，他就告诉他们。

因此，在他被定罪大约六个月后检察官去监狱找到了他。那时他已被判处终身监禁。他们发现那时他已经和一个在得克萨斯州服刑的女孩订了婚。他们曾经是笔友。那个女孩因为杀死自己的母亲而在得克萨斯被判处终身监禁。而这个孩子，他在被判定残忍地杀害了一家四口——他勒死了那个大女儿，然后又用棒球棍和刀子杀死了她家的另外三个人——之后，竟然还说：“你们知道吗？为什么我在第一次恋爱的时候偏偏赶上自己被判处终身监禁？我的女朋友也是这样。我究竟上辈子作了什么孽呀？”

那名检察官告诉我，他和他的同事听了这话之后面面相觑，不知道该说什么好。

——犯罪现场调查小组成员

我记得最清楚的一个案件是：有一个 7 岁左右的小女孩失踪了。人们在一个垃圾箱中找到了她。因为我当时是一个年轻的调查员，而和我在一起的是一个老前辈，因此我必须拿着相机爬进垃圾箱中去给那个躺在那里的女孩照相。当时的情形我仍然记得清清楚楚，就像发生在昨天一样。垃圾箱大约有一半满，她就躺在那里。为了给她照相，我不得不挪走她身边的一些东西。我们这里还发生过几起类似的儿童被杀案件。幸运的是，那几次没有让我去现场照相，让其他人去了。

——犯罪现场摄影师

人们总是谈论凶杀案侦探在目睹种种惨不忍睹的场面之后心灵会受到怎样的创伤。他们从来没有想到过证据技术员和专家，而我们是必须近距离地观察所有现场的。

我曾经调查过四五百个犯罪现场。我对自己说："我是否会因此而在心理上受到影响呢？"你们一定听说过危机事件紧张综合征以及类似的东西。我是否会得这种病呢？

我曾见到许多一般人所不应该看到的东西。我经常问自己，我是否会受到影响呢？让我感到不安的是，我并没有受到影响。

我曾经去看过我们州巡警队的一名心理医生。我问他："我会不会得这种紧张综合征？"他说："在事后你的脑子里会不会经常浮现现场情景的画面？""不会。""在你查看这些现场之后，那些情景就从来不会再出现在你的脑海中吗？""噢，当我每次写现场调查报告的时候，我必须查看所有的照片。"他说："等一等，你在去完现场之后，还要再一次查看这些照片吗？"我说："噢，是的。我必须反复查看这些照片。""这种事情你一年做多少次？""大约50次。"

他说："我的上帝！如果这样都不会对你产生影响，那么它就不会对你产生影响了。有些人会受到影响，有些人不会。"我的咨询就这样结束了。

有一位女士曾经和我一起工作过。她是一个非常非常出色的司法证据科学家，她现在仍然在实验室工作。她曾经和我一起去过犯罪现场，她在那里的工作也很出色。但是从现场回来之后，她会不断地去回想现场的那些场面，并且说"不知道那个人在临死之前最后看到的是什么"以及诸如此类的话。这对我来说是一个警告：也许她不适合做这种工作。

令人感到奇怪的是，我们建立了一套非常完善的程序来为那些见到犯罪现场的警察提供心理支持，但是对于那些处理现场的犯罪实验室的工作人员，人们却认为：“啊，那只是他们的工作。没有必要为他们担心。”人们认为，因为我们是科学家，因此我们不会被我们所看到的东西所影响。

——司法证据调查员

问题在于，当你处理凶杀案时，尤其是当你参加司法证据小组时，你会体验到死者生命的最后时刻。你可以看到他们在挣扎，你可以看到他们在抗争，你可以看到他们最终被杀死。这些情景在你脑海中挥之不去。

——犯罪现场情景复原专家

犯罪现场对调查人员的影响

我曾经与我所有的同事谈论过此事，他们的感受与我完全相同。当我们从犯罪现场回到家里——比如我们晚上9点出去的，凌晨3点回到家里——虽然我们已经很累了，但是我们绝对不会马上就去睡觉。我们都会做同样的事情。我们回到家里之后立即洗澡。或者我们会在进屋之前就在车库中更换衣服。即使你知道你的衣服上没有沾上任何东西，并且你已经采取了所有的防护措施，你还是要彻底清洗一遍。这很奇怪。

但是我们都做同样的事情。我们都会坐在那里看电视，甚至看那些毫无意思的电视。我们会在凌晨三四点钟观看《三个小丑》或者诸如此类的东西。我们很可能在事后无法想起当时看的是什么电视节目，但是我们知道如果我们在这时躺在床上闭上眼睛的话，我们的脑海中就会浮现出犯罪现场的画面。

——犯罪现场调查员

第二章

对犯罪现场的解释：室内现场

有些东西总是让我难以释怀。当我走进一个室内犯罪现场的时候，我总是会往冰箱那边走。我知道这很奇怪。特别是当被害人是孩子的时候——犯罪现场的被害人经常是孩子——我会走到冰箱那里，去看看他们在冰箱门上给妈妈留下的东西。比如“妈咪，星期一你得和我一起去学校”这样的便条，以及他们画的一些图画。看到这些之后，我想：“唉，这个可怜孩子！当他画这个图画的时候，他怎么也不会想到他的母亲就要死了，或者他们自己就要死了。”这……使我的灵魂受到震撼。

——凶杀案侦探

我妻子是一位小学教师，她教三年级的学生。我经常回到家里对她说，我今天去犯罪现场了，那里有一具尸体。她总是会说：“那具尸体是真的吗？”我说：“不，亲爱的。那只是一具假尸体。罪犯总是在犯罪现场给我们留下一具假尸体，他们不想倒我们的胃口。”我的这部分生活对于她来说非常陌生。

——凶杀案侦探

1973 年，芝加哥的一位名叫约翰·韦恩·加西的受人尊敬的本地商人和政党选举领导人涉嫌绑架和谋杀数位青少年。因为他的律师的干预，警察未能获得针对他家的搜查令。在一次偶然的机会，一位监视加西住宅的侦探在12月一个寒冷的夜晚敲开了加西家的门并问加西是否可以借用一下他的卫生间。加西让他进去了。这位侦探在使用卫生间的时候，这所住宅的取暖系统启动了，随之从卫生间的通风系统冒出了一股警察立即能够分辨出来的令人作呕的气味。这下警察有了要求搜查令的理由。后来警察在加西家下面的爬行空间中找到了35具年轻男子的尸体。

犯罪现场调查并不是沿着从发现现场到收集和分析证据，再到破案的直线发展的。有时只有通过艰苦的侦探工作才能够发现现场。有时第一次对现场作出反应的人员将被害人的死亡说成是事故或自杀。侦探们则会争取重新开始对现场的调查。即使在那些显而易见的犯罪现场，侦探们也会根据他们对现场的理解以及犯罪现场处理员和犯罪实验室的科学家所提供的信息进行解释和重新解释。然后，侦探们不断整理犯罪现场的信息，将其与证人和嫌犯的说法相比较，并与司法证据调查员和检察官不断合作。本章将介绍犯罪现场解释这种"舞蹈"所涉及的一些复杂的舞步。

为了使读者对犯罪现场解释所面临的障碍有一个大致的了解，本章首先介绍由洛杉矶县警察局和洛杉矶市警察局共同建立的、专门为凶杀案侦探提供培训和再培训的凶杀案件调查学校。以下就是由洛杉矶县警察局凶杀案处的里奇·朗肖尔警官所作的介绍。

我们的做法是在饭店里开展培训。这是一项尚未完成的工作，我们还在不断改进。一位洛杉矶警察局的前调查员在那里讲时间为四个小时的犯罪现场处理课程。在她讲课的时候，我就出去在饭店中建立各种犯罪现场。在饭店旁边还有一块很大的空地，我们可以在外面模拟某些犯罪现场。

我们从驾校教练那里学到一条经验：你必须让学员们在实践中发

现他们自己的错误，这会提高他们对课程的兴趣。在速成驾驶培训课程的第二天，教练就对学员说："好了，戴上头盔，系好安全带，我们上路吧。"在经历数次模拟的撞车之后，学员们就适应了学习过程。这也是我们在凶杀案学校所使用的方法。

每一个培训班的学员名额被限制在二十五人。我们将他们随机分为五个小组，每组五人。我负责布置犯罪现场。在一个现场中，一名女服务员被发现死在了饭店的后面。事情的经过大致是这样的：她因为是否要孩子的问题与她丈夫发生了口角，她丈夫后来发现她死在了饭店的敞开地带。我们增加了一些曲折的情节，如一位在现场的警官告诉侦探，急救人员说被害人的脸部遭到猎枪正面射击。但事实上她面部的创伤根本就不是猎枪射击所造成的，而是钝器击打造成的。这种事情并不罕见，因为在你第一次到达现场的时候经常会得到各种相互矛盾的、错误的信息，因此我们将这一点考虑进了案件情节的设计之中。如果侦探讯问那位丈夫的话，我们会增加这样一个细节：他因为实施家庭暴力而被判处缓刑。如果侦探们将注意力集中在他的身上并且开始对他施加压力的话，那么他就要求见律师。但事实上他与这起谋杀毫无关系。他只是一名证人。这么设计的目的是要说明：侦探们很难保持开阔的思路，并且很容易被误导到错误的侦查方向上去。

我们还设计了这样一个现场：一名男子在停车场的一辆汽车中被猎枪打死了，看上去明显是自杀。警察调查时发现车里有一封信、一瓶烈酒，当然还有一把枪。巡警将那把枪从车里拿了出来，放进了他们自己的车中。他们说这么做是为了"妥善保存"那把枪。这种做法是犯罪现场的大忌，但是却经常发生。他们会找到死者妻子写给他的一封信。她在信中说："你为什么不能停止骚扰我们？求求你，不要再来找我们了。你保证过你会离开的。"然后你还会发现某个虚构的警察局——死者是该警察局的一名侦探——发给死者的一封信，信中通知他，他由于酗酒和实施家庭暴力而被解雇了。

然后当你到这名男子的住宅去通知他的家人的时候，你发现了第二犯罪现场：他也杀死了他的家人。当侦探到达现场的时候，被杀死在停车场的死者已经被送往了医院，这也是经常发生的事情。这是一起自杀案件，然后他们开始着手调查。他们被告知这是一起警察自杀事件，他们通过调查得知了这一点。

我们有一个非常逼真的婴儿模型。我们将它作为一个被害人放在床脚边上并用毯子盖住。有好几个侦探在调查现场的时候都将它忽略了。其中一位——他是在五六年前接受的培训——每当在真正的犯罪现场见到我的时候都会说："你知道吗？我永远也不会忘记那个婴儿。我再也不会犯这样的错误了。"

我们在现场使用假血。我们会到万圣节商店中去寻求帮助。在一个模拟的入室抢劫现场中，我们在浴室里将一个假人的一只胳膊割下来，放在旁边，上面还往下滴着血。在有些现场，我们用蘑菇汤来模拟呕吐物，再往里面加一些血，看上去很逼真。

我们会在饭店内部的室内现场中摆上一本电话簿，并将其翻到航空公司的那一页。然后我们在电话簿旁边的一沓便笺上写下一个航班号，但是将第一页撕掉，以确保学员们会在便笺上寻找笔在上一页书写时留下的印痕。我们将模拟的毒品用胶带固定在马桶盖的内侧。我会在一个大热天将房间的空调调到摄氏 32 度，看看这会不会分散调查人员的注意力。另外，他们还应注意到这会加速尸体的分解。我们会在房间里爆一些玉米花并且将其中一些撒在地下，看看他们会不会检查上面的 DNA。我们尽可能将现场做得逼真，但不能损坏饭店中的任何东西，否则我们就会被赶出那里。

我们现在正在仿制被烧焦的尸体，因为在很多真实的犯罪现场我们经常会发现被焚烧的尸体。我们会将一个橡胶做的假人烧焦，然后将它放在灌木丛中，使它看上去像一具被抛弃的尸体。我们还在它的旁边焚烧一些证据。

在另一个地方，我们将一辆没有标记的汽车用枪打满窟窿，以模拟一个警匪枪战的现场。有两名嫌犯与警察交火，其中一名嫌犯在现场死亡，另一名嫌犯逃走。我们在墙壁上洒上血，在灌木丛中放置了手枪。这是一个相当复杂的现场。当他们处理这些现场时，我们就会遇到一个具体的问题，有时学员会说："好了，我们将嫌疑人的汽车拖回到实验室或扣押车库去。我们去申请一张搜查令，然后明天再对它进行搜查。我们已经对它进行了一次简单的搜查，这已经足够了。"

但是，在车中还有一具尸体。尸体头部的枪伤与警察还击时子弹运行的轨道完全符合。

有时我们会把当地的媒体找来，让他们扮演记者的角色。我们会让他们做出记者常做的各种令人讨厌的事情。我们设计了这么一个场景：一名证人没有将其所知道的一些重要的事实告诉警察，而是将其告诉了记者。如果警察对记者态度不好，那么记者就不会将其转告给警察。我们应该与记者建立良好的关系，这样他们可能就会说："嘿，我刚和这个人谈过，他告诉了我这件事情。"

在为期两周的课程结束之时，我们要求每一组学员用 PowerPoint 和照片报告他们所遇到的具体的问题，以及下次再遇到这种问题时他们将如何应对。

警察有时也具有幽默感：在有关警官杀死了自己的家人后开枪自杀的模拟现场中忽略了床脚边婴儿的那组学员，他们在课程最后用 PowerPoint 作报告时，屏幕上始终伴随着阿利·麦克比尔制作的跳舞的婴儿的动画。

在最后一堂课上，一组学员忽略了汽车后备箱中的尸体。他们的

PowerPoint 报告的倒数第三幅画展示他们在当地一家餐馆准备报告的情景。一个画外音说道："五位调查员的这一活动：代价 X 美元。"倒数第二幅展示了那辆被子弹打得千疮百孔的汽车，画外音说："将一辆皇冠车打成一堆废铁：代价 4 000 美元。"最后一张照片是他们打开汽车后备箱时的情景，一个假人躺在里面。画外音说："没有找到后备箱中的这个傻瓜：代价无法估量。"

——凶杀案学校校长

根据难度对犯罪现场分级

在纽约警察局， 我们说有两种类型的谋杀案："地面球"和奇案。"地面球"是一些非常非常明显的案子，而奇案则是那些向你提出挑战的案件。

——凶杀案调查小组组长

"地面球"大多数都发生在家庭内部。 有时警察到达现场的时候凶手仍然拿着沾满血的刀子站在那里。在这种案件中没有被抛弃在野外的尸体；没有在街角被飞驰而过的汽车里开枪杀死的毒贩。

在我们最近处理的一个案件中，有两名男子住在同一个收容所里。他们相互很熟悉对方，但是都不喜欢对方，其中一个用冰锥刺了对方 49 下。在这一事件发生时收容所中的一位妇女正好在那里，她目睹这一谋杀案之后沿着大厅跑开并躲进了一个人房间的衣柜间中。

这件事情很快就被报告到了警察那里。在事件发生几小时之后，我们就了解了我们所需要的所有信息。我们不需要寻找证人，劝诱知情人开口，查询手机通话记录，查看监控录像或将各种样本送到实验室去做这种或那种检测。一个人刺了另一个人 49 下，这不可能是一起事故。

——侦探

我们曾经调查过一起强奸案。当那个强奸犯脱下裤子实施强奸的时候，他的钱包掉了出来，而他当时没有注意到。因此装着他驾照的钱包就留在了犯罪现场。很简单的一个案子。

——侦探

奇　案

2001 年圣诞节前夜，一名儿童在芝加哥市中心的长途汽车站被绑架。这一案件没有一个看得见、摸得着的犯罪现场。在该案中，一名妇女骗取了一位年轻母亲的信任，她让这位母亲在到柜台换票的时候将孩子交给她看管。这位母亲一转身，孩子就不见了。绑架者将孩子带到她自己的家中，她和家人已经有好几个月没有见面了，她对他们说这孩子是她自己的。

绑架者没有触摸任何东西。这件事发生在长途汽车站候车室的中间。当受害人到柜台去换票的时候，那名妇女正站在大厅的中间。因此，没有可以提取指纹的杯子；她也没有触摸柜台；在这两名妇女之间没有身体接触。没有发生攻击行为，因此也没有血液、唾液等证据。那里没有任何有证据价值的东西，完全是干净的。

在一个由陌生人实施的绑架案中，受害人无法向你提供任何可以帮助你找到线索的信息。这两名妇女在汽车站相遇之前未曾有过任何接触，因此我们没有任何线索。

在该案件中的司法科学证据如下：那名婴儿曾经被放置在汽车站

外的一辆面包车中，因此，我们希望在那里找到一些转移证据，如来自面包车的纤维或来自婴儿衣服上的纤维。那名被绑架的婴儿的母亲来见我们的时候，带来了一件婴儿在那天晚上穿过的滑雪服。那件衣服的领部后面有那名婴儿的名字。另外我们还有纤维和 DNA 证据。

一个重要的情况就是：当时绑架者的家人正在庆祝圣诞节，他们照了很多照片，而在这些照片中就有被绑架的婴儿。绑架者本来不想给婴儿照相，但是她的母亲说："你这是什么意思？她是我的外孙女！我要给她照很多照片。"于是就产生了很多证据。

在这种案件中，我们必须寻求媒体的帮助。我们这么做了。那名被绑架婴儿的照片出现在报纸、电视上。到处都能看到这些照片。

那位姥姥开始感到事情有些不对。那些来她家过圣诞节的人纷纷对她说："那个孩子很像电视中的那名婴儿。"

她马上到照相馆将那些照片冲洗出来进行比对，然后她说道："哎呀，这就是那个失踪的婴儿呀！"她给警察打了电话。

在这种情况下，很多人会拒绝承认事实。他们会说："不，这不可能是那个婴儿。"但是那位老太太很明智。在这个案件中，证据来自照片。那位真正的母亲给媒体的照片以及绑架者家人在圣诞节照的照片。

在这个案件中有两名无辜的受害者。首先是那个无辜的婴儿。然后是那位母亲，她也是无辜的。她在非常紧张的状态下被骗，将自己的孩子交给了别人。这个案件的结局令我们感到很满意。

绑架案给我们带来一种特殊的挑战。我们必须要有开阔的思路，而不能只是想，我们没有犯罪现场。在绑架案中我们有的是移动的、连续的犯罪现场。受害人每到一个地方都有可能留下证据，但是你很难预料这些证据将是什么。

——警察局长

最难处理的是室内强奸杀人案的现场，我并不是唯一持有这种观点的人，全国的警察都这么说。我会在这种现场花上三天或更长的时间，以确保从那里提取所有能够获得的证据。

——犯罪现场处理员

一位非常非常漂亮的18岁女孩与一名男子生活在一起。这名男子完全控制了她的生活。他嫉妒心强到了变态的地步。他不让她在白天打扮自己，因为他怕她因此会有外遇。如果她开车出去，他要求她在遇到红灯而停车时必须两眼看着车的底板，不准看其他人的眼睛。他不准她在自己不在家的时候打电话。他曾经多次因为对她实施家庭暴力而导致警察上门干预。

有一天她失踪了，她的家人到当地警察局报了案。警察局派了一个巡警小分队去讯问这个家伙。

“你是否准备向警察报告伊丽莎白失踪这件事?”

“噢，是的，当然了。我准备一有时间就去报告。但是现在我正吃晚饭呢。”

“那你介意我进你的房子里看看吗?”

“一点儿也不介意。”

这几个警察在房子里查看了一番。其中有一位警察来到了车库，他注意到车库门的电动开启装置的电源被拔了下来。他在车库中转了一圈，发现在洗衣机和热水器之间塞着一团衣服。他用手电筒敲了一下，发现里面是实的。那是伊丽莎白的尸体。

她遭到性攻击并被勒死。当地警察局逮捕了她的男朋友并打电话向我们求助。当时我与我们的犯罪实验室人员发生了很大的争执：因为我要在将尸体拉走之前在现场作替代光源分析，而他们则坚持要直接将尸体运回验尸官那里。最后我占了上风。后来地区检察官告诉我，如果当时没有作替代光源分析就将尸体从现场运走的话，那么我们很可能就无法得到任何有用的证据了。

后来死者的男友在两次测谎中都没有通过。我们可以很容易地将这个家伙定罪：他有实施家庭暴力的记录，曾经两次测谎都未通过，拒绝与警方合作，对女友的死漠不关心，并且尸体就藏在他家的车库中。

除此之外，我们还对从死者身上提取的精液作了 DNA 测试。我们想这一定是他的。但是我们错了。这些 DNA 来自他最好的一个朋友。事实的真相是这样的：被害人有一个双胞胎妹妹。她男友的好朋友是一个有妇之夫。他让她的妹妹怀了孕，然后又抛弃了她。被害人非常憎恨这个人。每次他来她男朋友家，她都会对他说："从我的家中滚出去，你这个无赖。我不想看到你。离我男朋友远点儿！"

死者的这种做法激怒了那个家伙。那天，死者的男友早上 5 点钟就上班去了。那个家伙乘机溜进他们家强奸了她。他曾经在那里住过一段时间，因此有他们家的钥匙。他在强奸她之后说："我还会回来的。这将是我们两人之间的一个小秘密。"她说："我会让所有人知道的。"于是他就杀死了她。

他最终交待了这一切。他对我们说，他猜想我们已经掌握了死者的男友足够的证据，再加上他有过实施家庭暴力的记录，因此他认为我们一定会判定死者的男友有罪，而他自己则永远也不会暴露。

——凶杀案侦探

差点儿蒙混过关的罪犯

2000 年在密歇根州西部发生了一起一名 4 岁女童死亡的事件。她的母亲说当时在床上有一支猎枪。这个小女孩正在玩弄一个吸尘器。吸尘器上装有一个用于清扫角落的、头部细长的吸筒。她说这个女孩将这个吸筒插进了猎枪的扳机部分并向里推动，这导致猎枪走火并打死了那个女孩。

这是一起简单的事故，对不对？

有关的调查人员相信了这位母亲的陈述。他们没有要求犯罪实验室进行现场分析。这一案件被定性为意外死亡事故。

几个月之后，处理此案的一位侦探在地区侦探会议上遇到了我们实验室的指纹科科长并与他谈起了这个案子。他说："我对这个案子有一种非常不安的感觉。你能帮我看一下现场的照片吗？"

我的同事们查看了现场的照片，他们也认为这事情有些蹊跷。从逻辑上他们已经对这位母亲的说法产生了巨大的怀疑。他们说："我们能去现场看看吗？现场还保留着吗？"

现场的确还保留着，于是他们就开始对其进行处理。当他们移动家具的时候发现墙壁上有一个以前没有发现的弹孔。根据这个弹孔的角度和高度，他们推断出这颗子弹不是从放在床上的枪中射出的，射击点太高，而且子弹是从上向下进入墙壁的，它穿过这个小女孩的身体后打进墙壁的下部。因此当时的情况不可能像那个女人所描述的那样。

如果你稍微有点猎枪的知识的话，那你就会知道，如果猎枪是在床上被发射的话，那么枪口所射出的火药就会在床的表面留下一大片烧焦的痕迹，毯子会被撕成碎片；猎枪会因为后坐力而向后跳动并掉到床下去。而现场的照片显示，这把枪静静地躺在床上。

我们将这位母亲带去测谎。几个小时之后，她承认杀死了自己的女儿。她实施这一犯罪的原因是：她是个有婚外恋的有夫之妇。她的情夫要搬到佛罗里达州并要求她和他一起去，但是他不想让那个小女孩也一起去。她为了和他私奔就杀死了自己的女儿。

她拿起那把猎枪对准小女孩的胸口，然后就开了枪。这是一起令人毛骨悚然的案子。

这起案子差点儿被作为事故处理，当时这些警察相信了这位母亲的故事。但是我得为那些调查人员说句话：当时他们正面临着一个非常可怕的悲剧性场面。很少有人能够接受一位母亲用猎枪对准自己的女儿然后扣动扳机的事实。我们实在不能相信这种事情。

这一案件之所以最终得以告破，就是因为一名侦探对这件事情始终不能释怀，并不断进行后续调查。我们必须查看事实证据，并且将之与当事人的陈述进行核对，如果两者不相符，那么就一定有问题。

最重要的是：我们决不放弃。我们永不言弃。

——犯罪实验室主任

曾经有一个家伙杀死了一名妇女并把她做成了肉饼。噢，是的。这是一个滑稽的案件。不！这并不滑稽！上帝！这一点儿也不滑稽。这个可怜妇女真是倒霉。但这的确是一个怪诞的案件。如果当时我们没有仔细搜查的话，那名妇女也许永远也不会被找到了。

那是一个温暖的星期五下午，天气很好，大家都急着下班回家。我当时在一个很大的犯罪调查部门担任低级职务。一位女警官走到我面前对我说："你现在忙吗？我需要你帮我接待两个报案人。这两名妇女——她们的母亲已经失踪七个月了，其中一位找到了当地的警察部门，他们没有理睬她。她非常生气，于是又去找州警察部门，他们也没有理睬她。于是她就找到了我们。”当时由那位女警官接待其中的一个女儿，我接待另一个女儿。

我对那个女儿说：“我能为你做什么？”她说：“我母亲失踪了。她曾经与一个名叫乔治的家伙同居过。我从来就不喜欢那个家伙，但是我母亲和他交上了朋友。他是一个汽车旅馆的厨子，就住在那个书摊的上面。”那个书摊就在县政府的对面，位于一个非常繁华的路口。

那个女儿说：“我曾到他那里去找过我母亲，她不在，但是她的行李箱在那里。我打开看了一下，里面有一些骨头。”我看着她说：“你是说鸡骨头吗？”她说：“不，那些骨头很大。”

我说：“那么乔治说你母亲在哪里？”“他说我母亲在哈里斯伯格医院。”我给宾夕法尼亚州警察部门打了电话，他们告诉我没有这么一家医院。我说：“请帮我查一下这名妇女在过去一年中有没有在你们那里的任何一家医院看过病。”10 分钟之后他们打电话过来说：“我们这里的任何一家医院都没有听说过这个女人。”我说：“啊，看来情况不妙。”

我放下电话，然后对坐在那里的那个女儿说：“好了，再跟我说说那些骨头吧。”我给我们的凶杀案科打了电话，他们一开始并没有当回事儿。他们说：“你们先去调查这件事情，如果发现什么情况再和我们联系。”

我的一些同事前去调查。他们询问了住在那个家伙楼下的几个女孩。她们说：“噢，是的，那个厨子。他一直在做肉饼给我们吃。”

在那个家伙的厨房里，我们发现几个锅中装着人的大腿肉。在冰箱和烤箱中也发现了人肉。

这个家伙是个职业屠夫。他杀死那个可怜的女人并将其分尸，然后就用她的肉做成肉饼，最后在那个主要的街道边挖了一个很浅的坑将她的尸骨埋在那里。

在他住所的对面就是县政府。我真不知道他是怎么做的。但是他居然就这么做了，并且没有被人发现。噢，他真是个坏家伙。

然后我的几个可怜的同事不得不把真相去告诉楼下的那几个女孩。当那几个可怜的女孩得知自己吃了什么的时候尖叫着跑开了。

然后我们给凶杀案科打电话："伙计们，我想现在是时候了。我们在这里的几个锅里发现了尸块。你们现在该来这里了。"在我们帮他们侦破案件之后，这帮该死的家伙才全部赶过来。

他们对那个叫乔治的家伙进行了审讯。他说："她是个讨厌的女人，所以我经常打她。最终我敲碎了她的脑袋，她就死了。我不知道该拿她怎么办。"唉，我说乔治呀，你难道就不能挖个坑把她埋掉或者用其他什么方法把她处理掉吗？你为什么非要把这个可怜的女人用做烹饪的原料呢？上帝呀，你还把她做成了肉饼。

我本来很喜欢吃肉饼的。但在那个案件发生之后我很长时间都没有再碰这种东西。

—— 凶杀案侦探

对现场的解释

我遵循这样一个游戏规则：如果你要前往一个凶杀现场，你首先要记住，最初被派往现场的人员所提供的信息总是不准确的。哦，是的，由于最初犯罪现场非常混乱，因此他们所提供的信息中可能死亡时间不准确，可能被害人人数不准确，可能……

因此，通常在开车前往犯罪现场 —— 如抛尸案现场 —— 的途中，我会在脑子里提出一系列问题："谁会将一具尸体抛弃在这里？有什么东西可以将什么人与被害人联系起来？"我会将所有可能的事情在脑子里过一遍，尽管其中有些听起来很愚蠢或者可能性很小。

——督导警司

从进入现场那一刻开始，你就应该记录你的印象，因为你不知道哪些印象在稍后会变得十分重要。

在刚刚到达那里的时候，你会感到无从入手。但是如果你停下来慢慢地观察和分析，现场就会和你对话。它会告诉你当时发生了什么。它会告诉你事情发生的次序。你所要做的就是慢慢地观察现场，倾听它的诉说。

在有些案件中，它只对你低声细语；在另一些案件中它会对你大声疾呼："看这个！在这里！在这里！看这个！"

调查人员所要做的就是慢慢地观察、分析现场，不要漏掉任何一个细节，然后再从合乎逻辑的角度来解释你所看到的一切。我的意思是说，所有的信息都在那里。如果你匆匆忙忙地观察它们，那你就像吸尘器一样把所有的东西一股脑儿地吸了进去，但是结果什么有用的证据也没有发现。

但是，现场会告诉你所发生的一切事情。

我曾经处理过很多这样的案件。在一个案件中，一名妇女被人用锤子砸死了。她是一位老太太。当我们到达那里时，我感到现场有什么东西不对劲，它在向我大声疾呼。但是一开始我无法判断到底是什么不对劲。大约半个小时之后我才恍然大悟：现场的血迹太少了。嫌疑人已经将血迹清洗掉了。那天晚上我们带着荧光剂回到了现场。一切都显现了出来。我可以看出那个凶手是个左撇子，另外我还在锤子边上发现了他的血指纹，那些血是那位老太太的。当我们向凶手展示这些证据的时候，他立即招供了。

——证据技术员

我们曾经处理过一个毒品诈骗案的现场。在一个汽车旅馆狭小的客房中躺着一具，两具，三具——我在回忆尸体的数目——大概三具，也许是四具尸体。这些家伙——其中一个四肢张开横躺在沙发上，一个躺在地板上，另外一个躺在小厨房中。我想还有一具尸体躺在卧室中。

那是一个带有小厨房的汽车旅馆房间，非常破旧。那时正值盛夏。

沾满血污的尸体上爬满了苍蝇。我们不停地扑打着那些苍蝇，不然它们就会落在我们的身上。然后就是那种气味，噢……当你走进这样一个充满血腥味的地方的时候，你就真正闻到了死亡的气息。

然后我们就观察现场。电视仍然开着，我们可以看到他们在被杀的时候正在看着什么节目。炉子上仍然在煮着食物，当时他们正在做饭。几个人走进来把他们干掉了。

当我们第一次来到像这样的现场的时候，我们通常找不到多少线索。但是这一个不同：当我们看到现场的情景时，我们就想：这一定是他们所认识的人干的，否则他们是不会就那样坐在那里被人打死的，他们肯定会处于某种防卫的姿势。这种东西我们一眼就可以看出来。

——凶杀案现场调查小组组长

你必须认真思考，你必须回到现场去。

我很喜欢独自回到现场去。我们会将现场封锁起来。但是当我们搜集了所有证据之后，我会独自回到那里去观察，以弄清楚当时究竟发生了什么事情。我必须独自回到那里，这倒不是因为我有什么特异功能。

有时我只是坐在一张椅子上观察。“他是从这里进来的。他做了这个，他做了那个。”我曾经在电视上看到这样的情景。在有些电视剧中这看上去非常假，但是我们确实会这么做。

然后我们必须记录，记录，记录。因为我会忘记在现场所看到的细节，所以我会拿着一个录音机回到现场：“好了，我又回到了现场。这里究竟他妈的发生了什么？在这上面有血迹。在这下面也有血迹。血是怎么跑到那里去的？”

有时我回到现场后会说：“我们以前弄错了。事情应该是这样的。”有时我会突然醒悟：“哦，原来事情是这样的。”一旦我看到事实是那么明显，我会感到自己非常愚蠢。我会把我的上司带回到现场，然后对他说：“事情并不像我们原先想象的那样。事情是这样的。”

我逐渐掌握了正确的方法。我们必须学会这种思考方法。如果你不愿意动脑筋的话，那你在凶杀案科是混不下去的。

——凶杀案侦探/司法证据调查员

模式分析

在现场中存在某种模式。比如说，你可能会发现血迹证据或子弹运行轨迹的模式。

有些模式会从现场延伸出去。我们可以通过观察这些模式弄清楚我们所要寻找的嫌疑犯是什么样的人。我们必须提出诸如以下这些问题：“为什么是这个被害人？为什么在这里？为什么在这个时间？这一天与其他任何一天的区别在哪里？”

模式分析经常是建立在存在某种行为或不存在某种行为这些现象的基础之上的。

——犯罪现场情景复原专家

我们有一个“第一个被害人规则”。罪犯第一次作案的地点通常是在他们的住所或工作场所附近。在这些地方他们感到轻松，他们熟悉这些地方的环境，知道如何逃离现场。因此我们会在犯罪现场附近进行排查。

在一个地区曾经发生了一系列汽车加油站暴力抢劫案，这些案件都发生在早晨6点钟。我们当时就赶到我们所知道的第一起案件发生地进行调查，因为很有可能这是嫌疑犯居住或经常活动的地区。

——犯罪现场调查小组组长

根据我的经验，入室窃贼通常不会将某一个特定住宅作为其目标。他们通常到某一个让他们感到来去自如的地区去转悠，直到目标出现。

我最喜欢调查的就是入室盗窃案。当我走进一个入室盗窃案的现场的时候，我往往可以看出窃贼计划的周密程度以及他是否对现场感到轻松自如。现场之所以看上去会是那个样子，总是有某种原因的，而我总是去寻找这些原因。

——犯罪现场情景复原专家

那些入室盗窃的飞贼是非常聪明的。曾经有一个家伙，我们称他为餐具窃贼。他是个瘾君子，但是他比任何人都懂银具和餐具。当他潜入的住宅中有好的餐具时，那么他除了餐具，什么也不偷。他曾经偷过一件价值六万美元的餐具。如果他进入的人家的餐具不好，他会将它们排列在餐桌上，就好像在批评主人的品位。

他在夏季出来作案。一个居民区可能在很短的时间内就发生三四起案件。当我们在这一居民区增派警车巡逻时，他就会从那里消失。

当我们减少警戒的时候，他又会回来。当我们加强警力的时候，他又会消失。

有一次，我们预计他会在一个居民区作案，因此在那个地区安排了八个配备有夜视镜的巡警。他在我们的眼皮底下盗窃了四家住宅，而我们竟然没有看见他。啊，当时把我气坏了。

这说明什么？如果一个居民区如此频繁地遭受如此多次的盗窃，那么这个窃贼一定对这一居民区了如指掌。不仅如此，我们还可以确定，如果这个家伙在某个地区的北部作案的话，那么在作案现场两个街区的范围内某个车库里就会有一辆自行车被盗。这意味着什么呢？

他偷那辆自行车是因为作案现场离他的住所太远，无法步行赶到。

在弄清他作案的规律之后，我们花了六个月的时间才抓住他。我们逐步缩小排查范围。最终在我们接到有关一起入室盗窃案的报告后不久，一名侦探在犯罪现场附近叫住了一个骑自行车的家伙，他扔下自行车逃跑了。他还扔下了他的双肩背背包，包里有他的身份证件。在几个月之前，我的上司还告诉我，我的工作毫无头绪，应该完全放弃这一努力。但是我没有放弃。最终我抓住了他。我们抓住了他。

这个家伙从事入室盗窃已经有 10 年了。他作的案非常非常多。我们查清了他实施的 385 起入室盗窃案。

我们抓住他的那个晚上，他盗窃了三家住宅。他首先潜入第一家，偷了一些餐具。然后他潜入第二家，发现那家有更为名贵的餐具，于是他就把从第一家偷来的餐具留在了第二家。他真的是餐具方面的行家。

——督导警司

对现场行为模式的解释

如果你作过有关系列杀人犯的研究的话，你就会知道有条理和无条理的行为。随着作案次数的增加，系列杀人犯会变得越来越老练。他们会越来越轻松自如，越来越有经验，他们的行动越来越有计划、有条理。

犯罪现场也是一样。混乱不堪的现场可以说明某些问题。

也许进入这样的现场的凶犯本来并没有实施谋杀的计划。也许谋杀案是抢劫失控或争执升级的结果。

一个没有条理的现场看上去很混乱。而在有条理的谋杀案中，凶手会携带杀死受害人的一切必要的工具。谋杀是经过周密计划的。

只要你观察现场，你就会发现以上这些情况。

——犯罪现场调查员

我们曾在堪萨斯州调查过一起谋杀案。在现场，你可以在尸体周围看到很多吸尘器留下的痕迹。看到这些之后，我们就知道凶手在实施谋杀之前一定是经过周密的策划的。

——隐秘印痕专家

现场可能会变化或者恶化。

几年前我们曾经调查过一起在汽车加油站发生的抢劫杀人案。在现场我们发现了一位受伤的年轻被害人，他的头部被打得凹了进去，背部也中了枪。他在被送进医院后死亡。

加油站的主人是一位患有多发性硬化症的老先生。他星期一不能去上班，于是就打电话给他的孙子——一位曾经参加过第一次海湾战争的名叫吉米·帕帕斯的26岁的复员军人——让他帮忙看店。吉米同意了，并于早上 6 点钟就来到了加油站。他成了这起案件的被害人。

有一位证人曾经到加油站去卖香烟。她从装有防护栅栏的收款窗口向里望去，看到凶手站在一具尸体的旁边——那是吉米·帕帕斯血肉模糊的尸体。凶手也向她看了一眼，他们俩的目光相对。她尖叫着从那里跑开了。凶手也从那里逃跑了。

这是一个非常血腥、混乱的场面。凶手以为在收款台的是那位老人。他本来打算去抢劫那位老人的，这对于他来说不成问题。但是到了那里之后他却遭遇了这位曾经参加过海湾战争的 26 岁的复员军人。在最初的争斗中他用一个灭火器击打了吉米的头部。

想想看，有谁会在抢劫汽车加油站的时候用灭火器做凶器呢？他肯定在事先没有准备要这么做。

或者他本来另有计划。本来要来这里工作的是那位老人，但是他没有来。收款台的防护栅栏在早晨的时候会被打开，因为那位老人要出去煮咖啡。但是今天不同，那位老人没有来。因此这起犯罪原本是有计划的，但是随着事情的发展它变得杂乱无章，留下了一个非常混乱的现场。

我们在犯罪现场工作的时候发现一个看上去心事重重的家伙在附近不断地走来走去，于是我们就对他进行了盘问。他是一名商场雇员。他承认策划了这起抢劫案，我们起诉了他。

我们在两年之后才抓到了他的同伙。那位目击证人曾经说她不知道那个凶手是谁，但是后来我们发现她实际上认识他。这位证人曾经在上班的时候将她的孩子送给她的妹妹照顾，而她的妹妹就租住在这个凶手女朋友的奶奶家里。她认识那个凶手，只是不想说出他来而已。后来她终于同意指认他。这个凶手最终被判处终身监禁，不得假释。

——犯罪现场调查小组组长

在我们所调查过的许多案件中，受害人在家里被谋杀，但是在一段时间之后才被发现。由于他们家里的宠物在这段时间没有食物，所以它们就开始撕咬受害人的尸体充饥，因此我们的证据就被这些宠物破坏了。

我可以告诉你：狗比猫对主人更加忠诚。猫在主人死后不久就开始吃他们了，而狗则会等上一两天，到了实在饥饿难当的时候才会这样做。当你选择宠物的时候要记住这一点。

你还记得你家的猫坐在房间对面的电视机顶上盯着你看的那种眼神吧？它是在观察你是否已经停止了呼吸。

——犯罪现场处理员/实验室分析员

追踪线索

在侦探小组负责对我进行培训的一位教员经常对我说：“你永远也不会毫无线索。”作为对事实的陈述，这句话有时并不正确，它更多地是反映了一个好侦探所应当具有的一种态度。这是一种信念，即肯定有什么人知道案件的某些情况；肯定会有人看见过什么，有人说过什么，有人留下过什么。我们可以根据这些线索进行调查。

比如说一个人在抢劫过程中失去控制而杀了人，即使只有两个人知情，那也不再是秘密了。凶手至少可能会将此事告诉他的女朋友。此后的某一天他可能会惹她生气，而她的反应可能不是把他的衣服扔出窗外，而是给我们打电话。她也可能这两件事都做。

——暴力犯罪侦探

人们的技能各不相同，最重要的一点是不能对案件抱着漠不关心的态度。当你到达现场之后，你应该说：“我一定要找出是谁干的。”案

件的侦破取决于你的观察、你的动机以及你查出案件真相的决心。它最终取决于负责调查案件的侦探的工作热情。

——犯罪现场调查小组组长

我想新参加工作的侦探真是被宠坏了。我们以前通常要花好几天寻找知情人，对知情人进行访谈，现在这种工作大部分都在电脑上做了。

他们以为电脑可以解决所有问题。电脑中所输入的数据是有限的，它不能回答诸如以下这些关键性问题：嫌疑人在拘留所给谁打了电话？是谁保他出去的？所有这些都是非常重要的。

——抢劫/凶杀案侦探

犯罪现场调查人员所使用的科学技术真是太棒了，必须正确地使用它们。所有这些 DNA 和计算机数据库，它们代表着未来的发展方向。我们能够拥有这些工具真是太好了。

但是新一代的侦探也让我们感到非常担忧：他们只依靠这些现代工具而忘记了应该如何做一名侦探。在犯罪现场我们可以使用这些现代工具。但是我们还是要出去开展传统的调查工作，到街上去与人们交谈。你必须具备与人们交谈的能力。如果你失去了这一方面的能力，那你就完了。作为侦探你必须具备全面的能力。

——凶杀案侦探

我们曾经在大西洋城一家汽车旅馆房间的床垫下发现了一具尸体。一对德国夫妇到这个城市来参加会议并住在了这家旅馆。他们的房间在整个夜晚都在散发着臭气。他们不断地给管理人员打电话。管理人员每次都在房间里喷一些空气清新剂，然后在地毯上撒上一些东西。

第二天这对夫妇退房离开了。当保洁员开始整理床铺的时候，她闻到了非常非常浓烈的恶臭气味。床垫是放在床架上的一个弹簧箱上面的，保洁员拉开了床垫。

在箱子里面躺着一具尸体，而那对德国夫妇这一夜就睡在尸体的上面。

我们开始调查。原来在那对德国夫妇之前住在这个房间里的一名男子曾经将一个年轻女孩带回到房间。我们确定了这个女孩的身份，并且发现这名男子的汽车不见了。

我们了解到附近的一条高速路上有一个监控摄像头，我们的调查员拿到了监控录像。他们在录像中看到了那辆汽车，而开车的正是那个女孩。我们调取了那辆车的牌号并发出了“协查通报”。

宾夕法尼亚州警察部门报告说，在前一天晚上那辆车在高速路上发生了事故，伤者被送到了医院，但是后来她自己离开了医院。我们确定她就是该案的嫌疑人。后来一名侦探发现她在布鲁克林。一个抓捕小组找到了她并把她带了回来。

这就是那天晚上死者带回房间的那个年轻女子。她声称当时死者对她实施了性攻击，她出于自卫而将其扎死。她是一个穆斯林。她强调自己的名誉以及自己家人的声誉都因此而被毁掉了。她最终交待了自己的罪行。

凑巧的是，当她离开房间的时候，她还拿走了他的钱包以及他的汽车钥匙，并且开走了他的汽车。她还拿走了血衣并且在高速公路上停车将其扔进了一条小溪。后来我们找到了那些血衣。

这个女孩只有 110 磅重，而这名男子有 180 磅。她竟然杀死了他，将他拖到床边，并将他扔进了床垫下面的箱子。然后她把床整理好之后才离开。

——凶杀案侦探/悬案调查专家

这种事情经常发生。在洛杉矶有些孩子，尤其是流氓团伙的成员，喜欢玩一种叫做俄罗斯转盘的赌命游戏。他们轮流拿着一把装有一颗子弹的转轮手枪，转动转轮，将枪口指向自己的脑袋扣动扳机，直到其中的一个被打死。而枪响的时候其他人就坐在旁边。他们显然被惊呆了。然后他们会把枪拿走藏起来。当我们来到现场的时候会发现一具头部中弹的尸体，但是找不到枪。这看上去显然像一起凶杀案。然后我们会调查谁曾经去过现场，对他们进行讯问，最后他们终于承认当时是在玩俄罗斯转盘。即使如此，如果他们将枪扔进海里或其他我们永远也找不到的什么地方的话，那么我们永远也不可能了解事实的确切真相。

——凶杀案调查组组长

当我们和人们交谈，尤其是和坏人交谈的时候，我们不会和他们说那么多的废话。文明礼貌的语言并不适合所有的人。我们必须根据谈话的对象使用不同的语言。所以有时我会对一个人说："够了！我他妈的不想再和你废话了。我是到这里来调查真相的，我知道你了解真相。"然后我就直盯着他的眼睛，让他明白我知道他隐瞒了某些事情。在这个时候他就会立即说出事实的真相。

但是我们必须从不同的角度进行调查。我们不想在一开始就对他这么说话。但是到了某个时候你会说："好了！我在你这儿浪费的时间已经够多了。"然后我会告诉他我们已经掌握的情况："嘿！我知道你干了什么事。我知道。我知道。如果你愿意自己进监狱而帮这个家伙逃脱惩罚的话，那我无所谓。但是如果我处于你的处境的话，我就会说还有其他人涉及此案。你现在还有机会告诉我。我就要离开这里了。一旦我从这里出去，我就会有足够的证据起诉你，不管这件事是不是你干的。这对于我无所谓。如果你也无所谓的话，那好吧。"这时他就会说："等等，等等！我也许应该再考虑一下这件事。"明白我的意思了吧？

——凶杀案侦探

分析作案动机

我们在调查凶杀案的时候强调分析各种动机。侦探们往往会将注意力集中在"找出凶手"这个问题上，而忽视了"为什么会发生这个案件"这个问题。而寻找案件发生的原因往往会帮助我们找到凶手。

——犯罪现场情景还原专家

我们会在追踪线索方面花费大量的时间。死者为什么会被杀？是否为了骗保？他是否对妻子不忠？他妻子是否对他不忠？如果死者是一位珠宝商，那么他是否购买了被盗的珠宝？他是否参与了信用卡盗窃案？他是否参与了俄罗斯黑社会？我们可以提出许多诸如此类的问题，并将它们一一排除。这样做可能需要几个星期的时间。

——抢劫/凶杀案侦探

从统计数据上看，凶杀案的性质在最近30年内发生了变化。在过去凶手和被害人往往相互认识，但是这一点发生了变化。现在在许多案件中凶手和被害人相互不认识，这一变化影响了我们调查案件的方法。如果被害人和凶手在案发之前没有任何关系，那么我们的调查就没有一个起点。我们必须努力找到一个起点，这可能需要很长一段时间。我称这一过程为"清除案件中的垃圾"——排除所有其他的可能性，以便能够找到真正的犯罪动机。

举一个例子：我们在一间公寓里发现了一名女性死者。公寓里一些财物被盗，死者曾遭到性侵犯。这是一起由入室盗窃引发的凶杀案还是从一开始就是一起强奸杀人案？当你进入现场的时候无法知道这一点。这是你必须努力回答的问题——清除案件中的垃圾。

——犯罪现场调查小组组长

家庭内部的凶杀案很可能发生在两个地方：厨房和卧室。大多数凶杀案都是由钱和性引发的，这就是为什么它们会发生在这两个地方。人们通常会在卧室中放一把枪；而在许多情况下，厨房往往是人们为钱而争吵的地方，因为人们一般会在餐桌上计算账单，并且厨房里有各种各样的凶器，如刀叉等。每个人都会在厨房的某个抽屉里放一把螺丝刀。如果你看见过被螺丝刀杀死的人的话，那你就会知道它是多么有效的杀人凶器了。因此，如果万一有一天你和你丈夫发生了争吵，那就到起居室或者浴室中去。他无法用棉签杀死你。他可能会向你扔电视遥控器，但是你不会被砸死。

——工具痕迹专家

与犯罪现场调查员和司法证据科学之间的合作

几年前，有两名很好的年轻警官走进了一个犯罪现场，他们是第一批到达现场的警察。这是一个典型的歌特式小房屋，一进门就是起居室。房屋的主人在门前铺了一块 3 英寸×3 英寸的陶瓷地砖。

这两名警官可以通过起居室的前门看见在厨房中躺着的被害人。他们从瓷砖上面跳了过去。我们把实验室人员派去，他们从瓷砖上提取了一个不完整的网球鞋鞋印，在鞋印上有“YEWTAH”的字样，这是耐克拼写“尤他”的方式。

我和我的搭档当时正坐在车上与一个我们认为可能是目击者的

青年谈话。正当我们要走下车的时候，我对他说：“你介意我看一下你的鞋底吗?”他说：“没关系，看吧。”我的上帝！他的鞋底上就有“YEWTAH”，而他正是凶手之一。

——凶杀案侦探

一位珠宝店的店主被打死在他商店的销售柜台后面。他通常在上午10点钟开门营业，他的妻子在下午三四点钟的时候发现他躺在柜台后面。一些珠宝不见了。

我们用了几天的时间对现场进行处理：提取指纹，收集微量痕迹证据，寻找鞋印，等等。我们确定了几个嫌疑人。最终我们找到了足够的证据对三个嫌疑人提起了谋杀指控，其中有两个作出了口供，基本上就是试图减轻自己的罪责并将谋杀推到另一个人的身上。

但是我们所收集到的物质证据完全支持这两个家伙的说法。你知道，一个人是很难编造一个完全与现场证据吻合的故事的。

根据那两个嫌疑人的口供，他们三个当时进入那个珠宝店的目的就是抢劫。其中一个拿着一根钢管，他们对站在柜台里面的店主进行了威胁，然后那个拿着钢管的家伙抓住店主并开始用钢管打他。店主倒在了柜台内的地板上。那个拿钢管的家伙走到柜台后面继续殴打已经倒在地上的店主，在某一时刻，他将手伸进珠宝展示柜中取出了一些珠宝。

我们在现场发现了可以证明以上这一切的血迹证据。通常血迹最少的地方往往就是流血事件开始的地方。在本案中，一些血滴落在了柜台的表面，因此我们知道当时被害人就站在那里。他在倒向地板的过程中留下了强烈撞击喷溅的血迹，这表明他头部已经受伤流血，并且仍然在遭受打击。珠宝展示柜的门开着，在柜子底部的表面有血迹和喷溅血，这说明在这个时候被害人的头部大约与展示柜处于同一平面，并且仍然在受到打击。最终他倒在了地板上并仍然在遭受打击，因为我们可以看到向上喷溅并落到展示柜另一面的血迹。据此我们推断这时被害人处于地板上或略微高于地板的位置并且仍然在遭受殴打。

当凶手的手伸进展示柜拿出珠宝的时候，蹭到了已经喷溅到柜子底部的血液，因此这里的血迹有被朝着凶手取珠宝的方向抹蹭的迹象。通过观察这种血迹，我们可以断定这种抹蹭发生在血液喷溅后不久的时间内。

因此我们可以推断出被害人在不同阶段所在的位置。然后我们还可以证明至少有一名凶手将手伸进了珠宝展示柜。让我们感到高兴的是，我们有关事情发生经过的推测最终都得到了证实。在许多情况下，这样的推测得不到证实。真正能够告诉我们事情发生过程的只有嫌疑人和被害人。而被害人已经无法向我们陈述事情的经过了。

——血迹模式分析专家

曾经有一个地下室尸体案。一名男子正在装修房屋，他开着挖土机在屋后挖出了一个斜坡，以便进入地下室。此前这个房子的地下室只建成了一半，他打算将其全部挖开并修建好，以增加房屋的价值。

他挖开了一部分地基，以便进入地下室所在的区域。在挖掘的过程中，他发现挖土机的挖斗中有一个像是衣服的东西露在外面。当时有几个朋友正和他在一起，他们看了一下之后说，那是一条人腿。他说："哇！伙计们，赶快离开这里！"然后他就去给一个已经下班的警察打电话。那个警察赶紧过来查看，果然在那个挖斗的前端露着一条穿着裤子和靴子的人腿。他立即打电话给警察部门。警察部门通知了重案调查小组。

犯罪现场部门大约是在下午 3 点半接到的电话。我赶到现场看了一下之后说："是的，肯定是一具尸体。"

我们面临的问题是：现在该怎么办？大家都看着我说："头儿，我们该怎么办?"我说："我得把这东西挖出来。"

于是我就开始换衣服，因为当时我正穿着一件漂亮的夹克并打着领带。领导总是希望我们穿着得体，但是他们忘记了我们要去的是什么地方。

那天晚上我们在这个垃圾填埋坑里挖出了那具尸体。我们首先挖出的是一条腿，然后又挖出了一部分躯干。

我们将现场封锁起来，第二天继续工作，完全按照规定的方法和程序按部就班地进行。在我们处理现场的时候，一个刑事调查小组也在开展工作。他们找到了那所房屋的前房主并对他说："你看，有人在挖那所房子的地下室的时候挖出了一具尸体。"

在过去30年中那所房子一直属于那个人的家庭。他的第一个反应就是："他为什么要这么做？他为什么要挖地下室?"这就是他提出的第一个问题。

我找到了被害人的钱包，要知道这个东西已经在地下埋了14年了。钱包里有一个覆膜的驾驶执照，由于在覆膜之间进了湿气，纸质材料已经腐烂，但是照片上的颜色蚀进了塑料覆膜里面。当我们将覆膜撕开之后，上面留下了一个像是幻灯片的影像，于是我们就得到了受害者的照片。这给我们提供了线索！

我们在地下室干得大汗淋漓，因为当时正是7月份，地下室里气温有摄氏32度，而且不通风。他们总是把我们派到最好的地方，并且在那里我们总是能够遇到最好的人。

我们暂时确定了一名被害人。我们在他的躯干上找到了三颗子弹，其中两颗在脊柱中，另外一颗在衣服里。经过14年之后，尸体上所剩下的东西已经不多了。

我们的挖掘工作进行得非常缓慢，因为事隔多年，我们不知道究竟能够挖出什么。我们找到了一些小块的骨头，还有一些牙齿，那上面可以保存一些DNA。凶手在挖坑掩埋尸体的时候可能会在尸体下面留下脚印。也许还会有香烟头。因此我们要把这些都考虑到。

我们每次挖出一桶东西，都要用筛子筛两次，筛出来的东西要经过分析之后才能倒掉。我们对所有有价值的证据都会进行渐次照相，并且用网格标出其位置，这样我们就可以知道每样东西所在的方位和被掩埋的深度。最终我们的桌面上会摆满挖掘出来的各种物品。为了清理这些物品，我们会使用油漆刷、压舌板和小铲子等工具。

当时我们正在做着这些无聊的工作，助理验尸官走了进来。我对他说："喂，我们发现了第二位被害者。"他说："什么？什么？什么？"我说："我告诉你，这里还有一名被害人。"我给停尸房打电话，对验尸官说："你们看看这些骨头吧，我认为这里还有一名被害人。"他们打电话确认了这一点。我说："除了那三根腿骨之外，你们还发现了什么线索？"他们还发现了第二块下颌骨，一个人是不可能有两块下颌骨的。

我们的工作是星期一晚上开始的，现在已经是星期二了。媒体出现在现场，他们试图拍一些照片。我们所在的位置是在一个街区尽头的死胡同里，记者试图让摄像机镜头透过后院和围栏捕捉到一些图像。

那天我们部门来了一个新的头儿，他是第一天来我们这里。他以前在缉毒部门，从来没有和犯罪现场处理人员或凶杀案调查小组一起工作过。由于媒体的报道，他受到了来自检察官的压力。最终我们这位新老板满腹牢骚地对检察官说："我不知道他们在干什么。我只知道他们正在地下室用棒棒糖杆挖洞。"

头儿问我们什么时候才能干完。我说："当我们干完的时候，我会告诉你的。这需要一段时间。”地下净是石头和黏土，挖起来很费劲，工作进展很慢。每次只能有两个人在洞里挖掘。我们的旁边站着很多警官，他们都想上来帮忙。有些人在警戒线边上维持秩序，有些人在用筛子筛挖出来的东西，而有些人则在搜寻证据……我们必须定时从洞里爬出来呼吸新鲜空气，然后还要监督其他人员的工作。

然后我们接到一个电话，说检察官要过来了。我说：“好啊，他是不是要来帮我们挖洞呀？”他来了以后问道：“你们还要多长时间才能干完？”我看了看那个洞，说：“我不知道。”“那么你们需要什么？你们需要铁锹吗？”“不，我们不需要铁锹。”如果我们用铁锹挖的话，就会把所有的证据都破坏了。

与此同时，外围调查小组根据我们提供的线索发现了 14 年前有关我们所挖出来的那个人和他的女友的失踪报告。当时那个人 19 岁，他的女友 14 岁，他们和家里人发生了一些矛盾，于是这两个孩子就一起离家出走，然后给他们的家人打了电话。但是后来他们的家人报告他们失踪了。

当时我们的工作进展缓慢。洞里很热，我们浑身是汗，粘滋滋的。只有我和我的搭档两个人能够同时待在洞中。我们两人坚持在任何时候总有一个在洞里，以免其他人进去把事情搞糟。我在洞里干了整整一个上午。当我最终出来透气的时候，我发现有两个新手整个上午都坐在那里筛土。我告诉他们休息一会儿，由我来筛一会儿。我真愚蠢。当时我正穿着一件印有司法证据科学会字样的红色衬衣，记者们透过树木看到了我。他们立刻变得激动起来：“我们就知道你们在那里做着什么！”各种摄像机和照相机对着我一阵狂拍，随后我又看见一架新闻直升机在犯罪现场的上空盘旋。我当时真是气急败坏。

最糟糕的是，一连三天，所有听到过这一案件的人都想开车经过那里去看一看。人一多之后，卖冰激凌的自然也就出现在了现场，车上还播放着《艺人》这首音乐。同一首曲子一连在那里播放了三天。而我们当时正在做犯罪现场处理工作，每天要在那里干 16 个小时。同一首音乐不断地在我们的耳边回旋。

最后，在第二天的时候，我对一名警官说："你赶快把那个家伙赶走，别让我再听到这首曲子。否则我就要出去找他算账了，我这里可有一把枪。"

我们在第三天终于把两具尸体全部挖了出来。我们将他们放在消防队给我们提供的板子上，然后又仔细将挖出来的所有东西都观察一遍。这两具尸体交叉在一起，上面还挂着一些衣服碎片。当时一名司法人类学家也在场。她查看了其中一具尸体的头部、骨骼和骨盆，并且揭下了挂在尸体上的衣服碎片，然后说道："这肯定是一名年轻女性。"我说："废话！难道从她身上穿的文胸和内裤还看不出来吗?"通常我是非常小心的，但是当时我已经在那个洞里待了三天了。

记者们日夜守候在现场周围。我们在夜晚停止了工作，就像往常一样，我最后一个走出现场，但是我将遗骸搬出来放在了我的车上，然后开车去停尸房并在那里与验尸官会合。因此媒体没有拍到这一场面。

我们使用线粒体 DNA 分析方法将其中一具遗骸上的基因与其母亲家族的基因对比，最终确认了那个女孩的身份。这使她的家人得到了精神安慰。

调查人员再一次讯问了那所房子的原房主。被害人与他有着某种联系——他们曾向他兜售过毒品之类的东西。他最终承认杀死了那个男孩。警方准备以谋杀罪起诉他。第二天，正当要传讯他的时候，我给他们打电话说："伙计们，我们又发现了一具尸体。"警察立即将其带回局里进行审问。他说道："噢，是的，另一具尸体是他的女朋友。”

在我们所挖出的证据中有一根棒球棍。那名凶手在枪杀了那个男孩之后又用那根棒球棍打死了他的女朋友。另外这名凶手还与一个恋童癖组织有关。

正如他们所说的，警察可不是一个愉快的职业。我们每解决一个问题，往往就会遇到更多的新问题。

——司法证据调查员/犯罪现场督导员

在讯问嫌疑人时利用现场证据

我们必须同时寻找人们的陈述与现场证据之间的一致之处和矛盾之处。相关人员的陈述与我在现场所见到的情景是否一致？

例如，有个人向警察报告说，他在早上7点钟发现他的妻子死了。他完全被这一事件给惊呆了：“她杀死了自己，而我却没有听见。我没有听到枪响。”但是他却听到了闹钟的响声。这与实际情况相符吗？好极了！接着说下去。

我会说：“噢，不！这太可怕了！你一定被吓坏了。”我会让他接着说下去。因为我不想让他变得像律师一样善于说谎。

再例如对尸体的初步检查。一名证人说尸体身上的青紫色瘀痕是半个小时前才出现的，但是根据我所接受过的训练以及我有关病理学的知识，这种瘀痕应该至少在四五个小时之前就出现了。

再举个例子。有个人说死者用一把0.308口径的半自动步枪向自己的头部开了两枪。一次是可能的，两次是不可能的。

——凶杀案侦探

有一名妇女被杀了。被逮捕的那名男子声称他和他的女友被两个人

用刀架着绑架到了他们原来所住的汽车旅馆，在那里强迫他们脱掉衣服，然后对他们实施了抢劫。后来他的女友在说话时惹恼了其中一名歹徒，后者用刀捅了她。现场到处都是血迹，因此他的说法似乎符合情理。但是有一个小问题：他留在现场的裤子被从里向外翻了过来，但是在裤子的里面上没有一点儿血迹，所有的血迹都留在裤子的外面上。这就有点儿不对劲了。在我们向他指出了这一矛盾之处后，他立即就招供了。

我曾经用福尔摩斯的一句话来培训侦探："在排除了所有不可能的情况之后，剩下的一定就是事实了。"

——犯罪现场调查员

我不知道为什么犯罪嫌疑人要和我们谈话，在这个国家没有一个人不知道"米兰达规则"，但是还是有嫌疑人会和警察谈话。

之所以如此，部分原因在于讯问者的性格，另外一部分原因在于嫌疑人的性格，因为这些人通常都十分自大。他们以为自己非常聪明，一定能够逃脱惩罚。

我们就尽量让他们说下去，因为一旦他们作出了某个陈述，他们必须记住这一陈述，他们必须记住自己以前说了些什么。只要你能够让他们继续说下去，他迟早会说出前后矛盾的话来。最终他会落入陷阱的。

——凶杀案侦探

警察一向有打人的坏名声，是不是？所以大家都认为他们是通过殴打嫌疑人获得口供的。其实这是胡说。我告诉你，我在陪审团面前总是与辩护律师这样对话的：辩护律师说："你是否打了我的顾客？你一定是打了我的顾客，否则他不会招供的。"我说："不是的。我给他

买鸡肉，坐下来和他一起吃，然后陪他去卫生间，对他非常好。”

鸡肉和友好的态度使我得到了很多很多嫌疑人的口供。

甚至那些多次入狱的家伙，当检察官问他们“你为什么招供”的时候，他们会说：“我知道我会因此再次坐牢，但是至少他把我当做一个人来对待。”

——凶杀案侦探

有时，在某个人招供之前，他的身体会前后微微摆动，然后他会靠在椅子背上，叹一声气，露出如释重负的表情。

问题在于有些侦探往往放弃得太快了。他们会想：唉，这个家伙永远也不会招供。

如果你不断地和嫌疑人交谈，谈着谈着，他们会突然决定招供。

你会看见他们靠在椅子背上，然后一声叹息，就好像心灵得到净化一样。对于许多嫌疑人来说，他们会因为终于可以放下一个沉重的包袱而松一口气。

——凶杀案侦探

试图理解那些非理性的事情

我还记得我第一次见到的凶杀案现场，那是1986年。一名男子躺在他家里的沙发上，他家的纱窗门开着。他住在二楼的一个公寓房中，门前是一个楼梯平台。他就躺在那里。当时是6月份，我刚到凶杀案组工作。

那是南加州的一个夏日。他躺在沙发上看电视，没有打扰任何人。他独自生活，大概二十二三岁，是一个从来没有得罪过任何人的老好人。当时是周末，他没有上班，在家里看电视中的体育节目。他家的纱窗门关着，而大门开着。

一名住在他楼下的精神不太正常的妇女在他家门口停了下来，通过纱窗门对他说了些什么，而他回了她一句话。我们不能肯定他当时到底说了什么，但是很可能就是“你好”之类的话。她打开纱窗门，掏出一把手枪打死了他，然后就下楼回到了自己的公寓房中。

后来我们了解到，她当时听到有个声音在告诉她，他是个坏人，她必须做点什么。那个小伙子根本没有想到那天他会被人杀死。

我在凶杀案调查组工作了许多年之后得出了一个结论：我真的相信命运。当一个人命中注定该死的时候，他无论怎样都无法避免死亡。

我曾经见过一个家伙，他的腿部被人打了一枪，子弹从腿部进入，穿过他的身体，最终击中心脏。我们无论如何也没有想到他会死于这个枪伤。击中他的是一把很小的0.25口径自动手枪，威力并不大。

另一方面，我曾经见过有的人头部中了五六枪，甚至更多，而他们在一个月之后又走在了大街上。这种没有理性可言的事情我见过很多。

——凶杀案调查组组长

在凶杀案警察和被害人家属之间有一种很难描述的相互影响力。我们应该非常小心，努力避免自己的情绪受影响，因为我们都很容易受到这种影响。我们必须保持客观，这对于专业调查人员来说非常重要。

如果我们不能保持客观的话，那么我们就会变得主观，然后就会开始忽视那些与你所相信的事实经过相矛盾的证据。这的确很难。

——凶杀案调查组组长

有一个案件让我始终难以忘怀：有一次我们接到报告，在布朗克斯和杨克斯这两个区交界处的一个公园里发生了凶杀案。一名17岁的男孩在那个公园里被人用刀扎死了，他的同伴在遭到殴打后逃了出来并打电话求救。

这两名无辜的孩子是天主教中学的学生，在放春假的时候出来游玩。他们看见公园里有一堆篝火，以为是他们的朋友在那里，于是就过去看。当时他们中的一个手里拿着他哥哥的收音机。

当他们走到跟前的时候才发现，原来在篝火边的是来自南杨克斯的一群小流氓。他们意识到遇到了麻烦，但是已经无法走开了，因为他们被那群小流氓围住了。其中一个小流氓说："把这个收音机给我！"这个孩子说："这是我哥哥的收音机！"于是那个流氓就掏出一把长猎刀，扎进了这个孩子的胸膛。另一个孩子也遭到了殴打，并被推下了小山坡。被扎的孩子所说的最后一句话就是："我得把我哥哥的收音机要回来。"

我们最终获准逮捕凶手，但是我们必须到杨克斯区去抓捕那些小杂种。我们与杨克斯的派遣员取得了联系并对他说："听着，告诉你们那个部门的人在犯罪现场与纽约市警察局警长会面。"然后我又说："听着，伙计们，给你们本地警察局打电话，因为这是杨克斯辖区内的行动。"

他与有关部门取得了联系，与我们见面的是杨克斯的巡警队长。他得知我们的来意之后显得非常激动："不行！你们不能把他们带回到市警察局。我在戴维·伯寇威茨案中已经吃了一次大亏了！"我说道："警官，你要以什么罪名拘留他们呢？"他说道："谋杀！"我说："那么谋杀发生在哪里？"他看着我说："发生在布朗克斯。"我说道："这不就是了。别担心，到时候会有你们一份功劳的。"因此我们就把那几个小流氓带了回去并把他们关了起来。

那天晚上我们到被害人家里去参加了他的葬礼。被害人的父亲很多年前从爱尔兰移民到了美国，他和他的妻子多年来省吃俭用把他们的孩子送进天主教中学，希望他能够受到良好的教育。他们希望这个孩子能够成为他们家的“王子”，给他们家族带来荣誉。

大约三个月之后，我接到报告，在哈得逊河边发现了一具尸体。我驱车赶到位于河边的一所学校。当我从车中出来前去查看现场的时候，一名保安向我走来。他对我说：“噢，警长，我们一直在为你祈祷。我们真的……我们永远也不会忘记你为我们所做的事情。”

我当时想：“这个老头到底是谁呀？”我看了一下他所佩戴的胸牌。我的天哪！他就是那个被杀害的孩子的父亲！他看上去老了20年。他还感谢我呢。

原来这位父亲在这所学校当保安。他本来有一份固定的工作，在儿子被谋杀后他由于过度悲伤而丢掉了那份工作，后来就找到了这份保安工作。我已经认不出他了。

我们都早已忘记了这个案子。但对于被害人的家人来说，这种损失是永远也无法弥补的。

——凶杀案调查组组长

很明显，在调查凶杀案的时候，我们永远也不可能认识被害人。我们永远也不可能认识被害人。

但是——用我的话说——我们可以逆向地了解他们，因为他们已经死了。我在看见他们的时候会想象他们活着的时候会是什么样子。通过这种方法有时我们会变得对他们非常熟悉，并且会变得非常喜欢他们。我们会想：“唉，如果这个小伙儿或这个姑娘还活着的话，我会很希望和他/她交个朋友的。”我们会想：“他到底是个什么样的人呀？”哇！原来他是一个学校的老师。上帝呀！他在生活中遇到过什么问题没有？他结婚了吗？这样的问题越多，我们就越想通过别人了解他们的情况，因而就越了解他们是什么样的人。有时我们会想："唉！他真的不应该遭受这样的命运。"大多数被害人都不应该遭受这样的命运。

——凶杀案调查科科长

当我进入孤寂的犯罪现场的时候——我可能会独自或者和我的搭档一起前往犯罪现场——我会站在那里，环顾四周，想象在谋杀发生的时候，或者甚至在被害人根本就没有想到他们将会被谋杀的时候，这间房子里会有什么声音。然后我再侧耳倾听。这时除了在我周围飞舞的虫子的声音之外，四周就像死一样寂静。然后再看看墙上挂的那些照片，我会看见受害者脸上的微笑。这时我想："唉！真惨。"

——凶杀案侦探

第三章

对犯罪现场的解释：室外现场

我们不断地在海洋中发现尸体。第一个步骤：我们如何处理现场？我们如何将大西洋用警戒线圈起来？

——新泽西州凶杀案侦探

在南加利福尼亚州，大多数犯罪现场都在户外。在洛杉矶县，我们有高山、沙漠、河流和海洋。我们要对犯罪现场进行记录、搜查或测量。如果犯罪现场在沙漠的中部，我们用什么作为参考点？

——洛杉矶县凶杀案侦探

室外犯罪现场充满了各种挑战。例如在流氓团伙火并或者由户外争吵所引发的凶杀案中，犯罪现场可能位于交通量很大的地区。每一个行人或车辆的移动都可能在第一个接案赶往现场的警察到来之前掩盖或者彻底消灭有关证据。

在户外性攻击的案件中，如果受到惊吓的受害者记不清攻击发生的具体地点，或者雨、雪、动物的活动破坏了脆弱的DNA证据或微量痕迹证据的话，那么我们就很难发现犯罪现场。在这些情况下，对犯罪现场的处理和解释会因为户外条件而变得非常迟缓，甚至无法进行。

在犯罪发生很久之后才发现的尸体——被从汽车中抛入高速路边的沟渠或树林中的被害人，被埋在森林深处、玉米地里或凶手家后院的秘密坟墓中的被害人——使调查人员面临另一些不同的挑战。这些现场可能是人们不经意发现的，可能是根据某条线索或直觉发现的，可能是根据举报人的举报或者凶手的供词找到的，也可能是在考古挖掘的时候发现的。无论尸体是如何被发现的，这种户外现场要求证据技术员、诸如司法考古学家和人类学家等司法证据专家以及凶杀案侦探在现场处理的过程中和现场处理之后的工作中进行密切的合作。

通过一个户外现场往往可以找到更多的现场：发现尸体或者性攻击发生的地点往往只是犯罪的终点，通过它们我们可以找到其他犯罪现场。我们必须找到并处理所有犯罪现场。本章将请被派往从街道到荒野的各种户外犯罪现场开展调查的警察、侦探和司法证据专家来介绍他们的工作经验。首先进行介绍的是那些在接到报案后第一批到达一片混乱的街道犯罪现场的警察和侦探。

大家都在谈论犯罪现场看上去是什么样的，但是警察还关心另一个问题：犯罪现场听上去是什么样的？

比如说在大街上发生了一起由毒品所引发的谋杀案或者流氓团伙之间的火并，一起飙车枪击案。我们听到有人在哭号，像是有人正在为死者哭泣。这是女人在犯罪现场哭号。她们是死者的女朋友或者母亲。我们听到了由女人发出的尖厉的哭号声。嗷——！我们听到的只是哭号的声音。

这些女人在现场崩溃了。死者的奶奶赶到了现场，她崩溃了，她的双腿发软，倒在地上大声地哭号。死者的女朋友们都失去了控制。这些女人一个个都双腿发软，倒在了地上。其他的人都走过来想看看尸体。

整个街区的人全部出动了，都来到了犯罪现场。消息传播得真快。一眨眼的工夫，与死者最亲的人就知道了所发生的事情，并且很可能还知道了谁是凶手。

他们都赶到了现场。然后，突然之间，他们都将愤怒的矛头对准了警察。所有的人都在朝警察吼叫。又不是我们打死的那个人……但是所有的人都冲着我们发火。

他们之所以冲着我们吼叫，那是因为他们要我们做点什么事情。我们是在做事情，但是他们不能理解。他们心里想的只是“抓住凶手”，而我们正在保护现场。他们不能理解我们的工作。

在很多情况下，在犯罪现场的警察都会发出“需要支援”的请求。人们往往会为了进入现场而与警察发生冲突。

——巡警

有时当我们在犯罪现场等待犯罪实验室的人员到来的时候，死者的家人会在旁边发疯似的大呼小叫。他们会说：“你们为什么要把他这样留在这里？为什么？……”我们在等待法医前来照相，处理现场。但是这些家属会在旁边做各种稀奇古怪的事情。当然，他们当时非常悲伤，他们所想的与我们的想法是不同的。

——凶杀案侦探

有时我们会发现有些人还没有死。他们受到枪击或刀刺，但是还没有死。

我们不会因为他们快要死了就不去打扰他们。我们绝不会这样做。我们要尽快对他们进行讯问。我们这么做有两个原因：第一，他们可能会死。第二，一旦他们意识到自己可以活下去，他们就不想再告诉我们真相了。我们必须在他们的出生证作废之前，在这个过渡阶段让他们开口说话。

——凶杀案侦探

我在一辆救护车上，这个流氓团伙的成员被人从飞驰的车中用枪击中，我抓住他的肩膀摇晃着他的身体问道："这是谁干的？他开的是什么车？"他在不停地尖叫，急救人员在往他身上插管子，而我则试图让他开口说话。如果我能够从他口中得到有关凶杀的信息，那么我就可以通过对讲机告诉其他警察。当时他血流如注，不断地尖叫，而我则不断地问他："是谁干的？"他说道："他开的是一辆灰色的博纳维尔车。"然后我就将这个信息通过对讲机发送出去。

大多数人会说："你疯了。"但是如果这个人没有告诉我这些就死了，那么就没有人会知道这个信息了。因此盘问被害人非常重要。如果我不能使他开口，我通常会让一个女人在他旁边喊叫："告诉他！告诉他！"这样他就会试图表现出一点儿男子汉的气概来。当然，如果他真的很疼，我就会用比较缓和的方式问他："是不是这样或那样的一辆车？"

——巡警

在大街上犯罪现场非常混乱。人们试图从犯罪现场穿行。他们会问："我能从这里走过去吗？我的家就在那边。"现场到处都是黄色的带子和警察。我会对他们说："你能否从街道的另一边走过去？我的这个要求不过分吧？"

在一些街区，人们总是会看见黄色的带子，他们已经习惯看到枪杀现场了。有一个家伙躺在地上，另一个家伙从旁边走过时说道："噢，这是某某某。"然后他就继续往前走。我们会问："什么？你认识这个人?”他说:“是的，这是普基。”我们问:“你是怎么认识他的?”他继续往前走。然后我们试图前去抓住这个家伙。但是他还是只管往前走，对死者甚至一点儿也不关心。他对我们说:“嘿，嘿，嘿，我还有事儿呢。”

——巡警

在很多时候，当第一批警察接案赶到现场时，凶手就混杂在围观的人群中，观看警察的活动，以此作为消遣。有些实施犯罪的凶手或是喝醉了酒或是吸了毒，他们会在现场寻衅滋事，做出一些非常令人讨厌的事情来。

最初到达现场的警官一般会告诉这些人，如果他们不离开的话，他就会如何如何。最终他把他们都赶走了。实际上证人或者凶手很可能就在这些人中间。

这种事情发生得如此之频繁，简直令人难以置信。我由此而产生了一个对现场人群照相的想法。我们发现，当警察、急救人员或者消防人员到达现场时，凶手或者那些我们所感兴趣的人员——我指的是那些我们以前打过交道的人员——往往还会停留在现场，他们看着那些人跑来跑去的样子会觉得很有趣。但是一看见穿便服的侦探之后，他们就会立刻消失得无影无踪。

我在培训手下的时候经常对他们说：每当你走出警车的时候，要观察现场的大局面，不要只关注小局面，一定要观察大局面。仔细检查在现场的人群，看看那里面有谁。你可能会认出某个以前曾经打过交道的人，向他们点一点头，意思是说:“我会找你谈话的。不是在这里当着所有人的面，因为我知道你不会当着所有人的面和我交谈。但是我会找你的。”

那些坏蛋——毒品贩子或流氓团伙成员——往往会知道一些内

情。但是他们不愿意被侦探们看到，因为这意味着他们会倒霉。如果你是一个聪明的侦探的话，你绝不会在大街上当着他们的朋友的面讯问他们。你必须把他们单独地带到你的地盘上，然后对他们说："好了，告诉我那里究竟他妈的发生了什么事情。"

——凶杀案调查组组长

我认识一个了不起的凶杀案调查组组长，他在调查中从来不会遗漏任何东西。每当我到达现场，我就会问他在哪里，但是没有人知道他在哪里。他刚刚还在那里走来走去地检查现场。他从来不会漏掉任何东西。

他只是在现场走来走去。有一天我们被派到在大街上的一个谋杀现场，这个组长独自离开了那里，走到离现场大约一个街区的地方。一个警察正站在那里，那个组长与他谈了几句话，并向下看了一眼，然后问道："你是否认真地检查了这个地方？"那个警察回答说："是的。"组长站在那里看着那个警察的脚。那个警察问："你在看什么？"组长说："在你脚下的下水道里有一把枪。"那正是用于谋杀的凶器。凶手刚刚把它扔进下水道。

——凶杀案侦探

如果被害人是在户外被枪杀的，那么我们所面临的挑战要大得多。子弹往往会穿透人体，在户外它们很难被找到。如果我们能够确定子弹的方向和准确的飞行轨迹的话，有时我们可以在树叶、细枝或者灌木中找到它们的撞击点。

我们使用金属探测器在户外搜寻子弹壳和猎枪弹壳。我们还用金属探测器寻找钻入地下的子弹头。在每个户外现场我们都会使用金属探测器检查被害人是否躺在地上的时候被枪杀的，如果是的话，那么子弹就会穿过人体，钻进地下。

——枪支专家

在大街上发生的案件，比如涉及流氓团伙的案件中，我们往往会眼看着被害人死去。亲眼看着一个人死去是一件非常奇怪的事情，我可以看出他们会在什么时候死去。记得一个家伙被猎枪击中了，他在流血，身体蜷曲成胎儿状。他还在呕吐，腹部在流血。他的胃液和血液混合在一起，几乎就像倒成阴阳图案的酸甜调料——你知道，就是那种用芥末酱和红色辣酱倒在盘子里搅拌成漩涡状的调料，这就是我当时想到的东西。粉红色的呕吐物和从胃里流出的血液。那时我想，这个家伙情况不妙，他没希望了。

然后我就看着他们，过了一会儿他们就死了。

——凶杀案侦探

对于被害人来说，我可以肯定的一点就是一切都结束了。当我站在那里看着那具曾经是一个活生生的人的东西的时候，我就会想："天哪，他（或者她）究竟做了什么呀，会遭到这样的下场。"因为那些被杀的人很明显都是很好的人。

即使是那些犯罪团伙的成员，我看到他们死去的时候也会感到难过。他们的母亲就站在警戒线的后面，她们会对我说："你知道吗，他在星期天学校的时候是个非常好的孩子。"我会看着她们说："我肯定他是的。但是你看他现在变成了什么样子。"我看着躺在地上的这个家伙，心里想："上个星期我还因为一起类似的谋杀案而在到处找他呢，现在他自己也躺在这里了。"暴力似乎永无止境。

——凶杀案侦探

我们往往会相互开玩笑说：当我们被派往凶杀案现场的时候，在某个地方，某个人正在慢慢地死去。他不知道在两个小时以后我们将站在那里看着他的尸体。这是凶杀幽默。

——凶杀案侦探

发生在大街上的陌生人之间的犯罪

有一次一名妓女在一个小巷中被杀死并被焚尸。不幸的是，这种事情在洛杉矶和其他一些大城市几乎成了观赏性体育项目。我们在小巷中发现了一具尸体，当我们对现场进行搜查的时候，我们在那里发现了25个安全套，因为那是妓女们做生意的地方。我们要做的是从它们中间找出那个我们所要找的套子。或者我们可以想象在一个典型的小巷中会有多少垃圾。我们需要收集多少垃圾？我们所收集的每样东西都必须进行分析。这更增加了犯罪实验室的工作量。

——凶杀案侦探

一起犯罪就可能有好几个现场。几年前，一名不当班的侦探正在一个专为驾车者使用的银行窗口前等候，他看到一个戴着滑雪帽的家伙走进了银行停车场，同时一名开车经过的穿制服的警察也注意到了这个情况。那个戴滑雪帽的家伙在停车场持枪抢劫了一名开防弹车护送现金的人员，他抢走了那个人正要交给银行的现金袋，然后就跑进了等候在小巷中的一辆专门用于逃跑的汽车。

那名不当班的侦探从他的汽车中出来，迂回到下一个街区，拦住了那个劫匪并告诉他自己是警察，结果遭到了那个劫匪的枪击。那名穿制服的警察赶到小巷里并与在汽车中的劫匪发生了枪战。

在交火过程中一名劫匪被击中手部，他手中拿的钱袋掉在了现场。劫匪开着汽车逃跑了。警察迅速将这辆车的信息用无线电告诉了其他警察。一辆警车在几英里之外的地方发现了匪徒的汽车。

这两个匪徒是一对兄弟。现在他们开车进入了一条小巷并看到一辆汽车朝他们开过来。他们以为那是一辆警车，于是其中一个匪徒站在车中用猎枪从顶棚窗口向那辆汽车射击。其实那并不是一辆警车，车中是一名可怜的普通市民，他恰好开着一辆看上去像警车的雪佛莱汽车。你能够想象在一个小巷中开车的时候突然挡风玻璃被猎枪子弹打得粉碎的情景吗？

那辆雪佛莱汽车突然失去了控制，撞上了一座建筑物。那辆匪徒的汽车穿过街道倒行结果又撞上了另一些车辆。就在这个时候几名警察赶到并逮捕了这两名匪徒。

每一个发生枪击和撞车的地方都是犯罪现场。因此这一起抢劫案产生了八个现场，每一个都需要进行处理。

——警察局长

从许多方面来说，抢劫案要比凶杀案更加难以破获。我是一个普通侦探，这意味着我要处理从凶杀、失踪到愚蠢的威胁电话等各种各样的案子。在像我所在的这个发案率比较高的警区里，我们首先着手调查抢劫案。它们之所以调查起来更加困难，那是因为在大多数凶杀案中，凶手与被害人认识，而抢劫案则是发生在陌生人之间的案件。

在抢劫案中我们往往找不到可供实验室分析的物证。DNA 证据只在极少的情况下才会对我们有用。

我们所要知道的是：受害人是否看见了劫匪？如果受害人没有看见，其他人也没有看见，并且街道上也没有摄像头的话，那么我们剩下的选择就是那些可以追踪的物品，如信用卡和手机，或者犯罪模式：是否一般都发生在深夜？这次发生的抢劫案中的劫匪的体貌特征是否与上星期二发生的劫案中的劫匪相似？他是不是左撇子？他在每次抢劫时除了对受害人说“快跑，你这个杂种”或者“别看我”之外，还说了什么特别的话？

现场是否有监控录像？这对于我们来说是一个新的助手。还有手机，我们告诉人们在遭到抢劫时不要关掉手机，因为劫匪往往会用抢来的手机给家里或者朋友打几个电话。有时他们拿走受害人的手机是为了防止他们给警察打电话报案。但是那些年轻一点儿的或者更笨一点儿的劫匪会想：嘿嘿，我可以打免费电话了。相信我，我们曾经通过这种方式抓到过劫匪。

——抢劫案侦探

对于抢劫案受害者来说，如果他们从一堆照片中认出了嫌疑犯并且说“我真的认为就是他，但是我得看看他本人”，那么你就有理由将照片上的那个人带到警察局去排队接受受害人指认。

即使如此，事情往往还是让所有人感到沮丧。我们将受害人带到一面玻璃窗前，受害人可以透过窗户看到列队接受指认的人员，而接受指认的人员看不见被害人。在许多情况下事主到了窗前之后会突然往回跳一大步，他们再次看见那些曾经抢劫他们的家伙时会非常害怕。我们会对他们说：“走到前面去，走到前面去，去吧。他们看不见你，也听不见你说话，别担心。”看他们那副害怕的样子，就好像那个劫匪会从玻璃窗跳出来，再次对他们实施抢劫似的。

我们对他们说：“慢慢地察看每一张脸。”他们会看第一个人，然后第二个人。如果第三个人就是那名劫匪的话，他们看到他之后会突然将头扭过去，避免再看到他。我们知道他们认出了劫匪。但是他们却说：“不，我不认识其中的任何一个人。”他们这么说只是因为害怕。见到劫匪之后他们又重新体验了一次被抢劫的经历。这时我们就要和他们谈谈，但是我们不能告诉他们该说什么，因为必须由他们自己说：“这就是抢劫了我的家伙。”如果他们说“这就是侦探们让我指认的那个家伙”的话，那么我们大家就都有麻烦了。

——暴力犯罪侦探

在过去几年中，在洛杉矶地区有好几个孩子在“传单派对”上遭到完全陌生的凶手杀害。这对我们来说是相对新的案件。

有人专门靠组织这种派对谋生。他们出租房屋，雇用播放音乐的人，提供一些音乐和酒，然后在社区和学校中散发广告传单。他们向孩子收取10—20元的入场费。

孩子们发现了这些小广告就去了那些地方。那不是亲朋好友们参加的那种聚会，你不认识你周围的人。去那里就像体育场或音乐会一样，你不知道谁会去那里。

你可能会和你的朋友一起去那里，但是那里的其他人你可能认识，也可能不认识。当你在那里看见陌生人之后不会感到不安，因为所有人都可以去那里，全世界的人都受到了邀请。

这些聚会的确招来了一些流氓团伙成员。它们对好孩子和流氓团伙成员都具有吸引力，这就是问题。这些流氓团伙成员一般都是些欺软怕硬的家伙，不幸的是，他们还带着枪。而在那里的其他孩子则完全不具备对付这些小流氓的能力。

然后，突然间什么人说错了一句什么话，这些小流氓就掏出了枪。也许他们要打的是出现在聚会上的敌对团伙中的某个成员，或者是敌对团伙成员的某个熟人。他们掏出枪就开了火。当然，在这种聚会上随便开枪，任何人都可能被击中。而被击中的往往是一个当时恰好在那个地方、与流氓团伙没有任何关系的无辜的孩子。他的家人悲痛欲绝，他们会不断地责备自己：“我们为什么要让他去那个该死的派对?”

案件发生后，我们被派到现场。那些地方屋子里通常挤满了人，有时后院里也挤满了人。我们到达之后发现，后院里满地都是空啤酒罐和酒。音乐播放设备在那里放着，有两三个人还留在现场，其他的人都跑光了。他们不想留在那里，不想被牵扯进去，不想让父母知道自己去了那个地方。

因此所有在场的目击证人都找不到了。我们要求聚会的组织者向我们提供一份参加聚会的人员名单。真走运！他们根本就不知道这些人是谁。即使他们知道，说实话，他们在大多数情况下也不会与我们合作。

然后留在现场的那两三个人会说：“嗨，当这些人进来的时候本来一切都很好，突然他们开始问我们是属于哪个团伙的，我们告诉他们我们不属于任何团伙。这时一个家伙掏出枪来向人群中开火。我以为所有的人都没事，然后我向四周看了一眼，发现我最好的朋友躺在地上。他（或者她）已经死了。”

在这里被害人可能是男孩，也完全可能是女孩。子弹是不长眼睛的，枪对着哪里，它们就被打到哪里。有人拼命向外钻，想逃离那个地方，结果正好钻到子弹飞到的地方。也许人家要打的并不是他，但是事情就这样发生了。

我们到那里的时候发现了一具，也许是两具尸体躺在那里，到处都是血。所有的人都跑光了。我们大约在案件发生后一个小时到达现场。巡警在事发后立即就赶到了那里。他们说他们抓住了两个当时在场的人，但是其他人都跑掉了。如果那两个人肯和我们合作的话，那么他们就会向我们描述当时发生的情况。但是有的人害怕与我们合作。如果这样的话，我们就从他们那里得不到任何东西。

基本上我们所能够得到的就是留在现场的物证。我所说的是从被害人尸体上取出的子弹。我们取出子弹，然后小心地保存这一宝贵的证据，因为这是我们从现场所能够得到的唯一的线索。一段时间之后，我们在另一起枪击案中逮捕了一个流氓团伙成员并得到了他的枪。经枪支专家鉴定，它与那次聚会枪击案中所使用的枪相同。也许这就是破获那起案件的方法。除此之外，我们可能永远也无法破获这起案件。

破获在行驶的汽车上实施的枪击案要比破获在传单聚会上发生的枪击案容易得多。

——凶杀案调查小组组长

有关在大街上抓捕入室盗窃犯的建议

我经常告诉警察：如果你在接到入室盗窃的报案并赶到案发地点后，看见一个人在街上走，那么你在盘问他的时候别忘记看看他的裤脚口。如果他刚刚从篱笆中间钻过去或者走过院子的话，那么他的裤脚管边上很可能粘有杂草。杂草有很多巧妙的方法粘在人的衣服上。它们往往有可粘贴的部分使它们附着在鞋子上、鞋带上、裤脚管上或裤脚管的内部。嫌疑人可能会说：“哦，这些草是在我奶奶家的院子里弄上去的。”但是他裤子上的草可能他奶奶的院子里根本就没有。因此我们可以根据某个人身上粘的杂草将其与某个犯罪现场联系起来。

几乎没有人能够在植物证据方面撒谎而不被揭穿。

——司法植物学家

移动犯罪现场

人们都认为犯罪现场就是用粉笔勾画出的尸体的轮廓。有时我们可能

会有几个现场：主要现场和次要现场。强奸案受害人就是犯罪现场。如果一名妇女在一间公寓房中被强奸，那么这间公寓房和受害人都是犯罪现场。如果被害人走进汽车并驱车前往医院，那么这些地方也是现场。

因此我们必须对“犯罪现场”进行定义。犯罪现场可以是任何可能——关键词是“可能”——包含犯罪证据的地点。这听起来很愚蠢，但的确如此。

因此，如果一名妇女在她的卧室里被强奸了，然后她起身，走到卫生间去刷牙，洗澡，然后她又钻进她的车里，开车来到了强奸受害者救助中心，然后中心人员又把她带到医院。

那么现场就包括卧室、卫生间、浴缸、下水管道、她的汽车、她汽车的座椅，可能甚至还包括强奸受害者救助中心的卫生间或椅子。然后当然还有医院，他们在那里可能会给她作体内检查等等。

那名妇女的身体就是一个现场。我这么说并不是不尊重受害者。我并不是说不要太为受害人着想。但是我们必须得到我们所要收集的证据，因此受害人就是一个现场。

你必须学会这样考虑问题。

——警察局长

现场可能是移动的。比如说有人在一个地方被谋杀，然后被装在汽车后备箱中转移到了另一个地方并在那里被抛尸。只要留有证据的地方就是犯罪现场。

——凶杀案侦探

我曾经在警犬追踪分队工作。如果发生了抢劫或入室盗窃案，我们就会被派去追踪嫌疑犯。你知道，当人们走路的时候，他们身上会不

断掉下表皮细胞、毛发、纤维等等各式各样的垃圾。狗的鼻子非常灵敏，它们可以闻到一个人的气味并对其进行跟踪。人们往往会想象我们在现场发现一个嫌疑人曾套在头上的丝袜，把它塞在狗鼻子上让它闻一闻，然后它就直接把我们带到了嫌疑人那里。实际上并不是这样的。

但是如果我们可以在现场发现足迹的话，我们就会在狗闻这些足迹的时候给它一个命令，它就知道它现在闻的这个气味就是我们要它追踪的气味，因此它就会一直跟随着这种气味直到它消失为止。狗是一种工具。

足迹有各种各样的类型。一个在茂密的树林中行走的人会碰到树叶并使它们翻转，如果你在夜晚用手电筒照一下的话，你就可以看出他往那里去了。在一些案子中，犯罪嫌疑人从被盗的汽车中跳出来，跑进树林中，但还是被我们追踪到了。

有一个人闯进一名女士的家中，用刀将她刺死，然后实施了抢劫。现场非常血腥。他们派遣警犬队协助搜查。在被害人家的周围有很多树木和其他植物。我们确定了一种气味，警犬找到了凶手用来杀害那名妇女的刀、一些现金和其他证据。如果没有这些警犬的话，我们可能无法发现这些证据，因为警察毕竟是警察，他们穿着漂亮整洁的警服，他们不喜欢在多刺的灌木丛中爬来爬去的。

——犯罪现场调查小组成员

在大城市地区人们平均每天在摄像头中出现八次。银行、自动取款机、高速公路、许多建筑物的内部和外部以及交通干道都装有摄像头。因此，现在每当我们到达一个现场，我们都要查看监控录像，我们不仅要查看犯罪现场的录像，还要查看嫌疑人离开、逃跑地点以及他进入现场地点的录像。

在温哥华警察局曾经办理的一个案子中，一名男子遭到跟踪并被谋杀。警察调取了这个人在最后几天中所有活动的监控录像，他们发现有一个嫌疑人一直在跟踪着这名被害人。

我和我的搭档最近调查了一起案件。有一对刚刚开始约会的年轻恋人，他们来到了海滩，威尼斯海滩。他对她说："嘿，我昨晚到赌场去玩，赢了一些钱，你想去吗?"她说："我还从来没去过赌场，当然想去。"他们就去了离洛杉矶机场不远的伊格伍德的一个赌场。

在从赌场回家的路上大约40英里的地方，他们被一些人盯上了。当他们停下来给汽车加油的时候，那些人对他们实施了抢劫。我们的男性事主试图反抗，结果遭到枪杀。

我们从赌场调取了监控录像。在录像中可以看到两名嫌疑人在赌场一直跟着他们，和他们站在同一张桌子前面，并跟着他们走到停车场。然后我们调取了他们驱车回家所经过的高速公路的监控录像。我们得到了两段录像：在其中一个短录像中我们看见被害人的汽车从一个汉堡王快餐店前面开过去，后面跟着犯罪嫌疑人的汽车；另一段录像显示在几分钟之后，嫌疑人的汽车朝着相反的方向开了过去。在被害人遭到枪杀的服务站的监控录像中，我们看到被害人和嫌疑人一起出现在店里。现在我们在调查案件的时候都会寻找这种录像。

——凶杀案侦探

在我们的特别工作小组曾经调查过的一个案子中，我们根据有关被害人和嫌疑人的一些照片决定到另外一个州去寻找埋尸地点。

该案中的凶手是一个来自基辅的名叫叶戈尔的俄罗斯人；被害人是一个名叫托马斯的波兰移民，他是一个屋顶建筑承包商。被害人的兄弟向警察局报告说他失踪了。在上一个星期五，他的一些雇员听到他在手机中与一个名叫叶戈尔的人为一笔借款发生了争吵，他对那个人说他以后再也不会和他做生意了，并且要他马上归还那笔钱。那些雇员说，然后他就出去要钱去了。在星期五他就失踪了，而他的两个施工队还在大街上工作。他刚刚从波兰过来的一个朋友和他住在一起，那天由于托马斯没有回来，他也进不了家门。托马斯的两个施工队也没有拿到工资，他们通常总是在星期五领取工资的。

那个周末，托马斯的卡车在建筑商广场的停车场上被找到了，他和叶戈尔约好在离那个停车场大约三个街区的一个车身修理厂里见面的。在他汽车的挡风玻璃前面贴着一张罚单。驾驶室的门锁着，卡车两边的装着他所有工具的工具箱却没有锁，他的支票本、股票机以及一包化妆品都在里面。

星期二我们在听了托马斯的朋友的兄弟——托马斯的朋友不会说英语——讲述事情的经过之后开始调查此案。我知道托马斯不会在星期五晚上穿着工作服去拉斯维加斯，他肯定是出事了。

我带着手下的五个侦探来到了叶戈尔开的车身修理厂。我走进去作了自我介绍，然后就说了几句诸如“嗨，你好吗?”之类的话。这个名叫叶戈尔的店主是个来自乌克兰基辅的俄罗斯人，我一看见这个人就不喜欢他，他身上有点什么东西让我感到讨厌。我问他有没有托马斯的消息，他说：“没有，我根本就不知道他是谁。”但是在他店里的一个布告牌上就贴着一张他和被害人在去年10月份去加勒比海潜水旅游时的合影。然后他就敷衍着说：“哦，是的，我认识他。是的，他星期五来过这里。他是顺便路过的，我们聊了一会儿潜水。然后我们又聊了一会儿我要出售的一辆汽车，他想买下它。”

我说：“我能在这里看一看吗?”我当时带着五名侦探。他说：“当然可以，去看吧。”于是我就直接走到了店后面的垃圾桶前，并开始从里面向外掏东西。当我掏到一半的时候找到了一份 1988 年 5 月 14 日星期四出版的《芝加哥论坛报》的体育版，我把它拿出来打开，里面包着两条沾着像是血液一样的东西的店用毛巾，似乎有人曾经用这两块毛巾擦过手。

我把这些东西放下，过去找到叶戈尔并对他说："这里有人受过伤吗？有什么理由可以在这里找到血迹吗？"他说："不，没有。"

因此我们就叫来了我们的几个专家。在等待专家到来的时候，我走到商店的后面。在商店后门与小巷之间有一块铺满砂石的地面。我开始在砂石中查看，并找到了一个小口径的子弹壳。我手下的一名侦探从店里走了出来，他也找到了两个弹壳。我们究竟发现了什么？这个车身修理厂所在的小镇不希望与此事有任何关系，在我们找到尸体的前四天警察局长还对我们说："这是胡说。这里没有发生谋杀案，那个人只是失踪了。"

因此我们启动了那个地区的特别工作小组。我们所做的第一件事情就是调取所有相关人员的电话记录。在第一个晚上我们将叶戈尔和他所有的雇员都带到了警察局，但是他们变得非常狡猾，没有向我们提供任何有价值的信息。

我们的司法证据专家在车身修理厂中发现了大约 30 张照片，这些照片成了破案的关键。照片显示叶戈尔和他的妻子、托马斯和他的女友、从基辅来看望托马斯的朋友以及这个朋友的女友在北方一个什么地方旅游。他们正坐在北方森林中某条河的边上。在最初的讯问过程中，叶戈尔说那条河是威斯康星州的铁河，这条河根本就不存在。然后叶戈尔就保持沉默了。

因此我们就迅速地开展了一项被害者研究。我们发现在 1996 年有人曾起诉托马斯，要求他承担做父亲的义务，他使他的一个女朋友怀了孕，结果她生下了一个孩子并要求他支付孩子的抚养费用。他们对孩子作了DNA亲子鉴定，DNA实验室仍然保存着托马斯的DNA样本。我们将店用毛巾上的DNA样本与实验室的DNA样本作了比对，结果证明那就是托马斯的DNA。

在拿到电话记录之后，我们检查叶戈尔是否有不在场的证明。他说5月16日星期六那一天他在阿灵顿高地的布法罗格拉夫，后来去了芝加哥，然后又回到了布法罗格拉夫。但实际情况是：根据手机信号发射台的记录，他在那天白天离开了那个地区大约11个小时。他通话时的地区号显示他曾去过密歇根的上部半岛。有大约两个半小时他的手机没有发送任何信号，我们相信他正是在这一段时间掩埋了尸体。然后他又回到了布法罗格拉夫。

我们将他从进入通往北方的公路之后的所有电话记录全部整理出来。通过计算车辆行驶某段距离所需的时间，我们推断出他在开车前往北方时车速已达到或接近最高时速。那些手机信号发射塔可以将手机使用者定位在半径二英里的范围之内。他在去北方的路上车速已经达到了最高限速，而在回来的路上他的车速远远超过了最高限速。这说明什么？这说明他在去北方的路上不希望因为超速而被警察拦下，因为他的汽车后备箱中装着尸体。

因此我带上八名侦探以及一名来自格林湾的联邦调查局官员拿着那些照片前去寻找埋尸地点。在其中一张照片中，他们几个人站在一条河边。经查证，这条河叫做梅诺米尼河，在它的西边是威斯康星州，在它的东边是上部半岛。他们站在一块突出的岩石上，我们可以看到在他们的北边有一座桥。因此我们让一位来自威斯康星州马里耐特警察局的侦探看了一下这些照片。这名侦探是一个猎鹿人。他说："哎呀，这看上去像是离这里大约60英里的那座横跨Z县公路的桥梁。"

我们驱车赶到了那里。当我们钻出车子走到大桥上，然后向南方看去的时候，我们看见了在照片上他们所站的那块突出的岩石。

我们在那里用了整整四天的时间寻找尸体。我们找到了八只狗的尸体和六匹马的尸体。在河流的两边是州森林，当时的气温是摄氏34度，空气非常湿热。每天都下雨，把我们身上的衣服淋得透湿。那里到处都是带有莱姆细菌的虱子，我们为警犬购买了防虱子的项圈，我们自己也在脚腕上套上这种项圈。而当地人则坚决不肯戴这种东西。

我们在那里搜寻了四天。根据那些照片，我们找到了他们留下的所有垃圾，包括一个可乐罐和一个伏特加酒瓶。所有的东西都在那里，但就是没有尸体。最令人毛骨悚然的是，在头一天晚上，我手下的一名侦探对我说："探长，我刚才正在那条土路上行走，突然感到我颈后的头发都竖了起来。"后来我们发现他当时走过的正是埋着托马斯尸体的地方。

在托马斯失踪整整五个月之后，我在办公室里接到了密歇根州警察局探长打来的一个电话。他说："我们找到你要找的人了。"事情的经过是这样的：当时一名州骑警和一名邮局清洁工出去散步，那个骑警说："你想不想去看看那些芝加哥人寻找尸体的地方？"那个清洁工说，当然想看。当时的气温是摄氏26度，我肯定他们不想回去工作。

于是他们就开车来到了那个地方。在我们的那些照片上，那个地方的植物是没有叶子的，而当我们去那个地方的时候，叶子长得和我们的臀部一样高。那两个人去的时候正是10月份，叶子又全部脱落了。那个清洁工是一个猎鹿人，他发现地上有一些最近动物挖掘过的痕迹。他们回去拿来了两把铁锹，然后就开始挖了起来。就在照片中那些人野餐的地方，他们挖出了托马斯的头颅，随后又挖出了尸体的其他部分。这具尸体以及我们在车身修理厂周围找到的其他证据，足以使法庭判定叶戈尔犯有一级谋杀罪。

——犯罪现场协调员

在户外发现的激怒犯罪现场

我们接到报警，人们刚刚发现一位建筑工人，他的头几乎被人割了下来。我们的证据技术员被派往现场。当我们到了那里的时候急救人员也赶到了。这个工人的头部几乎被割了下来，而他们还要给他作心脏复苏。他们还想要再挽救另一个人。他们在他的颈部放上一个止血带，然后就开始作起了心脏复苏。他们将垃圾到处乱扔，并且随意移动现场的物品。之后，当意识到那个工人已没有任何生命迹象的时候，他们就离开了。

尽管如此，我们还是开始对现场进行记录。这名白人男子俯卧在地上，他的肩膀的顶部和部分颈部有严重的切割伤。在尸体旁边有一个7.5英寸的圆锯，上面还有一些血迹。附近还躺着一个装有1英寸螺旋钻头的电钻以及一些其他工具。这是一个建筑工地，被害人基本上是独自在这里工作的，但是他有一个学徒工。

我们必须找到一个调查的起点。因此我走到那里并开始观察："等一下，这些工具肯定在这具尸体上使用过。"我可以看出在尸体的颈部和背部有两个用螺旋钻头钻出的洞，并且在颈部和背部有被圆锯切割的痕迹。当时电锯被死者的衬衣和运动衫缠住了。我可以在死者后背的中部看到一些印记。因此我们要从各个角度对尸体进行照相。

在该案中，调查人员讯问了死者的工头。他说死者曾经与一个学徒工一起工作过，于是调查小组前去讯问这个学徒工。他们与他交谈几句之后就觉得他有问题。他们朝下看了一眼，发现他放在角落边的工作靴的前部有一些红色的斑块。

我们在犯罪现场工作了一段时间之后就必须出来换换空气。如果我们要继续思考，以找出案件真相的话，那么我们必须休息一下，因为我们的注意力持续时间是有限的。我和我的搭档退出现场，回到了总部。“你们的调查有没有什么进展?”“我们需要你去调查一下这个家伙，他的靴子上有一些红色的斑块。”“好吧。”

我们从那个学徒工和与他住在一起的女友那里获得了“同意搜查”的签字之后进入了他们的公寓房。我开始搜查房间。在一个抽屉里我发现了他在前一天穿的一条牛仔裤，在裤子的臀部有一块看上去像是喷射状血液的东西。我说：“很有意思，这是什么?”于是我就打电话给总部：“嘿，这小子身上有没有伤口？我找到他的一条牛仔裤，上面看上去有喷射状的血液。”“没有，这家伙像一条牛一样健壮。”

于是我们就回到现场去讯问那个学徒工，但是他什么也不肯说。我告诉探长说我们需要一位血迹专家，因为那个学徒工有合理的理由进入现场。他可以说，他在发现尸体之后惊慌失措，或者为了检查那个人是否还活着而挪动了他或者什么的，从而将血液弄到了自己的身上。因此我们必须查实那到底是谁的血液。我们必须进行 DNA 分析。

所有这些不同的科学领域都开始发生作用。第二天血迹专家来到了现场。他的车牌上写着“血腥一号”，真是变态的幽默。

在进行尸检的时候我们弄明白了当时究竟发生了什么。被害人身上有一些圆锯造成的深层切口以及两个洞——一个位于颈部，另一个位于背部。很显然，当时那个家伙试图肢解尸体。他试图用圆锯切割，但是由于他切割得太靠下了，死者的衬衣和运动衫缠在了圆锯齿上，因而无法继续切割。他将圆锯从衣服上解下来，走过去拿起了另一个他所能够找到的电动工具——那是一把装有 1 英寸钻头的电钻。他首先用电钻钻入死者的颈部，当钻头进入死者颈部一半的位置的时候，他将电钻设置成反向旋转状态，将其拔了出来。然后他试图在死者的背部钻第二个洞，但是忘记电钻正处于反向旋转状态，因此没有成功。

因此被害人背部中间有一个电钻的印迹。我们发现死者的脊椎有重击所造成的创伤。当我们查看现场照片的时候果然在离尸体不远处发现了一把20磅重的铁锤。

但是我们遇到一个问题：既然凶手曾经用高速旋转的圆锯切割过尸体，那么那些血都到哪里去了呢？为什么在嫌疑人的身上没有沾满血迹呢？

血迹专家与他认识的一些从事建筑行业的人进行了交谈，他发现许多人在使用圆锯的时候将防护圈的弹簧卸掉。当人们用圆锯切割东西的时候，防护圈会升上去，这样圆锯就可以切割；一旦将圆锯从被切割的材料上拿开，防护圈就会将锯齿盖住以防止人们不小心切割到自己。这种防护圈也可以起到引导从被切割的材料上掉下来的碎屑的飞溅方向并将其甩出去的作用。这就是为什么嫌疑人身上没有被溅上血迹。但是血液会顺着防护圈飞溅出去。

我对犯罪现场拍摄了大量照片，包括带血的靴子、血液喷溅的痕迹以及那些工具，共用了十五六卷36张一卷的胶卷，然后将所有这些证据运回警察局。我们的调查人员正在讯问嫌疑人，但是他什么也不承认。最后，他们对我说："把那条裤子拿过来好吗？"他们指着裤子上的血迹对他说："这是什么？它是怎么弄上去的？"他回答说那是他女友的月经血。这就是他的解释。

在调查过程中我们发现，凶杀案发生的那天正好是发薪日。嫌疑人因为早退而被扣发了几个小时的工钱，他认为他得到的应该更多一点儿。

他回到了工地。在与他师傅争论的过程中，他拿起一把大锤子猛击他师傅的后背，使他跪在了地上。接着他又给了他师傅一锤子，使他倒在地上，处于半昏迷状态。然后他就翻他师傅的衣兜，从里面找到了刚刚领取的薪水。正在这时他的师傅苏醒了过来，他再一次用锤子击打他并且在他还活着的时候就用电锯锯了他的脖子。

DNA 报告显示裤子和靴子上的血都是被害人的。在我们等待实验室的 DNA 检测结果的时候，那个学徒工还给我们打了两次电话，他想知道什么时候能够拿回他的靴子。

因此，在 DNA 检测结果出来的那天晚上，调查人员在一个户外篮球场找到了他并对他说："嘿，你的靴子在这里！"然后他们就逮捕了他。

我们将此事通知了被害人家属。死者留下了一个妻子和两个小孩。我们向他们解释说我们已经逮捕了凶手。他妻子问我们凶手是谁，我们告诉她是那个学徒工。你知道她对我们说什么吗？她说我们弄错了，绝对不可能是他干的，因为他曾经到他们家里去吃过好几次饭。直到审判结束她才最终相信是他干的。

你知道警察是如何给他们的案件起绰号的吗？我们的一个侦探来到现场后说的第一句话是："你知道这是谁干的吗？蒂姆·艾伦。"于是我们就用蒂姆·艾伦主演的电视剧为这个案件命名，叫"《工具时间》案"。

——证据技术员

有一个案件我们称之为"冰人案"或者"布朗街的布朗、布朗和布朗案"。布朗先生与他的妻子由于感情不和分居了。他与另一个女人约会，而布朗夫人仍然居住在他们位于布朗街的房子里。她对这种状况感到非常生气。布朗先生有一辆旧的卡迪拉克汽车，他让一个名字也叫布朗的年轻人对这辆车进行了一些维修。

我们接到一个老乡村俱乐部打来的报警电话，一个人在遛狗的时候发现了一具尸体。

那个地方的道路都是土路。当时是 2 月份，前一个星期刚下过雪，这时雪正在融化，碎石路上全是烂泥。

当然当时我们都穿着侦探服：夹克和领带。我们走到那里的时候，双脚直到脚腕的部分都陷进了烂泥之中。

我们开始对现场进行照相、查看。一个年老的黑人男子躺在这条乡村道路的旁边，他被冻僵了。我的意思是说，他被冻得像石头一样坚硬，并且他身上除了一条赛马短裤外，什么也没有穿。我们认为这可能是体温过低造成的。在某个时候，体温过低的人可能会以为自己很热，他们会脱掉身上的衣服并把它们扔掉。

我们试图将尸体搬走，但是没有成功。尸体与他身下的土地冻在了一起，而他身下的冻土大约有 10 英寸厚。

我们在想如何将这个家伙从那里弄出来。我们回去拿来了一把小斧子，希望将他身边的冻土砍碎。但是我们砍不动，土冻得太坚硬了。

那么我们还有什么工具可以使用？也许我们可以使用冰锥——我们用冰锥做很多事情——来凿碎尸体边上的冻土。于是我们就试着用它来破土，在这儿凿一点儿，在那凿一点儿。就这样干了很长时间。这时我的一个搭档也过来帮忙。他是新来的，刚刚在我们这里接受了大约一个星期的培训。

他拿起冰锥开始工作。突然我听见他说："噢！他妈的！"

这是一个线索。每当我们听到这句话的时候，我们就知道发现了新的线索。

我赶紧转过身去查看。结果我看见那个冰锥从那具僵尸的肩膀上穿了过去。

原来他正在用冰锥凿冻土的时候有人跟他说了句话，结果他把冰锥凿偏了，正好扎进了死者的肩膀。他说道："我干了什么呀?"我对他说："快把那该死的东西拔出来!"于是我们就在现场处理记录中记下了此事，然后继续工作。

我们仍然面临着这个局面：如何将这个家伙从冻土上弄下来？我们有一名临时验尸官，他离现场有两个小时的路程，他无论如何也不肯到这里来。一个家伙跑过来问道："你觉得我们应该怎么办?"我说："等着春天冻土融化。"

我回到我们的犯罪现场专用面包车，从那里找出了一个撬棍和一个大木锤。我想把撬棍插进尸体旁边的冻土中，然后将它们撬开。我这样做了一两次。我想好了，在他身边的土有些松动了，让我看看能不能把他撬开。结果我把撬棍给弄弯了。这个家伙冻得真是太牢了。

我们做的事情越来越疯狂。所有的人都忍不住哈哈大笑起来。警察就是这样。然后我们中的一对人员离开了现场，另外两个过来替换他们。那天晚上恰好我们的一个同事举办退休晚宴，我和我的搭档已经各交了40美元的份子钱，但是很明显我们俩都去不了了。天慢慢地变黑了，因此我们只能在黑暗中工作。但是我们已经习惯在黑夜工作了。

我们最终凿开足够的冻土将尸体弄了下来。在尸体下面还连着六英寸厚的冻土。那天是星期五，尸体一直要解冻到星期一才可以解剖。

我们仍然不知道他到底是谁。我们在查了他的指纹之后才知道他是布朗先生。这意味着什么？我们又要出去进行更多的野外搜查工作。

我们在一个阳光灿烂、空气新鲜的日子到灌木丛附近进行了搜查。我们没有找到死者的衣服，这不符合情理。他是如何来到这里的？他当时只穿了一条赛马短裤，因此显然他不是出来跑步，然后突然倒在地上的。因此我们又有更多的问题要回答。

我们将他的家属叫到警察局，也许他们能够向我们提供一些信息。那天是星期二下午。原来布朗先生和布朗太太有一个十八九岁的患有发展障碍的残疾女儿。由于在许多情况下被害人与凶手都是相互认识的，两名侦探对女孩的母亲进行了讯问。

但是我们没有从她那里得到任何有用的信息。当侦探从她家离开的时候，那个女儿说："我看见那个人在打我爸爸。"什么？"你是怎么看见的？这发生在什么地方？"

她说道："我当时在房子前面。那个人在打爸爸。妈妈在旁边看着。"

我们开始在周围查看。那个女孩说当时那个男人将车停在了街道对面的地方。我们在那里找到了被害人的钱包。在当时的打斗发生地——房子的前院——我们找到了被害人的眼镜。现在我们要找的是那辆汽车。

后来那个与被害人打斗的人主动到警察局自首，他把被害人的妻子供了出来。他解释说，当时被害人的妻子对他丈夫非常生气，而他自己也对死者非常生气，因为死者拖欠着他维修汽车的费用并且一直用各种理由敷衍他。死者的妻子知道了这件事情，她给他打电话说："待会儿你能否过来一下？我先把他叫过来，然后你再过来揍他一顿。"

他真的按照她说的做了。他还带过来一个朋友。她说："我们教训他一顿。我们让他自己走回家去。你们开着他的车把他带到那里，我会开着我的车跟着你们。"

于是他们就把他打了一顿，开着他的车把他带到那个地方。那个妻子告诉他们："把他的车开走吧，你们可以把这辆车拆成零件卖掉。”然后他们把他打昏，开着他的车子走了。过了一会儿，她开着自己的车离开了那里，但是随后又回到她已经昏迷的丈夫躺的地方，将他身上的衣服脱掉，并把他留在了那里。他最终被冻死了。

大约一年以后这个案子进入了法庭审判阶段，那个妻子仍然什么也不承认。她以为自己有一个智障的女儿，人家就不会把她怎么样了。结果我们轻而易举地就把她定罪了。最后她被判处30年监禁。

警察就是警察。在审判过程中我们都被叫去作证。当时大家都在法庭外面，等着一个个被叫进去作证。其中一个调查人员在作证之后走出法庭，他看着汤姆——就是那个把冰锥扎进尸体的家伙——说道：“汤姆，我本来是想保护你的，但是没能做到。”汤姆说：“你这是什么意思？”那个人说：“那个冰锥，我不得不告诉他们。”在过去一年中我们一直在开汤姆的玩笑。我们给他起了个绰号：“冰锥汤姆”。

现在轮到汤姆进去作证了。他为了作证已经准备很长时间了。他一直想着如果被问到冰锥的问题，尤其是在交叉讯问的过程中被问到这个问题，自己将如何回答。辩护律师可能会声称被害人是被冰锥扎死的，因此他一直在为此事提心吊胆。

当他最终离开证人席并走到法庭外的走廊上的时候，他大声说道：“感谢上帝！”我们所有人都大笑起来。我们都急不可待地要看他的反应。这是我们给他设计的一个恶作剧，我们根本不会将他用冰锥干的那件蠢事告诉法庭。但是他被我们给耍了。这是警察的幽默。

——证据技术员

寻找尸体和证据

户外犯罪现场要比室内犯罪现场更难调查，它们很容易受到环境变化

的影响。有时突然下起了雷阵雨，尸体就沿着街道漂走了。有时一个人被杀死并被抛弃在高尔夫球场，你正在那里调查，凌晨 4 点钟突然草坪上的喷水器被打开了。如果一起犯罪发生在一条高速路上，那么我们就必须关闭这条高速路，结果整个城市的人都成了这起犯罪的受害者。

有时犯罪现场在沙漠里。有一次一个被害人被扔在了一个柜子里，当我们走近柜子的时候，我们发现这个柜子已经被一窝莫哈韦绿色响尾蛇占领了。这种蛇是西部响尾蛇中进攻性很强的一种，我们必须先对付那些响尾蛇。

—— 凶杀案侦探

有时我们找不到尸体。我们知道发生了犯罪，但是尸体在哪里呢？

因此我们要接受有关寻找尸体的技巧方面的培训。但是我们哪里有时间让自己去接受这种培训呢？有时我们必须自己训练自己。

我们这些证据技术员自己开设了“秘密坟墓”培训课程。我们中间有一个人接受过一些培训，他曾经是一名验尸官。我们用在马路上被汽车撞死的鹿充当被害人的尸体。我们向路政管理部门发出一道命令：“嘿，伙计们，给我们找些东西。找到之后给我们打电话。”

于是路政人员就找到一具被撞死的麋鹿的尸体并给我们送了过来。然后我们找来一些旧衣服给那个麋鹿穿上——向那些警察解释如何给麋鹿穿衣服是件很困难的事情，尤其是当尸体开始僵硬的时候更是如此。有时我们会对尸体打几枪。然后我们将这些尸体埋在树林里并将坟墓掩藏起来。两年以后我们再回去寻找这些麋鹿。我们必须找到这些坟墓，然后我们将尸体挖出来，就像考古发掘一样处理现场。

—— 犯罪现场调查员

在山区，会有很多的动物介入犯罪现场。一具尸体可能会散落在方圆 300 码的地方，因为动物们会叼走尸体残骸。

—— 凶杀案侦探

在司法人类学的帮助下寻找证据

司法人类学家发现，鸟和啮齿动物等来到现场之后，往往会叼走尸体手上的细小骨头、牙齿或者珠宝等东西。它们还会从尸体上叼走毛发，用来填充他们的巢穴。我们为了找到毛发证据或者写有号码的纸片往往会去寻找鸟巢或啮齿动物的窝。有很多次我们在它们的巢穴中找到了证据。我们在那里找到过子弹、毛发、珠宝以及牙齿等使我们能够确认被害人身份的证据。我们称这些证据为“生物环境证据”。这些动物被称为“自然界的证据技术员”。

—— 司法人类学家

开始腐烂或变成骨架的尸体给我们带来很大的挑战。发现这些尸体的案件往往都是人们高度关注的案件，例如加利福尼亚州在最近几年发生的幼儿绑架案。这些尸体往往在很长时间之后才被找到，因此在被找到时已经高度腐烂。

在过去，当调查人员遇到这种案件的时候，他们往往会摊开双手，认为他们不能做什么了，因为尸体可能已经被动物叼得七零八落了。

我们如何处理位于一个开放的、没有控制的环境中的现场？如果我们走进一个室内现场，我们可以从墙壁和物体表面提取指纹，我们还可以收集其他传统的证据。但是户外现场有什么证据可供我们收集呢？

我们所要做的是让执法人员转变思考模式，以另一种眼光看待这些现场：大自然会为我们保存所有的线索。我们有各种不同的科学技术来帮助我们解释大自然为我们保存的线索。

—— 司法人类学家

我们在森林中发现了一具尸体。它是从哪里被弄到森林里来的呢？我们想知道凶手在往森林中运送尸体时走的是哪条路。当尸体被拖动的时候，它肯定会粘上各种植物。树叶可能会被粘在衣服上。它们会待在尸体上面或者——如果尸体被掩埋，并且如果我们正确地将其挖掘出来的话——我们会找到树叶、花粉或种子等证据。通过它们我们可以确定尸体是从什么地方被拖进森林的，因为不同的地方有不同的植被。因此，在有的情况下你可以说凶手是从马路的这一边进入森林的，因为在马路的这一段有两颗杨树——在森林深处是没有杨树的——而我们在尸体身上发现了杨树叶子。

—— 司法植物学家

我们可以通过了解某一地区的动物习性来寻找遗骸。我们知道狼和郊狼会叼走遗骸，但是他们不会将遗骸叼得太远。相比之下，家狗则会将遗骸叼得很远，最远可达一英里。我们可以到有遮挡物的地方去寻找遗骸，因为犬类——狗、狼和郊狼——在叼走遗骸时，它们往往会寻找一个可以保护自己的遮挡物。通过寻找这些遮挡物，我们可以增加找到遗骸的几率。

如果在现场附近有家犬，那么我们会在居民区中搜寻。我们会去查看居民家的后院和狗窝。在许多情况下，狗把遗骨带回了它们的窝里。我们有很多次在居民的院子中发现了遗骨。狗的主人可能会认为这些是某种动物的骨头。

—— 司法人类学家

有关户外现场的一个关键问题就是：在被害人死亡之后尸体最初是被放在哪里的？我们会集中精力在这个地区收集各种证据，例如毛发、纤维、凶手可能遗落的东西或者印迹。我们会将尸体最初所在地作为重点调查场所。

如果尸体因动物活动而散落四处，我们如何确定抛尸地点？在尸体腐烂之后，各种体液会流入土壤中，就像肥料一样使土壤变得肥沃。我们可以看出土壤在颜色和质地方面的变化。我们甚至还经常可以看出在那一地区的植物也发生了变化，植被会变黄并且会有一种像蜡一样的外表。我们可以寻找这些环境和植物的变化。很多虫子的出现也可以告诉我们这个地方有正在腐烂的尸体。

在很多时候，我们可以在这些地方找到掉进土中的子弹、毛发和纤维以及各种东西。即使遗骸已被动物叼得七零八落，大自然会告诉我们："这儿是你们需要调查的地方。"

它可以向你提供各种信息，让你了解尸体究竟发生了什么。但是你必须破解这些信息。我们经常对警察说："摘掉你们的警察帽子，戴上一顶丹尼尔·布恩*的帽子，像林区的人或者猎人一样思考问题。"

—— 司法人类学家

1998 年的初夏，一位名叫凯蒂·坡里尔的年轻女子在明尼苏达州姆斯湖的一个便利店中遭到绑架。案发时间大约是晚上 11 点钟，当时她正独自在店里工作。监控录像显示她被一名男子从店里带走。这在明尼苏达州是一起大案。

凶手唐纳德·布卢姆是一名曾被判定犯有重罪的犯人，同时也是

---

* 美国早期拓荒者和猎人。—— 译者注

一个记录在案的性犯罪者。但是由于他使用过八个不同的名字，所以当时人们并不了解这一情况。但是他的确是一个性犯罪者，在此之前他曾经好几次因性攻击而被定罪。他抓住妇女，把她们带走，然后就对她们实施性攻击。他已婚，有几个孩子，生活在双联市地区并且在北方有一处湖区地产。

有关线索最终把我们（犯罪现场调查组）带到了离姆斯湖便利店大约 8—10 英里的、为犯罪嫌疑人所拥有的一块面积为 30 公顷的湖区地产。我们搜查了整个地区。

那里有五六座建筑物。我们大多数时间都在那些建筑物内搜寻那个女孩的痕迹，如指纹、毛发、纤维，等等。这是一起大案，他们要我们尽一切努力。

他们还带来了专门搜寻尸体的警犬。这些警犬找到了两个可能埋有腐烂尸体的地方。当然其他一切工作都停止了，所有的人都跑过来站在旁边。

我们使用常用的方法挖掘这些地方。我们先用墓室探测仪探测洞的大小。我们在一个棚子前面发现了四五个洞。但是，当然挖掘这些洞穴是一个非常漫长和乏味的过程——在过去我们只能用铁锹挖掘，我们像考古学家一样工作，因此当我们的工作出现错误的时候他们也不会嘲笑我们。

经过三四个小时的挖掘，我们终于找到了五个单独的肉块。在肉块上看到了小鹿的毛。这个嫌疑人还是一个偷猎者，他射杀了一只肚子里怀着几只小鹿的母鹿。他把母鹿切成几块，将最好的部分切走，然后把剩余的部分埋在了几个洞里。他把这只鹿的尸块埋得到处都是。

人们都大失所望。当时我身后站着大约 50 个人，我说道：“这是一只鹿。”然后再一转身，发现所有的人都不见了，那儿只剩下我孤零零的一个人。这种事情就是这样。当时人们都在想："激动人心的时刻到了。"随后突然出现了一个非常令人失望的结果，于是整个人群都"噢——"的一声，然后就走开了。我对他们说："嘿，伙计们！我还没有处理现场的其他部分呢！"

直到如今我也不明白当时是什么东西把我吸引到了外面的一个火坑边上，也许是我以前作为纵火案调查员所受到的训练吧。在犯罪现场我以前从来没有做过这种事情——以后也没有做过。

我查看了一下那个坑，发现里面有新鲜的灰烬。当时正是初夏，因此我可以分辨出新鲜灰烬和经过冬天天气作用的灰烬。一堆灰烬在经过冬天之后就会变成像水泥一样的脆壳。但是这个坑的顶层有大量的新鲜灰烬。

我还可以在灰烬中看见人造的或非木质的材料。我想："看来这里有人想要通过焚烧的方法处理掉什么东西。"

我把调查小组的其他成员都叫过来对他们说："让我们筛查一下这里的灰烬，看看能够发现什么。"那是一个直径有八英尺的坑，我们筛查了坑顶层的灰烬。我告诉所有的人："除了树枝和石头之外，从这里筛出的任何东西都要给我看一下。"我们在那里面找到了大量的骨头。当然，我不是骨骼专家，另外我还刚刚挖掘出一些鹿的尸块，因此我不知道这些是不是鹿的骨头。但是，我们在继续挖掘的时候发现了一颗牙齿。我看了一眼，虽然我也不是牙齿专家，但是我还从来没有看见过长得像人牙的任何其他动物的牙齿。司法牙齿学家后来说这颗牙齿有些不正常，它的一个根部是弯曲的。我从火坑里挑出了一些我认为很具代表性的骨头以及那颗牙齿。

我们回到了犯罪实验室。我们有一个和我们保持密切工作关系的司法人类学家，我请她过来检验一下这些骨头。她对它们进行检验之后说道："这些肯定是人的骨头。"那时我们还不能肯定那个坑里有多少人骨。那里几乎所有的骨头都比铅笔还要细，其中最大的一块也就只有咖啡杯底部那么大。除了一块脊椎骨外，其余的骨头都小得让人难以置信。被害人个子并不高，因此她的骨架也很小。所有的骨头都被焚烧得非常严重，以致无论是我们的实验室还是联邦调查局的实验室都无法从那里面提取出 DNA 来。

在做完这个之后，我想："在火坑里还有更多的骨头。"我们回到了那个地方，我还带去了一个人类学家。我们通过再一次筛查坑里的灰烬找出了所有能够找到的骨头。

这些骨头显示死者是一位年龄在 15—25 岁的年轻女性。我们的被害人当时 18 岁。我们找到的那颗牙齿最近曾经补过。他们将这颗牙齿与她曾经拍过的一个牙科 X 光照片进行了比对，那正是她的牙齿。在此之前，他们曾经错误地将它确定为嘴的另一边的牙齿，但是不知怎么的没有人记得整个事情的经过。在补牙的时候牙医给她使用了唯一的一种填充剂，那是牙医从一个牙科展览上得到的免费样品，它含有很高水平的锆元素。

正是这颗在火坑里发现的牙齿确定了被害人就是凯蒂·坡里尔。这颗牙齿以及从那个坑里发现的所有情节证据使陪审团相信这些遗骨的确是被害人的。基于在他的火坑中发现了凯蒂·坡里尔的遗骸这一事实，布卢姆被判定谋杀了凯蒂·坡里尔。

这是许多类似案件中的一个。在这些案件中，我们在现场只能够找到很少的一些证据。但是只要我们尽最大努力收集我们所能够找到的所有证据，这些证据最终就能够证明事实的真相。

——犯罪现场指挥

我这个人抗呕吐的能力一向很强，面对尸体从来不会有什么问题。有些现场甚至连那些专门在尸体上收集虫子等东西的司法昆虫学家也

无法忍受，他们会让我去收集证据，因为我可以忍受。这些昆虫学家面色苍白，就好像一直生活在地下室里似的。我曾经见过验尸官从现场溜走。

但是在有一个现场，我差一点吐了出来。让我恶心的主要不是现场本身，而是那里的环境。有一名年轻女性的尸体在户外躺了一个月，那时尸体发出了浓烈的恶臭。在尸体被运走之后，我们在那里刮取遗留下来的一层有很多脂肪的人体组织。那时使我难以忍受的主要是我自己的思想状态，而不是其他的什么东西，因为当时的气味并不是我所经历过的最糟糕的，并且我已经习惯了——当我们在户外现场工作的时候，经常会有从尸体上飞起来的苍蝇等东西扑到我们的脸上。

当时我们的一个同事在一个方向铲刮残留的人体组织，而我在另一个方向铲刮。她不小心将刮下来的东西扔到了我的身上，当我意识到那是什么东西的时候就忍不住干呕起来。除了我的思想过程之外，什么也没有改变。

——证据技术员

古代遗址盗窃案

我们使用考古技术和土壤分析来破获有关古人类及其文物的案件。在美国西部有一大帮专门盗窃属于联邦政府的土地上的古代遗址中文物的人。这种盗窃行为属于重罪。他们从这种犯罪中获取的钱财数额巨大，相当于最成功的银行抢劫。

这些家伙来到这些遗址，将那些文物从其所在的环境中分离出去，然后将它们卖掉。在位于沙漠的各个州中，超过 90% 的遗址遭到文物窃贼的破坏。这可不是一个小的行当。

在80年代中期，我接到犹他州考古学家的一个电话。他说："请告诉我，沉积物分析方法是否能够应用在司法证据学领域中，通过分析附着在一个物体上的泥土追溯这个物体的来源?"

我无法回答这个问题，但是很愿意试一下。当时在犹他州有一个名叫厄尔·沙姆韦的臭名昭著的陶罐贩子和盗墓贼刚刚被抓获。警察从他那里起获了他从位于联邦政府土地上的遗址中窃得的一大批土著人的篮子。

这些篮子是半个世纪以来人们所见到的最杰出的艺术品。他所窃得的每个篮子在合法的古董市场上价格都在四五十万美元左右。我的特长之一就是对篮子、凉鞋、绳子和渔网等史前易腐烂的物品进行研究。我所见到的这些文物的数量可能比目前世界上任何一个人都要多。

言归正传，犹他州的那位考古学家想知道在那些篮子上是否有足够的泥土，使人们能够比较肯定地判断那些篮子是来自属于联邦政府的土地上的遗址还是来自私有土地上的遗址——后者不受法律保护。如果这些文物被证明来自私有土地上的遗址，那么厄尔·沙姆韦基本上就可以逍遥法外了。这个愚蠢的家伙将所有的篮子卖给了一个文物贩子，他所得到的钱只够买一辆旧卡车、一支温切斯特步枪和一磅可卡因。

我们所做的就是对附着在这些桃红色篮子缝隙中的微量尘土进行一系列分析。虽然司法证据学家们已经对沉淀物进行了一百多年的研究了，但是他们的分析从来也没有达到过我们这样的精确程度。通常我们所面对的是谋杀案嫌疑犯，如果在嫌疑人的膝盖上有一些黄色的黏土，而在案发现场的防洪堤上也有这种黄色黏土，那么我们就会说："看来这个案子像是他干的。"但是还没有人从分子构成的角度来开展过这种分析。而我们则经常从考古学的角度来开展这种分析。

我们告诉公园管理部门：“你们需要做的是，到厄尔声称他获得这些篮子的地方去给我们收集一些沉淀物，从突出的岩石上面取下一些石头来，因为这是受岩石保护的遗址。然后到你们认为他盗取这些篮子的遗址所在地去做同样的事情。然后我们会分析这些样品，并告诉你们我们的看法。”

分析结果显示，这些篮子上的沉淀物的成分与犹他州一个叫做“杰克牧场”的遗址的沉淀物的成分非常相似，它们来自不同地方的可能性小于10%。而篮子上的沉淀物的成分与嫌疑人声称获得这些篮子的地点的沉淀物的成分之间差异是如此之大，以至于它们不可能来自同一个地方。

这一证据被法庭采纳，最终厄尔承认自己有罪。

——地质考古学司法证据专家

非法古董市场非常庞大。每年有价值数百万美元的文物被窃贼盗取，卖给缺德的中间人，然后再转手到更为缺德的文物贩子手中。这些文物最终会进入博物馆或者落入私人收藏者手中。这些活动最终导致的结果就是摧毁了美国考古学意义上的历史。

这种情况已经存在了几十年了，但是却没有引起一般执法人员的注意，他们的精力都集中在现今社会的犯罪上了。人们曾经认为这种文物盗窃不是严重的犯罪，而那些文物只是属于“早已死去的印第安人”的东西。如今这种行为已经被看做是非常可憎的犯罪并且受到全力查处。

这是用于那些久已逝去的人，并且也是为了那些人而开展的司法证据学分析。但是盗窃和破坏遗址的行为却发生在今天。我们也完全可以将这种技术用于任何现代犯罪——只要来自某个地方的泥土对于破案有重要的意义。

——地质考古学司法证据专家

户外犯罪现场情景复原

我们开始尝试一些新的东西。我们将嫌疑人带回到犯罪现场。在对他们进行讯问并对讯问进行录像之后，我们将他们带回到犯罪现场，让他们演示犯罪的整个过程。这是审讯程序的一个组成部分，是完全合法的。

我们将嫌疑人带到现场，并让一个摄像师随同前往。我们在开展这一活动时必须采取安全措施，因为我们是与一个杀人犯在一起。我们就像他们最好的朋友一样与他们交谈，但是我们绝不会信任他们。

我们曾经带着一个家伙来到位于一个铁路路堤的谋杀现场。路堤上方不断有火车经过。在演示过程中我不得不两次打断犯罪嫌疑人，因为不断有火车经过。虽然犯罪现场信息显示谋杀发生在午夜，但是我们必须在白天拍摄演示录像。因此在第三次打断他的时候，我告诉他："我们必须将整个过程重新录制一遍。都是因为那些火车！上面的噪音太大了！"他带着一副无所谓的表情说道："在晚上不是这样的！"是的，晚上不是这样的。

然后他继续告诉我们他是如何在那里强奸一名妇女并在完事之后掐死了她。

——疑案专家

曾经有一个家伙在30天之内强奸并谋杀了4位妇女，作案地点分布在城市的各个不同地区。我们将他带到地区警察局，告诉他他所享有的权利，然后将他关在那里。我说："记住，你先前告诉我们你实施了

ABCD 四起犯罪。”他说：“没错。”我说：“那好。你同意和我们一起去指认犯罪现场，对不对?”他说：“当然。”于是我们就一起前往犯罪现场。

我们来到了位于芝加哥北部界限街附近的一个现场，我们和他一起向前走。他告诉我们他是如何跟踪一个女孩，那个女孩逃到这个小巷中，他追到这个小巷中抓住了她。他说他强奸了她，以及如此这般，之后他掐死了她。然后他说：“她就躺在小巷的这个地方，然后我就离开了。”听他说话的口气就好像他根本没有杀她似的。

这时我想：“噢，上帝，这家伙可能要说出什么让我失去理智的话来，这对案件不利。”然后他说：“我正离开那里，大约走到这个地方，离尸体大约 100 英尺，但是，你知道吗，我不能让她这样躺在那个小巷中。因此我又回到了那里。”我说：“那么你干了什么?”他说：“哦，然后我就把她放进了垃圾箱。我不能就这么让她躺在那里就离开了，这样做是不对的。”

——暴力犯罪侦探

在水中寻找证据和被害人

在新泽西州的许多犯罪现场，尸体是在水中发现的。水中现场使现代犯罪现场处理面临着一种完全不同的环境挑战。为了处理这些现场我们需要有各种装备。我们有潜水队以及类似的东西，但是水会导致一系列问题。

曾经有一个黑手党合同杀手，他和别人签订了一个杀人合同，按照合同用一把 12 毫米口径的猎枪杀死了一个人，然后将猎枪从一座桥上扔进巴斯港湾。他在被抓住后带我去指认他扔枪的地方。那座桥下流淌着的是咸的潮水。

他向我们指出了抛枪地点。当时是 1 月份，水面上结着三英寸厚的冰。我们如何寻找这把枪？我们派人坐船过去找。我们从船上将磁铁放入水中，希望把枪吸上来。我们中有一个人说："我知道这下面有东西，但是我无法用磁铁把它弄上来。"

我们从我居住的小镇里叫来了两个潜水员，他们是警察，以精湛的潜水技术而著称。他们从船上钻入冰层下面，潜入水底，找到了那把该死的枪。真是难以置信。

当那个潜水员拿着那把枪破冰而出的时候，我真的不敢相信我的眼睛。那是一把锯短了的猎枪，所有部件都完好无损，仍然可以用。能够找到它真是难以置信。它为我们破案铺平了道路。

——凶杀案侦探

处理水中现场让我们永远改变了对水的看法。芝加哥河中的水非常混浊，但是经过多年在这条河里打捞尸体的工作之后，我们很高兴这条河的水是混浊的。我们不想知道水里有什么东西。

——水上警察科专家/潜水员

从水中打捞出的尸体

有一天我们接到一个电话，他们在离大西洋城金块赌场大约二英里的大西洋中发现了一具被捆绑着的浮尸。这有些反常，人们一般不会这么做。

新泽西州警察局有一个海洋部，他们有一条小船，名叫波士顿捕鲸船。它正围绕着尸体转圈。

他们给凶杀部门打了电话。我们来到码头，与警察和海岸警卫队会合，然后就乘船赶往发现浮尸的地方。我们乘坐的是一艘很大的警察船，在那里有一条小的警察船正在围绕着尸体转圈。有一个新参加工作的警察晕船了，大家都在捉弄他。他对我们说："我不想去了，我晕船。"我对他说："不管你晕不晕船都得去。"

我们赶到了那里，我想当时海面上很平静。那个家伙躺在水中，他已经死了。一个警察开着波士顿捕鲸船不断地围着他转圈，以免他漂走。

第一步：我们如何处理这种现场？我们如何用警戒线将大西洋圈起来？

我们所要做的是尽我们最大的努力。那具尸体在不断地移动，他在海洋中不断地漂移。首先，我们要提取证据，我们需要打捞尸体。

我们将一个斯托克斯担架——那是一种金属担架——放入尸体下方。那个家伙体形庞大，但是他身上的东西已所剩不多了，他的腰部以上只剩下了一副骨架，头也不见了。

我们无法将他弄到船上去，原因之一就是那两个验尸官，两个有着多年工作经验的验尸官，感到恶心了。他们呕吐起来。而那个新参加工作的警察却没有呕吐，现在轮到他来嘲笑那两个验尸官了。

我们无法将那具尸体弄上船来。我说道："见鬼去吧！我们先把尸体弄到那个小船上，这比把它弄上这个大家伙要容易得多。"

我们与一名海上警察一起登上了那个小船。你知道我们是如何将尸体弄上船的吗？当时那个警察叫道："他要漂走了！"于是我一把抓住了这具尸体身上穿着的下体护身。当时我们没有戴手套。我抓住他下体护身的样子简直像一幅卡通画。每次海水起伏的时候，那个有弹性的护身就会噗的一声，尸体就沉到了水下，然后我们就得把他拽出水面。最后我们终于把他拖上了小船，我们将他扑的一声扔到了甲板上。尸体身上爬满了螃蟹，这些螃蟹从他身上下来，在船上到处乱跑。我说道："不要让这些螃蟹跑掉！我们可以把它们当晚餐吃！"听到这话之后，那个海上警察哇的一声就吐了，吐得船上到处都是。

因此在我们的船上有两个呕吐不止的验尸官和一个呕吐不止的海上警察，而那具尸体就躺在小船中央的控制台上。在整个返回的路上我们一直闻着尸体的恶臭。那个海上警察说："我又要吐了。"我说："你想吐就吐吧，没有什么不好意思的。重要的是，布鲁斯，我们回去以后有螃蟹吃。"于是他又开始呕吐起来。

当我们回到码头的时候，一位当地警察局的探长在那里等着我们，他是一个很有才华而又很坚强的州骑警。他说道："听着，我建议你们明天和一名医生谈一下，让他从尸体上取下一节股骨来，让我们作一个硅藻测试。"我问道："硅藻是什么东西?"他说："那是一种单细胞藻类。如果它们存在于尸体中并且与水中的硅藻相同，那么它们可以告诉我们死者是在活着的时候还是在已经死亡之后进入水中的。它们可以告诉我们他是否溺水死亡的。"这又是一个学习的过程，因此我将这一知识存储在我的记忆库之中。

我们走进停尸房对这个可怜的家伙进行解剖。我们与病理学家见了面，我对他说我们需要一节股骨来作测试。他说他不熟悉这种测试并问我到底需要多长的一段骨头，我说我也不知道。我担心我们截取的骨头太多或太少。他说："我告诉你该怎么办。反正这个家伙身上已经没有剩下什么东西了，我把他的两根完整的股骨都给你吧，你想截取多少就截取多少。"我说："谢谢，这太好了。"

于是我们就将这两根股骨用两层垃圾袋包裹起来。我们这么做并不是为了保护 DNA，我们只是不希望这些该死的东西掉在地板上。

我们将股骨装进塑料袋中，正准备离开，医院的一个保安——我们认识这个年轻人——对拿着塑料袋的那个警察说道："嗨，老兄，你的袋子里装的是什么?"那个警察对我挤了挤眼说道："你说让不让他看？这位老兄是自己人。"我说："好的，好的，让他看吧，没问题。”

我们把他带到一个检查室，然后对他说：“把门关上。”那个保安心想：“噢，太棒了！这两个凶杀案侦探要给我看袋子里的东西了。”

我们打开了袋子，他看见那里面的两根该死的骨头之后吓得尖叫着从房间里跑了出去。可怜的家伙，从那以后他的精神就有点不正常了。

所以我的忠告是：如果你看见有人从停尸房中拿着一个袋子出来，绝不要向他们提出看袋子里的东西的要求。绝对不要这么做，因为他们可能真的会给你看的。

——凶杀案侦探

第四章

微量痕迹证据

如果看过卡通画《花生》的话，你一定知道那里面的一个名叫“猪圈”的小家伙，他无论走到哪儿都带着一小团从他身上散发出的灰尘。其实我们所有的人身体周围都带着一团由我们的环境所构成的灰尘，它可以揭示我们去过哪里，接触过什么东西，是做什么工作的，等等。每个人所带的灰尘都不一样。如果你是一位教师，那么从你身上可能会掉下粉笔的粉尘；如果你是电焊工，那么从你身上会掉下细小的金属颗粒。但是所有的人身体周围都有一团灰尘。

——特里·麦克亚当，华盛顿州警察局犯罪侦查科微量痕迹证据分析员

我们联邦调查局实验室有这么一个人，每当他十几岁的女儿出去与男朋友约会的时候，他总是让她穿着一件很大的毛茸茸的丙烯酸纤维套衫。他知道这件套衫上的纤维很容易被粘在其他物体上。如果他女儿的男朋友在晚上把她送回家的时候身上粘了很多套衫纤维的话，那么他就要很严肃地和他们谈一次话了。

——马克斯·霍克，前联邦调查局微量痕迹分析员、西弗吉尼亚大学司法证据学项目负责人、《无言的证人》作者

如果你现在放下这本书出去实施犯罪的话，你身上可能带

有只有用显微镜才能够看得见的纸浆和印墨的颗粒，也许还有你所坐的椅子上的纤维和木屑颗粒。你还会携带你在前往犯罪现场途中接触到的物质或者你在汽车中坐上的任何东西的微量颗粒。你在现场接触过的任何物品都会沾上你所特有的细微灰尘。你也会将现场的一些微小颗粒带走，并把它们留在你去过的所有地方。即使你没有在现场留下DNA、指纹或体液，这些微量痕迹也很有可能不可辩驳地将你和你所犯的罪行联系起来。

在犯罪现场所搜集到的许多证据都是微量痕迹证据。它们可能是毛发、纤维、鞋印、轮胎印、玻璃、金属或油漆颗粒、木头、泥土、植被、木屑、胶条等等。痕迹证据包括罪犯带到现场或从现场带走的任何东西。

痕迹证据的基本前提——“每次接触都会留下痕迹”——来自20世纪早期的犯罪学家艾德蒙德·洛卡尔博士。洛卡尔开创了提取和检测犯罪现场细微证据的科学。他最著名的一篇文章《灰尘痕迹的分析》里有一句大多数痕迹分析员都牢记在心的话：“覆盖在我们的衣服和身体上的细微颗粒是无言的证人，它们可靠而又忠实地揭示了我们的所有活动和接触。”这一断言构成了司法证据科学的基础。

另一名受到痕迹分析员们尊重的犯罪学家是歇洛克·福尔摩斯。在现实生活中的犯罪学家洛卡尔鼓励犯罪调查人员深入研究细微证据的努力开始之前很多年，虚构中的福尔摩斯就已经在检查泥土中的脚印、烟灰颗粒、纤维残余以及泥土碎屑了。几乎所有微量痕迹分析员（以及犯罪现场调查员）都会很熟练地引用福尔摩斯的警句。他们中的有些人会在他们的电子邮件地址中包含福尔摩斯的名字或福尔摩斯故事的标题。

微量痕迹的意义非常广泛。在犯罪现场的微量痕迹证据可以帮助我们确定谁曾经到过现场、事情发生的顺序以及凶手及其受害人之间所发生的接触的类型。本章将首先介绍两个显示微量痕迹证据的非常不同的应用领域的案例。第一个案子来自司法证据化学领域，第二个案子来自司法植物学领域。

当我在洛杉矶警察局司法证据反应小组工作的时候， 我们曾调查过一起案件。一辆汽车在街上撞死了一个男孩，然后司机驾车逃离了现场。在即将被撞上的那一刻，这个孩子转了个身，面对着汽车被撞上了。在撞击的时候，这个孩子脸向上撞向汽车顶棚，牙齿磕在了金属车顶上。警察最终找到了他们认为是肇事车辆的那辆车并派我前去检查。在车的前方有两个小的凹陷，在凹陷的深处我们能够找到那个男孩的门牙所留下的钙质。即使我们没有找到完整的牙齿，通过化学元素分析，我们也可以证明这些钙质残留物与孩子牙齿的成分是一致的。

——微量痕迹分析员/犯罪实验室主任

在劳德代尔有一名妇女遭到性攻击后被掐死， 警察在她的房间里发现了一些指纹和一些树皮碎屑。在警察局的档案系统中没有找到与这些指纹相匹配的指纹记录。

六个月之后他们抓到了一个入室窃贼，并发现他的指纹与杀人现场的指纹相匹配。警察在他的衣柜中的一条牛仔裤的裤口发现了一些树皮碎屑。他们曾经用吸尘器提取过那位被害女士房间里的树皮碎屑并送给我分析。我确定那是生长在热带的苦木裂榄木树。

他们对那个家伙进行了讯问。他说："是的，当然。我可以告诉你我当时在那里做了什么。当时我们两个都在买东西，我们在一个商店里相遇并聊了起来。我们聊得很投机，于是就回到了她家里并在那里发生了性关系，然后我就离开了。这有什么问题吗？"这个故事听起来是没有什么问题，因为我们的确在她的家里发现了购物袋。

但是他们没有告诉他两件事：第一，我们在窗台上发现了他的指纹，并且手指的方向是朝着窗户里面的。第二，我们在卧室的地板上发现了苦木裂榄木树皮的碎屑。他们没有告诉他我们在他的衣服上发现了这些树皮的微量痕迹，而且在她房间的窗户外面就有一棵苦木裂榄木树。

——司法植物专家

微量痕迹证据会向我们揭示什么

微量痕迹涉及的面非常广，并且每个案件中的情况都不相同。即使是涉及鞋印的案件也各不相同。鞋印有的可能是留在雪地上的，有的在烂泥中，有的在一片纸上，有的在血泊中。每个案件都不一样。

——微量痕迹分析员

我们涉及的领域包括化学、材料科学、制造业以及各种环境影响。我们需要掌握很多知识。

现在人们非常强调 DNA，这使微量痕迹分析人员感到有些厌倦。我认识一位加拿大皇家骑警部门的首席科学家，他对这一现象作出了一个很好的评论。有一次我们和一群 DNA 分析员一起吃午饭，他对他们说："我不知道你们这些 DNA 分析员没完没了地在干什么，你们这门科学究竟有多难？你们只用关心一个分子，而我们微量痕迹分析人员则要关心所有的分子。"

——微量痕迹分析员

微量痕迹分析并不是与 DNA 分析竞争，它是对 DNA 分析的补充。在

有些时候，例如在只能得到遗骨的情况下，我们无法获得 DNA。在这种情况下，微量痕迹分析就可以为我们回答一些问题。

——犯罪实验室主任

DNA 分析和微量痕迹分析往往可以相互配合，它们是两个相辅相成的技术。

在我看来，微量痕迹证据有时能够回答 DNA 证据所不能回答的问题。例如强奸案，微量痕迹证据在强奸案中也很重要。我们注意到在没有 DNA 证据的情况下，男性嫌疑犯最常说的一句话就是："我没有碰她。"在 DNA 结果出来之后，我们可以对他说："不对，你碰过她。"然后他就会说："这是在双方都愿意的情况下发生的。"然后我们就检查微量痕迹证据，比如我们会检查衣服，看看它们是不是被撕破了。DNA 分析可以回答"他是否来过这里"这个重要的问题，而微量痕迹分析可以回答"他当时的目的是什么，他干了什么"这些问题。

——微量痕迹分析员

在犯罪现场，特别是有微量痕迹的犯罪现场，我们必须寻找那些看不见的证据。在寻找证据的时候我们必须保持开阔的思路：我现在能够看见什么？除了能够看见的证据之外，这里还可能有什么证据？

——犯罪现场指挥

微量痕迹证据的关键在于人们意识不到它们的存在。在许多情况下，它们没有被人们发现。在现场人们往往会将注意力集中在其他东西上，我在犯罪现场经常会看到这种情况。我受过专门的训练，在现场不仅收集微量痕迹证据，而且还收集隐秘印痕证据、血迹证据以及其

他各种不同类型的证据。

我们的确会寻找以上所有这些证据。但是我注意到，在我们刚刚来到一个犯罪现场的时候，我心里只想着微量痕迹证据，血迹专家只想着血迹证据，而隐秘印痕专家则只想着隐秘印痕。但我们不是同时收集所有这些证据的，有时我在收集微量痕迹证据的时候会破坏隐秘印痕证据……

——犯罪现场处理员

在现场，有很多东西，如果我们看见它们的话，我们就会用戴着手套的手或镊子把它们夹起来。如果我们看见纤维或毛发，我们就会用镊子把它们夹起来。我们往往会把它们放在一张纸上，然后把纸叠起来。这被称为药剂师的叠纸。然后我们将叠好的纸放在一个信封中并将所有的角都封好，以确保东西不会掉出来。如果是玻璃碎片，我们会用镊子将它们夹起来，然后放进一个坚实的容器中。

有时我们用胶条来收集纤维和毛发。我们将衣服包在褐色的纸袋中。

我们不用塑料袋或者那种可以封口的袋子，因为我们可能很难将里面的东西取出，还可能有静电。例如装在封口袋中的油漆碎屑就很难取出来。我们也不会将潮湿的东西放在塑料袋中，因为它们可能会发霉。

有时我们在现场用吸尘器收集微量证据。

——犯罪现场处理员

在实验室，我们有两个检查微量证据的房间。如果我们带回一件衣服，我们会把它挂起来，然后刮取微量证据。比如说被汽车撞死的受害人，我们会把他们的衣服脱掉，然后在上面刮取车漆的碎屑。我

们有一个与加拿大皇家骑警部门和美国联邦调查局联网的名叫“车漆数据查询系统”的数据库。如果我们在被害人身上发现了车漆碎屑，我们就会在数据库中进行查询，也许我们就可以找出肇事车的款式或型号。

——微量痕迹分析员

脚　　印

我们经常通过三种东西确认人们的身份：一个是DNA，另一个是指纹，还有一个是鞋印。

——犯罪实验室主任

人们往往意识不到，鞋印与指纹一样重要。在许多情况下它们甚至比指纹要重要得多。原因是现在很多的人都观看有关破案的电视节目，因此在越来越多的案件中我们找不到与犯罪分子相匹配的指纹——因为他们都戴着手套去作案了。

——鞋印专家

如果你脱下鞋子，观察一下鞋底的话，就会发现上面除了一般的花纹之外，还有大量独特的、无规律的痕迹、划痕和缺口。你可以在你的鞋底看到这些东西。

这些痕迹在你开始穿鞋的时候也就开始形成了。我们称这些独特的、无规律的痕迹为个体特征。如果在一个警察局中有500名警察都穿着一样的鞋子，我们可以区分其中的每一双鞋子。最终每一双鞋子都产生了它们自己的特征。

——鞋印专家

鞋子上的重要证据不仅包括鞋底上的各种划痕和磨损，还有鞋子上所携带的各种物质。有关鞋子最好的思考方法就是认识到它们在不断地沾上和留下各种碎屑和微量痕迹：小石子、灰尘、沙子、湿气、泥土、杂草或植物材料。我们可以将这些东西带到几步甚至20—25步开外的地方。

——鞋印专家

人们对于鞋子有一个非常普遍的误解，那就是它们都是一样的。甚至连检察官也会这么认为，他们会说："一双运动鞋就是一双运动鞋，没有什么大不了的，它们只不过是另一双运动鞋罢了。"但是它们不一定只是另一双运动鞋。

我并不觉得人们高估了鞋子的证据作用，恰恰相反，我觉得人们忽略了鞋子的证据作用。

——犯罪现场小组组长

我是在成为一名证据技术员之后才开始阅读《福尔摩斯探案集》的。柯南·道尔远远超越了他所在的时代，他所写的很多东西，尤其是有关微量痕迹方面的东西，即使在今天对我们还非常有用。这真是不可思议，让我惊叹不已。在《福尔摩斯探案集》的"血字的研究"这个故事中，福尔摩斯说过一句话，我至今还能够背出来："在侦探科学中，最重要也是最被人忽略的一个领域就是足迹追踪技术。"这句话至今仍然适用。

另外足迹也非常容易被破坏，因为鞋印通常是留在地上的。当你走进现场的时候，你就踩在它们上面了。

——证据技术员

要想提取鞋印，你必须了解很多有关鞋子制作过程的知识。噢，是的，它们是非常复杂的。你必须考虑生产过程，还要考虑时间和磨损。

另外，许多事情都取决于环境。比如说一双只在正式场合穿的皮鞋从个体特征的角度来看可能不会留下满意的鞋印，但是一双布满划痕和缺口的破旧工作靴对我们来说是非常棒的。它们会留下很好的印迹。

——鞋印专家

三起抢劫案都发生在同一个小凯撒比萨饼屋。第一起抢劫案发生后，一个正在对新参加工作的警察进行培训的警官赶到现场。他请求证据人员前去调查。一名独自在比萨店里工作的男子说，他就是抢劫案的受害者。

我们总是希望用证据去验证当事人的陈述。当一个独自工作的人声称自己是抢劫案受害者的时候，我们必须考虑一种可能性，那就是也许他根本就不是受害者。也许他们想捞点钱，于是就决定成为一个抢劫案的受害者。

我被派去指挥调查工作。首先我问那位警官："受害者是怎么说的？"这个餐馆只是一个没有门厅的小店面，顾客从外面直接走到柜台前买比萨饼。那个受害者所陈述的经过是这样的：一名男子走进店里，他戴着手套，一顶滑雪帽遮住了他的半个脸。他突然跳过柜台，用一把刀子抵住受害人，然后向他要钱。

因此我们要确定劫匪与受害人发生接触的地方。如果嫌疑人走到柜台前面的话，那么一定会有证据告诉我们他这样做了。在这个案件中，的确有这样的证据。在柜台上有一些脚印，这本身就非常不寻常。另外这些脚印所在的地方曾发生过很多活动，一摞比萨饼盒也滑倒了。即使这些脚印在以前就存在，它们也不会被保存那么长的时间。

但是在那里有两个非常清晰的脚印，我们还可以看到鞋底上有“Nike”这个字。于是我们就对现场进行处理，记录，提取鞋印并照相，以便对它们进行分析。我们将鞋印的略图分发给在大街上的警察，这样当他们看见穿有耐克鞋的人，尤其是在附近转悠的人时就可以进行比对。

两个星期之后，那家饼屋又一次遭到抢劫。另一名证据技术员对现场进行了处理，他提取了鞋印。

几个星期之后，那家饼屋再一次遭到抢劫。这一次，对于那个坏蛋来说非常不幸的是，外面下了雪。地上的雪很密。接到报警赶来的警察看到了店铺外面雪地上的鞋印，他手中正好有一张上次提取的鞋印略图。他说道：“嘿，这个鞋印和略图非常相像！”

他开始追踪脚印。这不是什么高技术的工作。他跟着脚印沿着街道走了一个街区，来到了一座房子的前面，然后看见脚印一直延伸到了房子里面。

他把我和另外几个警官叫到了那座房子那里，我们按响了门铃。一名妇女开了门。我们告诉她刚才所发生的事情，并说我们跟着脚印一直来到了她家的门口。她与她的儿子一起生活在那里，她不知道他是不是在家：“但是如果你们想进来看一下的话，那么就请吧。”

于是她让我们进入了房子。你知道有句老话是这么说的：“凶杀案侦探要跨过一公斤的可卡因才能走到尸体前面，而毒品侦探要跨过一具尸体才能够走到那一公斤可卡因前面。”我对那个坏蛋一点儿也不感兴趣，我想找的是那双鞋子。

就在前门的内侧躺着一双湿透的耐克运动鞋。我看出这双鞋的鞋底图案与现场留下的鞋印完全符合。最终我的同事找到了躲在衣柜中的嫌疑人。

我们逮捕了他。在他家里找到了一些赃物，一个小凯撒比萨饼外卖专用塑料袋，一些成卷的硬币，以及其他一些东西。原来这个家伙是这家比萨饼屋的一名前雇员。我们将鞋印照片和从现场提取的脚印与他的那双鞋一起送到了犯罪实验室。他们根据个体特征认定这些鞋印都是来自这双运动鞋。因此我们将他与这三起抢劫案联系在了一起。他知道那个比萨饼屋里的运作情况，并且那个饼屋离他家很近。

——犯罪现场指挥

在明尼苏达州，我们在冬天会见到很多户外犯罪现场。通常对于大多数犯罪来说，它们都是由酗酒引发的。例如，有的人在饮酒后发生争吵，最终导致枪击。有些人会像白痴一样一丝不挂地跑到雪地里去，结果被活活冻死。但是在大多数情况下，他们都是穿着衣服跑到雪地里去的。

我们如何处理在雪地上的脚印？我曾经与美国各地的犯罪实验室的同行们讨论过这件事，他们从来就没有想到或考虑过如何在雪地上提取脚印。他们根本不知道怎么做。

我们多年来对雪地脚印进行了各种分析，并发现了几种不同的技术，其中一种就是制作脚印的石膏模型。现在有一种叫做雪地脚印蜡的产品，我们把它喷在雪的底部，使它变得坚硬，然后就可以往上面浇石膏。

要记住，当你浇石膏的时候会产生一些热量。在过去，人们在制作石膏的时候会往水里面加雪，这样就可以在浇注之前使石膏尽可能冷却。

实际上最有效的方法是使用硫磺。我一生中做得最好的一个脚印模型就是用硫磺浇注的。我们将硫磺融化，使它变成液体，然后我们将其直接注入脚印里。当硫磺遇到雪的时候就立刻冷却了。通过这种方法可以浇注最完美的脚印模型。如果你们比较一下用石膏和用硫磺浇注的相同脚印的模型的话，那么你就会为它们之间的不同效果而感到惊讶。

你知道，我们总是会有一些没有经验的新人在犯罪现场处理车中做加热硫磺的工作。他们总是将硫磺的温度加热得过高，结果在随后的几天内我们就不得不坐在一辆散发着浓烈的臭鸡蛋味的犯罪现场调查车中跑来跑去。

——犯罪现场指挥

轮 胎 印

如果你想研究一种特别复杂的东西的话，那就去试试轮胎印吧。

我曾经参加过为期一周的叫做“鞋印和轮胎印”的课程。轮胎是我一生中所见过的最复杂的东西之一，真是不可思议。你必须了解轮胎是怎么组装的、怎么磨损的以及许许多多的东西之后才能够看懂轮胎印迹。

——痕迹分析员

轮胎印具有与脚印相同的价值。轮胎与鞋子一样都具有个体特征，它们是同一类型的东西。

我们还可以根据轮胎印迹确定留下轮胎印迹的汽车类型，它们可能是载客汽车、轻型卡车或者重型卡车的轮胎。它们可以告诉我们很多信息。

有些轮胎是某种类型的汽车所特有的。有些轮胎可能是原车配备的。通过轮胎你可以追踪到汽车的制造商，然后可以通过制造商获得更多的信息。

——痕迹分析员

曾经有一个涉及一个女人和她的男友以及前男友的案件。那个女人的前男友开车将她和她的现男友带到一个公园中，在公园里他枪杀了她的现男友，然后开车将她带了回去。他通过威胁强迫她与他保持关系，并且不准她向别人透露有关谋杀的事情。这个家伙懂得一些轮胎印迹的知识，那辆汽车是他女友的，他担心警察在发现尸体后会通过轮胎印迹追查到他头上。

他是这么做的：他用刀将这辆车的四个轮胎全部扎破，然后对他的女友说："亲爱的，这辆车的轮胎漏气了，我们得给它换上新轮胎了。"他到轮胎店里去用她的信用卡买了四个新轮胎。但是他这个人太吝啬，不愿意支付轮胎回收费，于是他就将这四个旧轮胎带了回去，放在他家的后院附近。几天之后，我们找到了他。我们查看了那辆车子的轮胎，发现它们与现场的印迹并不符合。但是随后我们发现了那四个被扎漏的旧轮胎，其中一个轮胎上的印迹与现场的轮胎印相符。

他省了八美元的轮胎回收费，但却因此而不得不坐一辈子的牢。

——凶杀案侦探

汽　　车

汽车是痕迹证据很好的来源。在我们的社会中，如果一个人要到一个地方去实施犯罪的话，那么他要么走着去，要么开车去。他也会开车离开现场。当然，大家都知道，每当一个人走进某个地方的时候，他会在那里留下一些证据；当他离开那里的时候，又会从那里带走某

些证据。因此他们会在汽车中留下证据。

在汽车中有不同层次的痕迹。汽车内部就像一个桶，当一个人走进去并在里面活动的时候，他就会在那里留下痕迹证据。当你走出汽车，并在第二天回到汽车里的时候，你就会留下更多的证据。在汽车中有大量的痕迹。

——痕迹分析员

我们用试纸对任何可能被触摸到的东西提取血液证据或指纹，我们收集任何可能含有微量痕迹的东西。

——犯罪现场处理员

我们遇到很多这样的情况：两个人开车出去，在路上发生了车祸，其中一个人死了。那个活着的人往往——但并不总是——声称，车祸发生时是那个死了的人在开车。

但是调查人员想要确定当时到底是谁在开车。有时他们会在转向柱上寻找血迹和印痕。但是如果车辆发生了翻滚，那么车里的东西就会被甩得到处都是，如果我们能够在安全带上找到纤维的话，那么这就是可以显示当时到底是谁在驾驶汽车的很好的证据。

我曾经在一起交通肇事致死案中处理过痕迹证据。在该案中，那个幸存者也声称当时他坐在乘客座上。但是在事故中，撞击所产生的磨擦造成安全带上的塑料部件温度升高，使安全带上的纤维嵌入塑料之中。我在安全带上发现了红色的纤维，事故发生时嫌疑人穿的正是一件红色的衣服，因此我们认定在事故发生时是他在开车。

——痕迹分析员

汽车上的证据当然有轮胎，但是也有玻璃和车漆。我们还曾经将汽

车的整个保险杠弄了过来。在机动车肇事逃逸案件中，我们从这些东西上查找纤维印痕，或者物理吻合的地方。也许车辆的碎片会掉落在现场。

——犯罪实验室主任

如果我们弯曲金属的话，那么它上面的漆就会碎裂脱离。有时我们可以找到半英寸或三分之一英寸长的车漆碎片。如果我们马上能够找到肇事汽车的话，那么我们就可以把这些碎片放到汽车破损处，看看它们是否吻合。另外，当漆片脱落时，它们并不总是一整块全部脱落。在一起案件中，我有一张照片，上面的汽车漆皮脱落部位看上去就像小孩的拼图玩具一样，显示出脱落漆皮的轮廓。在这个案件中，当车漆碎片脱落时，在漆皮脱离部位之间的交界处残存了一些车漆，因此就可以看到各块脱落漆皮的轮廓。勘查现场的警官在现场找到了一块脱落的漆皮，把它包起来送到了我们这里。当肇事车辆被找到后，我们说："让我们将那块漆皮找出来跟车上的破损部位比对一下。"因为我们一见到那辆车，就看见了车身上漆皮脱落留下的轮廓。

——痕迹分析员

我们可以在衣服上找到印痕。有时当穿着外套的人被汽车撞了之后，我们可以在他们的外套上找到汽车前灯灯罩所留下的印迹。灯罩上的灰尘有时会被转移到外套上。有时在汽车上可以找到织物的印痕。

当骑自行车的人或者其他的人撞在汽车漆面上的时候，漆面会因为与被撞人身体磨擦所产生的压力而变软，但随后又会立即变硬。它在变硬的时候会粘住一些衣服纤维。我们有一些照片显示，汽车表面有看上去像是被涂抹过的地方，车漆看上去有些翘起。但是当我们察看放大的照片时，我们发现那实际上是被害人在被撞击时，他的衣服与车漆磨擦所留下的纤维。我们取下这些纤维，分析其颜色和构成，这样我们就对这些纤维来自什么样的衣服这个问题有了一些了解。当然我们有被害人。我们所要做的就是看看这些纤维是来自被害人的衬衣、外套、夹克、裤子还是其他什么衣服。一旦发现这些纤维与衣服匹配，我们就可以认定肇事逃逸的车辆了。

——痕迹分析员

李昌钰（国际知名司法证据科学家）曾经讲述过一个在康涅狄克州发生的交通肇事逃逸案的故事。一名正在帮助摩托车驾驶员的州巡警被一辆卡车撞死了。当他们最终找到那辆卡车的时候——李昌钰有一张那辆卡车的照片——那辆拖车的前缘部分有一个康涅狄克州巡警肩章的印迹。车祸发生时那名巡警的右肩上就戴着这枚肩章。

——犯罪实验室主任

纤　　维

穿着灯芯绒衣服入室盗窃的窃贼犯了一个大错误。入室窃贼最忌讳穿的就是灯芯绒衣服。如果你穿着灯芯绒衣服走进一个人的家里实施犯罪，并坐在了犯罪现场的一张椅子上，那么织物座椅上的纤维就会粘在你的衣服上，因为灯芯绒布料具有吸附的性能。灯芯绒是绒毛织物，这意味着有很多纤维从这种织物中伸出来，就像你脑袋上的头发一样，只不过工厂对这些纤维进行了修剪，使它们具有相同的长度，然后又在上面剪出一道道沟槽来。因此在这种织物上布满了脱落的纤维。有很多纤维从里面伸出来，又有很多表面可以吸附其他物质。如果你将灯芯绒布料带进犯罪现场，那么它既是一个很大的证据来源，

又是一个很大的证据收集工具。

——犯罪现场处理员/痕迹分析员

总体来说，纤维是最好的证据之一。也许我的这一说法不是很客观，因为我是一名纤维证据检查员。但是我想，与其他证据相比，纤维证据往往能够为我们提供更为具体的信息。

想想看，每年全世界大约要生产1 000亿磅的纤维，我是说每年。

然后再想想，在大型百货商店、交通枢纽或飞机上或者任何有大量人员聚集的地方，你能够看见几个穿着完全相同衣服的人？你可以试着做这样一件事：到一个服装商店中去随便拿起一件衣服，然后拿着这件衣服到处走走，看看能不能找到另一件质地和颜色完全相同的纺织品。你不会找到的。

因为，纺织品的种类极为繁多。在司法证据学中，种类是我们的朋友。我们喜欢不同的种类。

——纤维专家

有一名男子将他公寓中的一个房间租给了一位正在学医的中东妇女。后来那名妇女失踪了。这个案子大约发生在1998年。

警察前去讯问那名男子，在讯问的过程中，另一名妇女走了进来。警察问她是谁，她说她是他的新室友，因此警察将她带到一边与她聊了起来。他们问她，在她搬进来的时候是否看见任何异常情况。她说："哦，是的。在起居室里曾经有一台冰箱，后来不见了。我向他问起此事，他说他的前室友正在使用这台冰箱。"

后来人们在一家五金商店后面的一台冰箱里发现了那个前室友的尸体。那个凶手并不十分聪明，因为在冰箱背面贴着一张写有他家地址的送货单。即便如此，这一证据本身还不足以证明他有罪。

在这个案子中一个令人兴奋的事情就是凶手用绳子将尸体捆绑起来，然后又将冰箱也捆绑起来，以免冰箱门突然打开。他使用了在公寓楼中找到的一段绳子以及在公寓车库中找到的一个很大的家具台架。

许多绳子生产商会在他们生产的绳子中加进一根追踪条，以便能够追踪他们自己的产品，并且在发生产品质量责任诉讼时保护自己。比如说，某人用绳子将自己挂在房梁上，突然绳子断了，那么绳子生产商就可以在发生诉讼时证明这根绳子是不是他们生产的。

而该案中的那些绳子里面就有这种追踪条，那是一个微小的透明涤纶条，上面有用黑色字母印刷的公司名称。我给那家公司打电话，向他们描述了这些绳子的质地和结构以及追踪条上的信息。他们说："我们在1984年就停止生产这种绳子了。"我们将这一信息告诉了其他痕迹专家，他们说："哇！这太好了！"

这是一个极好的证据，它为绳子确定了一个时间线。在考古学领域有一个术语叫做"*terminus post quem*"，意思是"在这一事件之后"。它在时间线上确立一个里程碑，在这一点之后某些事情不可能发生了。因此，那个厂家在1984年停止生产这种绳子之后，这种绳子的数量就会越来越少，直到最后完全消失。

这使得这一证据变得非常具体。任何人都不可能在1998年到家庭用品商店去购买这种绳子。这些绳子是从公寓楼中那卷绳子中截取的，而嫌疑人就可以接触到那卷绳子，这就将他与谋杀直接联系起来。

——纤维专家

纤维证据可能会让人感到极为困惑。用于纺织品的染料和颜料可能

有七千多种，其中任何一种都必须经过 8—10 个处理程序才能够变成可以用于印染的稳定的化学物质；大约有 12 种使染料进入纺织品的方法；29 种不同的染料类别。你在一件衣服上看到的颜色很少是仅由一种染料染成的。另外还有很多种可以改变染料最终特性的化学或物理表面处理程序。

这还只是颜色。我还没有谈到各种类别的聚合物呢……

——纤维专家

痕迹证据的种类多得令人吃惊，这可能会使司法证据科学家的工作变得非常艰巨。在联邦调查局我有幸可以专门从事四种证据的分析：毛发、纤维、织物和绳子。在州犯罪实验室，司法证据科学家必须分析纤维、玻璃、油漆和泥土。他们必须具有有关各种材料制造的知识：油漆化学、油漆喷涂、汽车内部构造，等等。

所有这些都让人头晕眼花，不知所措。你可能会在没有犯任何错误的情况下就忽略了某些重要的信息。

——痕迹分析员

我们分析纺织品上的裂口，以确定在性攻击或杀人案中衣服是被用刀割开的还是被撕开的，以及在有的情况下切口是否与在现场发现的刀子相符。

2001 年有一个案子在这方面非常突出。一名妇女失踪有一段时间了，我们怀疑她已被她的丈夫谋杀，并且他们的一个孩子可能目睹了谋杀，但是这个男孩不肯告诉我们任何东西。

后来我们在一个很浅的坟墓中找到了这名妇女的尸体。由于尸体已经高度腐烂，调查人员不能确定她的死因，因此他们把她的衣服送到了我这里。我们已经无法在皮肤或内脏上看出伤口了，而那些衣服则发出令人作呕的恶臭。

我通过显微镜观察这些衣服的破裂处，看看它们是被割开的还是被撕开的。我确定在她的腹部和上胸部的衣服上有两个刀刺的口子。

我将这个检查结果告诉了验尸官，她说这两个刀伤不会在骨头上留下痕迹，并且它们都位于可以致命的部位。

就在这个时候，那个孩子告诉警察是他的爸爸扎死了妈妈。衣服上的切口与这个小男孩的陈述相一致。被告人最终承认有罪。

——痕迹分析员

我们所调查的一个更为有趣的案件涉及一根单独的纤维，其长度很可能和你小手指的宽度一样。这就是警察所能找到的唯一物证。这根纤维是在路边躺着的一名赤身裸体的妇女的阴部发现的。

根据纤维的标准，这根纤维非常大。这是一根粗大、丑陋、像婴儿大便一样橄榄绿颜色的人造纤维。它真的非常难看。通过观察，我意识到这是一根地毯纤维，因为它的直径大于 45 微米。地毯纤维的一个定义就是大于 45 微米。另一个引起我注意的是，它是一根人造纤维。用人造纤维编织的地毯并不多。

我开始进行调查。通过与业内人士交谈，我发现在 1973 年之前，通用汽车公司在某些汽车上曾经用过有人造纤维和尼龙编织的地毯。我接着给通用汽车公司打电话，结果发现这种地毯只在 1972 年以前生产的某种型号的汽车上使用过。

于是我们给调查人员打电话："你们有没有嫌疑人?"他们说："我们正在调查两个人。""他们是否有一辆旧车?""是有一辆旧车。你为什么问这个问题?""那辆车是不是 1972 年以前生产的?"他说："是 1972 年生产的。"我说："车的内部是否墨绿色的?"他说："是的。”“那是不是一辆蒙特卡罗车?”“你是怎么知道这些的?”

他们从这辆车中得到了一些样本，它们与在现场发现的纤维完全匹配。我在与案发的那个州相邻的五个州的地区机动车管理部门的记录中进行了搜寻，结果只有八辆在种类、型号和登记日期上完全匹配的汽车。在他们将这一信息提供给嫌疑人后，嫌疑人就招供了。当时发生的经过是这样的：被害人的汽车出了问题，这个家伙前去提供帮助，他带走被害人，在自己的车中强奸并杀死了她，然后就把她抛在了路边。

——痕迹分析员

玻　　璃

如果犯罪现场有嫌疑人进入时打破的玻璃，那么这些玻璃在确定究竟是谁进入了家、公司或汽车实施犯罪方面有着极大的帮助。

如果你用锤子打破窗户的话，那么大部分玻璃会朝着与锤子运动的相同的方向溅落。但是，有相当一部分玻璃会朝着相反的方向溅落。这些玻璃碎片很小，但是它们会往回溅落在打碎玻璃的人身上。玻璃在某种程度上具有弹性，它能回弹。

你的汽车挡风玻璃是否被打碎过？你是否注意到，当你从打破的挡风玻璃处走开的时候，有时你会听到玻璃碎片崩落的声音？那是因为它们受到了张力。在制作过程中，这种玻璃经过了热处理，它们受到巨大的机械压力。所以当你打碎挡风玻璃时，它继续释放这种压力。当释放这种压力时，微小的纤维会劈劈啪啪地蹦出去。你在这种玻璃被打破后两天之内一直可以听到这种声音。

这相当于窗户玻璃被打碎时所发生情况的慢动作。窗户玻璃在被砸后迅速破裂，立即释放压力，将碎片向回弹射到 15 — 25 英尺的地方。因此，在敲碎窗户玻璃的人身上——头发上以及身体的其他所有部位——会溅满了微小的玻璃碎屑。

因此，如果在凶杀、入室盗窃以及其他案件中嫌疑人是打破窗户玻璃进入现场的，那么我们就会将他的衣服拿来使劲摇晃，然后寻找这些玻璃碎屑。随后我们就会回到现场，提取窗户玻璃的样本，将它与从嫌疑人衣服上提取的玻璃碎屑进行比对，看它们是否具有相同的物理和光学特征。

——玻璃专家

我们所做的工作就是利用玻璃的两种特征来区别玻璃。最主要的是测量玻璃的反射指数，某一特定的玻璃碎片折射了多少光线。通过这个我们测量玻璃中各种元素的含量。

——玻璃专家

在玻璃证据的研究问题上有两种不同的态度。例如，在加拿大、英国和新西兰，警察长期以来一直在处理很多涉及玻璃的案件。在美国，我们都忙于处理大量发生的暴力犯罪案件，因此很少去处理入室盗窃案件。

但是DNA数据统计证明，那些曾经因为入室盗窃等所谓的轻罪而被逮捕的人往往会在后来实施更为暴力的犯罪。

——玻璃专家

洛杉矶警察局犯罪试验各个部门前面的大厅里有许多展示柜，其中一个展示柜中放着一块拼凑在一起的汽车右侧后视镜。这面镜子是一辆肇事车上的。这辆汽车撞了一个行人，被撞者被右侧保险杠撞得飞了起来，砸在挡风玻璃上，然后沿着车的右侧翻滚。在翻滚过程中将右

侧后视镜重重地砸在右侧车窗上，并将其击碎。后视镜的玻璃破裂，掉在了车里，但是有两块微小的碎片落在了车外。事故发生后肇事者开车逃逸。

警察得到了有关肇事车特征的描述并最终找到了这辆车。当我们一看见这辆车的时候就知道它肯定是撞了什么东西。由于见到的类似情况多了，因此我在看了那辆车后就可以说："是的，它撞的肯定是一个人。"但是这不是科学证明。

后来我们被派遣到那起事故的现场。处理事故的警察将案件发生的那段街道用笤帚扫了一遍，并将所有玻璃碎片收集了起来。

在那堆玻璃中就包含这两块从肇事汽车后视镜上掉下来的小碎片。它们大约有八英寸长，四分之一英寸宽。通过对肇事车辆进行检查，我们发现那个后视镜已经被撞断，击碎了右侧车窗，并掉在了车内。因此我们将这个镜子的碎片收集起来，带回实验室。我们将它们拼起来后发现其下角处缺了两小块，而从现场提取的那两块碎片正好填补了这两个缺口。

当我们作这种比对的时候，我们将这些碎片放回到车上它们掉下来的地方——我们经常听人们说，从汽车上脱落下来并掉在现场的车漆碎片可以像拼图游戏一样被拼回到汽车上这些漆片脱落的地方。

但是在这一特定的案件中——你知道，玻璃破碎的时候，有时它们的边缘很整齐，而不会像拼图游戏一样有着可以相互对接的不规则的边缘。但是，玻璃破碎会产生一种"颈羽痕迹"的现象，它们是由击碎玻璃的作用力所造成的一些微小的裂纹。它们不在玻璃的表面，而是在断裂处的边缘。它们就像一些微小的裂纹线，但是有其独特的花纹。一块破碎玻璃的两侧具有相同的颈羽痕迹。在本案中，我们将那两块玻璃碎片的边缘与在车中发现的镜子碎片的边缘放在一起，发现这些痕迹完全能够对得上。因此这些碎片毫无疑问是匹配的。

这就将这辆车与现场联系起来。它不一定能够证明车祸发生时就是那个司机正在开车，但是如果侦探们能够将我们所提供的信息与他们的讯问技巧相结合，那么通常就可以达到这一目的。如果他们能够使一个人作出诸如“当时这辆车是在我的控制之下”这样的声明，那么即使他没有承认自己实际上造成了车祸，我们可以证明他的汽车就是肇事汽车——当我们将各个单独的证据联系在一起之后，通常他们就会承认有罪。

——犯罪实验室主任

奇怪的证据

当人们不知道将某个证据送到犯罪实验室的哪个部门的时候，他们就将它送到我们这个痕迹分析部门来。我们经常能够收到各种稀奇古怪的东西。比如鸟的羽毛。

在一个案件中，一个人在户外靠近车库的地方被枪杀，子弹穿过被害人的羽绒服，打在车库门上后又弹了出去。在这个车库门的弹孔或者凹陷处有一根细小的羽毛。我想辩护方的说法是，那次枪击是一起意外事故，被告人对着车库开枪，子弹从车库门上弹了回来，然后打在了被害人身上。我们不能确定那根羽毛来自那件羽绒服，但是由于它是在车库门上被发现的，因此更符合事实的情况应该是：子弹先击中被害人，然后再打在车库门上。

我曾经在一个案件中分析过衣服上闪光发亮的装饰物。一位妇女遭到了性侵犯，嫌疑人声称他没有接触过她。但是当时那位妇女身上穿着一件带有闪光装饰物的衣服，我在检查嫌疑人的衣服时，发现那上面有八个闪光装饰物。通过仪器检测，其颜色、大小和形状与那位妇女衣服上的饰物完全相同。

在为一次会议准备论文的过程中，我共找到了发生在美国的另外七个涉及发光饰物的案件。这些发光饰物有的来自手工艺品，有的来自服饰，我们可以从很多物品上找到它们。

——痕迹分析员

胶带。我们调查过很多涉及胶带的案件。胶带往往用来捆绑受害人。对于胶带，我们首先检查的是物理匹配。我们查看两条胶带的尽头是否对得上。如果对不上，那么我们接着检查胶带本身。在胶带上有三个不同的层面：首先是胶面——你知道，就是带有黏性的那一面；在它下面的那一层是衬里；再下面一层是衬背。我们对这三层物质都要进行分析。

——痕迹分析员

涉及多种痕迹的案件

在凶杀案中我们会提取很多证据，因此需要很多时间来对它们进行分析。例如在一个案件中，我们需要分析鞋印、纺织品印痕、胶带和绳子。而入室盗窃案则与凶杀案不同，我们往往只有打碎的玻璃。

——痕迹分析员

重金属周末假日凶杀案。实施这些凶杀案的家伙名叫盖里·埃克利，他在一家金属公司工作，是一个不太熟练的打磨工。他想成为一名摇滚乐歌手，但是歌唱得不好。他留着披肩长发，看上去是一个典型的嫌疑犯。他与一名妇女同居了大约有 10 年并和她生了两个

孩子。

在那个周末，我被叫到西雅图郊区的一个公寓中。有人报告说，生活在那里的一名妇女——她大约有五十六七岁——失踪了。她的房门开着，她的垃圾还在那里，她的床上有一些血迹。我们拿走了她的床单。从血迹来看，那张床单是在血迹干了以后又被铺回去的。换句话说，如果你在床的表面有未干的血液的情况下铺上床单的话，那么血液就会被转移到床单上。但是这种情况没有发生。因此有人在那个房间里停留了很长的时间。

被害人是个非常非常爱干净的女士。她房间中的其他地方都极为整洁。我们当时没有找到嫌疑人。

在7月4日，人们在西雅图东北大约30英里的一个宿营地发现了另一名妇女的尸体。这两名妇女的尸体在被发现时都已经高度腐败，因此DNA证据已经没有任何用处了。警方不能确定她们的死因。

在第二名被害人被发现之前，我们在查看第一名被害人的床单时在上面发现了一些微小的金属碎屑。这些碎屑不只是一种金属，其中不仅有钢，而且还有黄铜、铝、钛……有些呈螺旋状，就是用金属切割工具切割金属时产生的那种金属屑；有些是空心的金属圈，这是用一种金属打磨另一种金属时产生的。我在第一名被害人的卫生间里找到了一块很脏的擦手布，这在这名妇女一尘不染的公寓中显得很不协调，在这块布上也有金属碎屑。

这些金属碎屑是某个切割打磨金属的人留下的。第一名被害人是一家运动衣公司的缝衣女工，根据她的背景，她不应该有金属碎屑。

我们检查了第二名被害人，结果在她的身上也发现了金属碎屑。于是警察开始调查这两名妇女有没有共同的熟人，结果他们发现第一名被害人是盖里民法上的岳母，他曾经与她发生过争吵。

然后他们又发现第二名被害人是盖里儿时的朋友，人们最后一次看见她是在前一年7月4日的一个晚会上，那时她正和盖里在一起。

我们将从被害人身上发现的金属碎屑与在盖里身上发现的金属碎屑进行了比对。我们从他的衣服上、汽车上以及他的工作场所收集了样本，并将这些样本与我们在犯罪现场收集到的所有样本进行了比对。这些样本中的大多数都与我们在两位被害人身上发现的样本相似。

我们所做的另一件导致重大发现的事情就是：盖里刚刚买了一辆二手车，那是一辆卡马洛汽车。他在一份陈述中声称他的岳母从来没有进过这辆汽车。

这个家伙非常吝啬。他买了一套最便宜的汽车座椅套，以使他的汽车看上去像新的。当然，这些座椅套上面的纤维很容易脱落，越是便宜的货，上面的纤维越是容易脱落。因此我从他的汽车中提取了这些纤维的样本。我们使用一种称为“胶带提取”的技术：将一段2英寸宽6英寸长的干净透明胶带贴在被取样的材料上，然后将它揭下来，放进一个透明保护膜中存档。我们必须将它放在透明保护膜中，因为这样我们可以透过保护膜看见纤维。痕迹分析人员通常会使用吸尘器来收集汽车中的微量证据，但嫌疑人的那辆车是辆已经使用了15年的老车，使用吸尘器会把过去15年中的微量证据全部收集起来。但是如果我们使用胶带提取的话，我们可以只提取最表面的那层能够证明车内最近发生活动的微量证据。

第一位被害人的尸体被发现时，她身上穿着一件紫蓝色的北极羊毛夹克衫。她的尸体被抛弃在离她的公寓五英里的地方。我们在那辆汽车的后座上发现了来自她那件夹克衫的紫蓝色纤维。我们还在位于犯罪现场的她的夹克衫上发现了来自他汽车座椅套上的纤维。这就是我们所称的双向转移。他说过她从来没有上过他的汽车，但是这些纤维显示她曾经在他的汽车上。他使用这辆汽车运送过她的尸体。我们指出，他将她从其公寓中绑架，杀死了她，将她的尸体转移到大约五英里之外的地方，然后抛弃在那里。

在审判过程中，他无法解释为什么我们会在被害人身上发现这些金属碎屑，他的辩护人也没有提供任何解释。但是那个辩护人说："每个人身上都会有金属碎屑。"我说："那就让我们看看。"辩护人甚至将被告的岳母房间中吸尘器的袋子带到了法庭上。他说："你们看看，看看这里面的金属碎屑！"那里面的确有很多金属碎屑。

但它们究竟是什么金属呢？我在犯罪实验室中检查了来自五个不同吸尘器的袋子中的东西，还检查了我自己家的吸尘器袋子中的东西。那里面有许多扁平、生锈的金属碎屑，其中大多数都是铁金属，它们存在于我们的环境之中。但是我们在现场发现的所有金属碎屑都是闪闪发亮的，它们没有生锈。它们中间有铜、铝、钛以及各种级别的钢，并且它们一点儿也没有生锈。我们在一般人的身上可能会找到少量来自建筑物、锈或者汽车等物体上的扁平的铁片，但是在他们身上不会找到被我们称为"新鲜金属"的碎屑。

他在第二起谋杀案中被判定犯有一级谋杀罪，因为那是有预谋的。公诉方不能证明他在杀死第一位被害人时是有预谋的，因此他在那起案件中被判定犯有二级谋杀罪。他被判处终身监禁。

这个案件有个小插曲：在被告人被认定有罪，法庭尚未作出判决之前，那个与他同居的女人和他结了婚。她嫁给了一个被法庭认定杀死了她母亲的男人。

——痕迹分析员

在西雅图我们通过 DNA 和痕迹证据破获了美国历史上最大的一起案件——绿河凶杀案。

凶犯被指控实施了7起凶杀案。DNA只能用于被发现的前4名被害人，喷漆痕迹证据被用来确认后3名被害人。凶手最终承认杀害了49人，他因此也被指控犯有49起凶杀案。他还在法庭上说："至于那些我不记得埋在哪里的人……"因此很可能还有更多的被害人。他可能杀死了60甚至70人。

他专门挑选那些不会被人们想起的人——妓女。你知道，当她们失踪后，人们只是认为她们去了别的地方。除了最初的那几个被害人外，大多数被害人都是在几年之后才被发现的。在80年代，我们很少能够找到她们。第一个绿河凶案的被害人是在1984年—1985年失踪的。因此，当他被逮捕后，他主动提出，如果不判处他死刑的话，他可以帮我们找到一些被害人的尸体。我们仅通过他提供的线索就找到了五六具尸体。

第一批绿河凶杀案的被害人之所以被称为绿河被害人，是因为头三名被害人的尸体都是在西雅图肯特郊区的一条名叫绿河的河流里发现的。有一天，人们发现在河里漂着一具妇女的尸体，警察赶到后发现在这具尸体下面的水中还有另一具尸体。在打捞这两具尸体的时候，他们在河岸上发现了第三具尸体。这些被害人是在不同的时间被杀害的，但是那三具尸体都是一天以前被抛在那里的。在一天之后，人们在那里又发现了第四具尸体。

所有其他的被害人——用凶手自己的话说——都是"成批"埋葬的。他习惯于将她们埋在一起，以便以后可以找到她们。不幸的是，临太平洋的西北部地区似乎特别容易滋生这样的家伙。像泰德·邦迪一样，绿河杀手喜欢在事后回到埋葬地去看望他的受害者。但是后来他将被害人埋葬在离她们被带走的地点越来越远的地方，她们很难被找到。没有他的帮助，我们不会找到很多被害人的尸体。在许多情况下，我们所能找到的也只是一些骨头。在很多时候，我们找到的是一些穿着衣服的尸骨。

头四名被发现的被害人是仅有的通过DNA确定身份的被害人，因为其他尸体都在野外被暴露了几个月甚至好几年的时间，已经没有皮肤、组织、体液或任何其他东西了。

在解剖过程中提取的样本被冷冻起来，等待相关技术发展到足够先进之后再对它们进行测试。你们知道，DNA技术现在已经有了突飞猛进的发展。我们可以使用极小量或者极度腐烂的样本进行DNA测试。

最终，在2002年，西雅图犯罪实验室发现了一个名叫盖里·列昂·李奇韦的人。他是嫌疑最大的三个人之一，但是他们没有获得有关他的任何确凿证据。他们一直对他进行监视。在2002年11月的最后一天，他们发现他摆脱了他们的监视，然后试图带走一个由警察伪装成的妓女。他们说道："噢，上帝！他又开始作案了。"

他们把我叫去成立一个调查小组。我们小组的四个人在四天之内搜查了他曾经住过的每个房子。他曾经和他父母住在一起，然后搬到了第二个房子里，然后又搬到第三个房子里，最后搬到了他现在的居住地。我们不知道应该在这些房子里找什么东西。我们收集所有的东西，纤维、DNA，等等。我们在他房子里到处查看、搜寻。

他不符合任何嫌疑犯的类别：高中毕业；在三十多年中一直从事一种职业；与同一名妇女保持了18年的婚姻关系，并且在我们逮捕他的时候仍然与这名妇女保持着婚姻关系。他是一家公司的油漆喷涂工，这家公司制造肯沃斯卡车，也就是我们在高速公路上经常可以看到的那种大型双轮拖车，他的工作就是给这些卡车喷漆。他是这家公司中最好的喷漆工之一。

于是我们就寻找油漆。我到他的工作场所收集了他所使用的油漆样本。我们从公司得到了他们在那些年所使用的不同类型的油漆的记录。有些巧合真是让人难以置信：这家公司位于西雅图，紧邻波音机场。专案小组所在的楼房就在李奇韦曾经工作过的楼房的街道对面——他在那里工作了25年，直到两年前才去了另一家工厂。因此我们的总部与李奇韦这么多年来在实施凶杀的同时一直工作的地方仅隔一条街道，我们只要走过街道就到了那里。

在实验室我们查看毛发，我不知道究竟有几千根；我们查看纤维，它们也有好几千根。我们从他的房子里收集了地毯样本。每当他铺上一条新地毯的时候，你知道，他会用地毯钉条将地毯固定在地板上。当我们把它们起出来的时候，它们很容易裂开。大多数人不把它们起出来，而是将它们留在那里。结果细小的纤维会被从钉条中露出来的钉子钩住。因此，通过搜寻地毯钉条，我们可以在一个房子中收集到已经不在那个房子中的地毯的纤维。

我们在那里查找各种痕迹证据。这些工作都是由位于塔科马的犯罪实验室痕迹分析室完成的。我们检查毛发、纤维、玻璃、金属——任何一种微量证据。我们邀请了世界上最著名的司法证据科学家、芝加哥微量痕迹实验室的斯基普·帕勒尼克来帮助我们。我们收集了许多证据并将它们运送到他那里。

帕勒尼克根据微小的油漆碎屑找到了另外三个杀人犯的证据。这些油漆碎屑是喷涂的油漆。当我们喷涂油漆时，它们穿过空气，形成微小的珠子，然后变干。它们非常微小，如果不用高倍显微镜你甚至都看不见它们。我们在犯罪实验室收集并记录的一些被害人的衣服上发现了这些油漆碎屑。我们也在李奇韦的身上发现了这些油漆颗粒。这些油漆是他的一部分，它们被转移到他的受害者身上。

我们到法庭去作证。在通常情况下，我在法庭作证之后就会离去，在一半的案件中我甚至不知道被告人是否被判定有罪，除非后来检察官告诉我说："谢谢你抽空前来作证，他被定罪了。"然后我说：

“哦。”这对于我来说没有什么意义。

但是在这个案件中，当被害人家属前去与凶手说话的时候我就在那里，我从来没有见过这种场面。他们中的许多人都对凶手感到气愤，有的人对他说“希望你在地狱中腐烂”以及诸如此类的话。有一个人走上前去对他喊道：“你只不过是一个狗娘养的懦夫。总有一天你会得到报应的……”然后这个喊的人就崩溃了，而那个凶手却笑了。有许多被害人家属本来去那里是想要说什么的，但是最终却什么也没有说。他们只得再回去。但是他们中的许多人说：“谢谢你。至少我们知道她被埋在哪里了。”

被害人家属的人数之多真是让人难以置信！去那里的不是一个两个人，而是50个家庭的人。他们一个接着一个地去那里，其规模之大令人震惊。

——痕迹分析员

我曾经调查过一个涉及各种不同痕迹证据的案件，但是最终导致破案的是一根毛发。

这是一起失踪案，失踪者是一位名叫劳拉的女士。她刚刚从哈佛大学毕业，回到了她在马里兰州的家里，并且在弗吉尼亚州找到了一份新工作，情况很不错。

在10月份她突然失踪了。当时她和母亲住在一起，她父母离婚了，她的母亲当时正在外地参加一个会议，所以她一个人在家。她的一个兄弟在星期天过来了，他们一起洗衣服，看电视。他说她大约在晚上10点钟出去了，当时她的情况非常好。第二天上午他接到了来自她工作单位的一个电话，说她没有去上班，也没有给他们打电话。这非常奇怪，因为她是一个很准时的人。他们问他是否知道发生了什么，她是否病了，他说：“没有，她昨天晚上还在这里；据我所知，她当时正准备去上班。”

她的这位兄弟回到房子里四处看了一下，她的公文包不见了。这个公文包通常放在大门口，以便她在上班时带走。她的卧室看上去和平常一样，房子里没有丢失什么东西，房子是锁着的。他感到非常困惑。

他给她的工作单位打电话，她仍然不在那里。他给她的朋友打电话，他们也不知道。她的母亲非常紧张，她回到了家里。傍晚时分，他们给警察打了电话。当然，接到失踪人员报警后，警察对相关信息作了记录。但是他们还要等待一段时间再采取行动。

第二天她还是没有出现。调查人员来到她的家中开始进行例行询问。奇怪的是，那位侦探告诉我，当那位母亲说出她雇用的兼职园丁名字的时候，他一下子呆住了，因为那个园丁就是他大约六年前在一起小女孩失踪案中调查过的那个人，当时他们没有找到他与那起案件有关的确凿证据。但是现在他的名字又与另一起失踪案联系起来。

他们在第二天找到了那个园丁。他嘟囔着说了“我想我不应该做这件事”之类的话，但是除此之外他没有透露任何其他消息。这还不足以把他抓起来。

他们向他宣读他所享有的权利，直到他们向他提出更为直接的问题时他才说：“我需要一名律师。”

劳拉的失踪是在星期天被报告的。星期五，他们说服马里兰州警察局使用搜寻犬搜寻劳拉的踪迹。他们给搜寻犬闻了那个女孩的气味，然后以那个房子为中心在半径四分之一英里的范围内开展搜寻。

那天晚上我在家里接到一个电话，他们要我回到警察总部的犯罪实验室去，因为他们发现了一些东西。我到了那里。搜寻犬发现了一个沾满血迹的枕头，那个枕头的枕套一头有巴滕伯格花边，这正是她卧室中的东西——有巴滕伯格花边的床上用品。这对于我来说足以将它们与那个失踪女孩联系起来了——这种样式的花边很少见。

我确认在枕头和枕套上的是人血。当我们检查一件物品的时候，我们会对其进行详细记录、编号，然后对其进行描述，包括根据我们的估计上面有多少血。我们甚至会画图。

我对那个枕头和枕套画图，并在图上画出所有血迹所在的部位。然后，一旦确定已经记录了所有细节，我就会将所有的血迹剪下来送去作 DNA 测试。

我能够确定这是人血，但是我们没有找到尸体，我们不知道她的血型，但是她定期到红十字会去献血，因此我们请求查询他们的记录，结果发现她的血型是 A 型，这与她母亲和兄弟的血型是一致的。这就足以为我们提供一个关联因素。

我突然意识到，当我们绘制一张房子和枕套位置图的时候，我们发现这个居民区临近一片林区，林区旁边是一座教堂及其所属的土地。那个枕头是在林区中一棵大树底下发现的。

这就是我们所掌握的所有信息。我们面临着时间压力，现在那个女孩已经失踪四天了，我们希望她还活着。

在实验室中他们向我提出的第一个问题就是："从枕头和枕套上的血迹来看，她是否已经死亡？"我想，噢，太棒了，他们想知道是否能够将这个案件作为凶杀案来调查。

问题是，如果这些血是从头部流出的——我们根据枕头上的血迹可以作出这样的推断——那么头部的伤口会导致大量的出血。血会不断地流出来，结果会留下很多血迹。我说："如果这些血迹来自头部的伤口，那么我对这么多的血并不感到奇怪，她可能还没事。但是如果血液是从诸如主动脉等其他部位喷射到其他地方，而枕头和枕套上的只是一些滴落的血液的话，那么她就凶多吉少了。"

侦探们很希望她仍然活着，这些血迹是从头部伤口流出来的，并且伤口已经得到了处理。

但是我在想：为什么这个东西会在树林里被发现？凶手是否带着她在那里休息了一会儿并且将她支撑起来了？或者他是否曾用枕头支撑她的身体？

凶手肯定摆弄过这个枕头很长时间。我在第二天仔细观察了这个枕头，将枕套折叠起来看看能否找到其他类型的证据。这就像玩折纸游戏一样，如果我们将纸平摊开来，它会是一种样子；如果我们把它折叠三次，它又会是另一种样子。因此我也试图用那个枕头做这种游戏，看看如果以某种奇怪的方式折叠枕套，是否会出现另一种图案。

然后，信不信由你，我真的就在枕套的角落里发现了一个血印痕。这是一个非常淡的印痕。在提取这个印痕之后，我使用了一种叫做氨黑的染料增强剂，人们常用这种试剂检测隐秘印迹。它与血液中的蛋白质发生反应。当我将这种试剂用在那块印迹上的时候，以前看不见的很多纹路细节都显现了出来。犯罪实验室的司法证据服务部门为这一印痕拍摄了很好的照片，然后将它们送去作隐秘印迹检查。

我当时感到坐立不安，心里想，他们已经将从她卧室中所找到的所有证据都送到我这里来了。检查室中堆满了这些物品。我心里说道："噢，上帝啊，求求你，求求你了，让他们确认这个印迹的来源吧。这样我就不用检查所有这些东西了。"

以前我曾经发现过血印迹，它们最终都被证明是被害人的，因为被害人离那些东西最近。他们通常会挣扎，试图将东西推开，保护自己。是他们将可以确认身份的印迹留在其他物品上。我想："你知道，从我以往的运气来看，这很可能就是她的手印。我们还得回去寻找其他证据。"

当他们回来告诉我说这个印迹与那个兼职园丁的拇指相符时，我高兴极了。我说：“好了，这就是了！”他的拇指沾着她的血留下的印迹，再加上他的那种奇怪的表现，这就足够了。案件已经侦破了，我可以将所有这些证据送回去了。

然后我发现，在几个小时之后，这个园丁的辩护律师接受了一次媒体采访，他们说他们的顾客被冤枉了，他因为是一个无家可归的人而遭到迫害。他们说他经常到处转悠，寻找他可以利用的东西。那天晚上他凑巧在树林中散步，因为他经常将他的货车停放在教堂的停车场上并在那里过夜。他肯定是看见这个枕套的时候把它拾了起来，当他发现它黏湿的时候就把它扔掉继续往前走。他的指纹就是这么留在这个枕套上的。当我听到这段话的时候，我想，如果我是陪审团成员的话，我就会说：这种情况确实可能发生。我不想认定这个可怜的家伙有罪。

于是我又回到实验室继续检查堆放在那里的所有证据。调查人员收集了很多证据，因为他们不知道哪个证据可能会起到重要作用。这些证据中的大多数来自那个园丁，因为他是在这起案件中被逮捕的嫌疑人。我们从他被取消的账单上发现，他出钱租用了几个仓库，其中一个在马里兰州，另一个在罗得岛。当调查人员开始调查他的癖好时，他们发现他对名为《沉默的羔羊》的书和电影特别痴迷。

了解到这一点之后，调查人员去检查他租用的仓库。在仓库门前他们互相推诿：“你去开门。”“不，你去吧。”“我可不干这个。”

当他们最终打开仓库门的时候，他们发现很多装着各种稀奇古怪的东西的容器。他在这些存储器中存放了大量的东西，他们将这些东西送到实验室去让我检查。我必须检查所有这些东西，查找任何可能与她有关的线索。这项工作似乎永无止境。

我一件一件地检查这些东西。我在其中一些东西上发现了血迹，但是经过测试，它们是嫌疑人自己的血。他们发现了他使用过的宿营地，他的帐篷中堆满了毯子和各种刀子，所有的毯子上都带有血迹。他还打猎！我在刀子上发现了许多动物的血。媒体立刻报道说："化学家在刀子上发现了血迹。"他们以为案子已经被侦破了。

长话短说，在我用了六个月的时间检查证据之后，州检察官办公室认为该将案子提交法庭进行审判了。

那时我还没有开始检查这个案件中的毛发证据呢。我不得不将自己的身份改变为"毛发和纤维检查员"。我开始收集从所有检查过的物品上找到的毛发和纤维。我在他的货车的后部发现了一些她的毛发。另外说一句：当警察没收了他的货车后，他们在车子的前座上发现了一些文件夹，里面装满了有关他的生活的各种信息。其中有一个记着他日常开支流水账的笔记本，在记载 10 月份开支的那一页上记载着劳拉失踪前四天的一项开支："21.13 美元。劳拉。"旁边有一个当地五金店的账单，在备注栏中写着"劳拉"。

我仍然在检查毛发。我们仍然没有找到尸体。我需要一根已知的劳拉的头发样本，以便了解她的头发特征。我们得到的仅有的已知头发样本来自她卧室梳妆台上的那些梳子。我必须从她的母亲和女友那里得到她们从未使用过这些梳子的声明，然后我就可以将这些头发当做已知样本使用。我的工作程序是这样的：把那把梳子拿来，在我的笔记中作详细记录；然后开始将卡在梳子齿之间的头发取下来；我把这些头发放在立体镜下观看，这使我能够看见头发的一般形状和颜色。它是直的还是卷曲的？是否略微呈波浪形？发质是否粗糙？是否为自然金发？我对其中每一根头发的以上性质都作了记录。我一共从梳子上提取了大约 50 根头发。

下一步我要做的是将每根头发放在一个显微镜玻片上，这么做的目的是让它处在一个稳定的环境中，以便在我把它放在对比显微镜下的时候，它能够保持不动。然后我就将这些玻片放在显微镜下观看其内部特征：这个人的头发中是否有较大的色斑？这些色斑的形状是什么样的？它们是否密集？是否在整根头发中都有分布？

我对这些情况进行记录：她的头发中有什么样的色斑，这些色斑在头发中出现的频率，等等。然后观察另一根头发。是的，同样的东西。我在这根头发中注意到这一特征。我将另一个玻片放在显微镜下，结果观察到了同样的现象。她的头发具有相当稳定的特征，这太好了。再将另一个玻片放上去。我突然停了下来，心里想：“噢，我的天哪！让我再看一下这个。”

这次我放在显微镜下的是一根假发纤维。我又看了一下这把梳子，然后想：“一根假发纤维？我为什么会在她的头发中发现假发纤维呢?”

这时我将梳子上的所有头发都取了下来，那上面有很多她的头发。我查看了其中的每一根，只有那一根是假发。

我给调查人员打电话，因为我不知道被害人是否戴假发。他在那天稍后的时候给我回了电话，说道：“她不戴假发，她的母亲不戴假发，她的女友中也没有戴假发的。她们的家里没有假发。”我想道：“我的上帝。就这一根假发纤维。”我与调查人员进行了交谈，其中一个突然说：“我记得在他的仓库中见到过假发。”

他们立即赶到那里，抓住那堆东西并把它送到了我这里。他们带回一个袋子，里面大约装了24套假发，还有一些小缕的假发。我对它们进行了检查，果然在其中发现了一顶与我们在梳子上发现的那根假发纤维有着相同颜色和相同内部特征的假发。我对它们作了化学鉴定，发现它们具有相同的化学构成。这真像是大海捞针。

这发生在案件审判前的两个星期。检察官们高兴得又蹦又跳。我将纤维送到了联邦调查局，他们确认这一假发是由某个生产商制造的。

当我们向辩护方提供了这一信息之后，他们在审判开始前几天就决定作有罪辩护了。

那个园丁向调查人员作出了供述。他是这么说的：他在那个房子中与被害人的母亲形成了很好的工作关系，但是自从被害人从学校回到家中之后，她把一切都搅乱了。那位母亲把注意力都集中在了她的身上，不再和他说话了……他感觉自己成了外人。他想，如果劳拉消失的话，一切又会回到以前的状况。

他知道那所房子的备用钥匙放在哪里。在那个星期天的晚上，他进入了房子，从母亲的房间中拿了一个枕头，将它压在了正在睡梦中的那个女孩的脸上。他没有告诉我们具体的情况，但是他确实说过他用剪刀剪过她的颈部和耳朵。我们说："耳朵?!"他说，他试图拿下她的耳坠，但是他弄不下来。他不想让她的尸体上留下任何可以证明身份的东西。

他把她拖了出去，放进他的货车中，他没有注意到那个枕套掉了。其他所有的东西都已经和尸体放在一起了。他已经在他的宿营地挖好了一个坑，他就将她埋在了那里。

然后他回到了那所房子中，把自己乔装打扮一番，穿上他认为劳拉出去工作时穿的那些衣服。当调查人员最初询问劳拉的邻居的时候，其中一位说她看见劳拉在星期一早上去上班了。她说当时劳拉穿着雨衣、裤子，头上戴着一顶帽子。

当调查人员检查凶手的仓库的时候，他们发现了那件雨衣、那条裤子和那顶帽子。他在那天一大早将这些东西带到了那所房子中，将自己打扮成他认为劳拉上班时的样子，然后戴上了假发。

他犯了一个错误：他用那把梳子梳了一下头上戴的假发，以便使它更好看一些。结果一根假发被留在了她的那把梳子上。

——化学研究员/痕迹分析员

痕迹分析员的私人生活

我有收集各种稀奇古怪的东西的倾向。 当我出去购物时看见了与众不同的或者奇怪的东西时，我就会说“我想看看它在显微镜下是什么样子”，或者“我想看看这件夹克上面的毛皮是什么动物的，是真毛皮还是什么东西”。或者，你知道，当我走进老建筑的时候，我就会收集油漆样本，看看在那个时候他们用的是什么样的漆。另外，我的母亲现在正在接受化疗，因此我向她要了一些头发样本，因为我认为在作了化疗之后她的发根会与正常人的发根非常不同。

你知道我做什么吗？ 这非常可笑。我会将我公寓房间的地板打扫一遍，然后仔细查看簸箕中的东西。我会想：“等一下。这里有一粒谷物，它是什么谷物？”然后大约过了20秒钟之后我会说：“你他妈的这是在干什么呀！”

我的孩子每两个星期会到我这里来度一次周末。我带他们去我的办公室，这有点愚蠢。我的办公室中有台电脑。我会对孩子说：“你们可以待在我的办公室里，但是任何情况下都不准在这里吃东西。”他们会说：“好的，爸爸。我们听你的话。”然后等他们走了之后，我会走进办公室。“等一下！这个喜乐怎么会在这里？这个糖纸是从哪里来的？”

我的前妻曾经在一家旅行社工作。 她有一部白色的电话。在她的办公室里还有另外三名妇女，她们也都是用白色的电话。我注意到她们

电话内侧的一个角落里都有一片粉红色。我想：“这是什么?”然后我意识到了其中的原因。这些妇女经常将话筒贴着自己的脸部，她们脸上的化妆品会沾到话筒，经过一段时间之后，这些化妆品会在话筒内侧累积起来，在那里留下一片粉红色。我想在她们电话的听筒一侧很可能会有发胶之类的东西。

这些东西你们不会注意到，但是我们会注意到。

我并不是有意去做这些事情。有时我们很难不把工作中的习惯带到日常生活之中。我们看东西的眼光与一般人不同，我们是“经过训练的观察者”。

销售人员害怕看见我到他们那里去买东西。当我去买一件外套的时候，我会查看织物中的各种东西。我会询问织物的纺线密度是多少，纤维中是否含有某种化学成分，使用了哪些颜料，是否有短绒毛……我会告诉他们我要购买的衣服布料的丝间隔是多少。

上一次我去买外套的时候，那个为我服务的售货员突然放下写字板，看着我问道：“你到底是什么人?”

第五章

尸体上的证据

尸体在人死亡之后还会说话，的确是这样的。它非常希望告诉你真相。

——苏南丹·B·辛格，新泽西州贝尔根县验尸官

我参加了一个尸体解剖。躺在解剖台上的是一名35岁的英俊男子。他似乎经常锻炼身体：他的心脏非常健康，没有动脉硬化。他不是那种大吃绯力奶酪牛排的人，他很可能只吃健康食品并且经常锻炼身体。就是这么一个注重健康的人，“砰”的一声，他就死了。

每当想起他来，我就要出去大吃一顿绯力奶酪牛排。我对自己说：嘿！我为什么要吃那些减肥食品来折磨自己呢？生命是短暂的，来一份绯力奶酪牛排吧！

——埃伦·阿拉贡，洛杉矶县检察长办公室铁杆犯罪团伙科副检察长

“看见这个了吗？这是他的躯干。”

一名犯罪现场调查员掏出了一些照片。这是炎热的7月里的一天，我们坐在DQ冰激凌店的外面。他为没有给我带来被害人头部的照片而向我道歉：“在特写照中，你可以看到他的喉咙被割断了，他的鼻子几乎被完全切掉了。”

看到那张躯干的照片。在没有受过专门训练的人看来，它像是一

个被割破的白色枕头，里面露出了黄色的条纹布。“不，那是一个躯干。那些黄色的东西是皮下脂肪。”我想起了我的冰激凌。

“好了，现在你看到躯干了。你看见刀伤了吗？这些是刀刺造成的伤口。好了，现在我问你，你看这里缺了点什么？”

我不知道。我还没有从看见躯干的震惊中缓过神来呢。

“这里缺的东西是很明显的：血都到哪里去了？被刀刺伤的地方没有流血。这些刀伤是死后造成的。他在这个时候已经死了。”

在这一案件中，被害人是一名老年男子，他是被他邻居的侄子谋杀的。尸体解剖表明，他是由于喉咙被割断，流血过多而死的。来自现场和解剖室的证据为我们提供了一个凶手的行为模式。犯罪现场调查员说：“当凶手用刀割被害人喉咙的时候，刀子割断了被害人的颈动脉。但是他们在解剖时可以确定，被害人很可能没有立即死亡。他一直在流血。这说明那个坏蛋在行凶之后还在被害人的房间中待了很长时间，看着这个可怜的人流血而死，并且在他死亡之后还用刀捅他。你看他如何用刀捅了他两次。他这么做只是用他来作实验。喉咙上的那一刀并没有立即杀死这位老人，于是凶手就待在这里看着那位可怜的老人死去。”

最终凶手因为被害人的血迹而被逮捕。犯罪现场调查员注意到在尸体旁边带血的床单上有一个不应该在那里的带棱的印迹并把它照了下来。这一图案与凶手带血的夹克领口完全匹配。

被害人的尸体是暴力犯罪调查的中心。尸体是终极的证明性证据。我们可以将它看做是在犯罪发生后由被害人发出的一个呐喊的声音。从最初发现尸体到犯罪现场处理再到尸体解剖，许多专家都在倾听尸体的证言。他们的座右铭“MORTUI VIVOS DOCENT”——“让死者告诉生者”——被贴在许多停尸房和验尸官的办公室中。

在本章中为死者说话的包括验尸官、司法人类学专家、司法昆虫学专家、犯罪现场调查员和检察官。验尸官是专门从事病理学研究、对死亡原因有最终决定权的医生。司法人类学专家将骨骼分析带入犯罪现场和实验室。司法昆虫学专家可以通过研究不同昆虫在尸体上的演替确定死亡时间以及（在有的时候）死亡地点。犯罪现场调查员确认、保护和收集对于其他科学家来说重要的证据。检察官与专家一起将各种证据联系在一起为被害人讲述事情的经过。

所有这些专家都或者单独地或者通过相互合作寻找以下这些问题的答案："当时发生了什么？""是什么时候发生的？"如果尸体的身份尚未确定的话，那么他们会问："这是谁？"他们还会问："为什么？"

我们首先让一个研究在森林里发现的一堆遗骨的司法人类学家讲述他的故事。

遗骨可以告诉我们很多信息。甚至遗骨在我们发现它们时所处的位置也可以告诉一些信息。当警察发现被埋的遗骸或者散落在地面上的骨头时，我们（司法人类学家）就要介入调查了。

在宾夕法尼亚州索摩塞特县发生了一起案件。我之所以会参与这一案件的调查，是因为一名县验尸官曾经听过我给验尸官和执法人员作过一个有关司法人类学的演讲。后来这名验尸官请我们去处理一个现场，我们向他们提供了很多信息。六个月之后，他将临近一个县的验尸官介绍给了我。

因此这名验尸官给我打电话说："我们现在在树林里。我看见了两个骷髅头骨。这里有很多树叶，我看不到很多东西。这里可能是黑手党专门的埋尸场所或者抛尸场所。我们这里可能有20—30具尸体。"

幸运的是，他们将犯罪现场用警戒线圈了起来，并没有踩到这些头骨或者其他遗骸。他做了40年的验尸官，一直以另一种方法，也就是老式的方法处理现场。但是他说："我们将从头到尾用这种方法，也就是正确的方法，来处理现场。"

当我们到达现场的时候，我们可以看见三个骷髅头骨，另外还有一些骨头从地上伸出来。那时正值深秋，因此遗骸上面盖满了落叶。我们双膝跪在地上，小心翼翼地将落叶拿开，以使地面和地面上的遗骸暴露出来。

我们发现了三具并排躺着的遗骸。在过去，犯罪现场处理人员可能会对这些遗骸照相，然后尽可能完整地将它们收集起来，带回实验室。他们可能会从这堆遗骸中整理出单独的三个人的骨架：一个 12 岁的孩子、一个 8 岁的孩子以及一名成年男子，并且分别确定他们每一个人的性别、血统和身材。

但是如果要弄清当时究竟发生了什么，你必须到现场去。

那里有三名死者，他们中的每一个头上都中了一枪。如果我们没有背景信息的话，我们会很难确定案件的性质：这是一起三重凶杀案？是一起双重凶杀案和一起自杀案？还是其他什么性质的案件？

我们小心翼翼地将遗骸暴露出来，对这些骨头以及所有其他物证的位置画了详细的示意图。

调查人员确定了死者的身份：他们是一个与妻子疏远的丈夫和他的两个女儿。我们查看了遗骸的位置：这位父亲的遗骸在中间，大女儿的遗骸在他的右侧，小女儿的遗骸在他的左侧。

他们三个坐得非常近。从大女儿遗骸的方向来看，她当时坐在那里，立刻就死亡了。我们看了之后感到全身发软。她的双臂在身体的一侧，两腿叉开，绝对没有任何挣扎的迹象。她头部中弹，子弹从左向右进入她的头部。

然后我们看看那个 8 岁大的小女儿。她似乎面对着父亲，他的大腿仍然放在她的双腿上，似乎要将她压住。子弹从右向左击中她的头部。这位父亲也是被一颗从右向左飞行的子弹击中头部的，看上去就好像他坐在那里，先枪杀了那两个小孩，然后又开枪打了自己的脑袋。随后他的手瘫软了，枪掉在了他的双腿之间。

通过观察这些骨头的分布情况，我们可以推断出当时在那里发生了什么。

他首先向他的大女儿开枪。事情发生得十分突然，她在一点儿没有意识到发生了什么事情的情况下就被打死了。他的小女儿看见了这一幕之后试图跑开，他将他的腿压在她身上，然后开枪打死了她。最后他开枪打死了自己。以上就是将我们所画的现场遗骸位置的详细示意图与子弹飞行方向相结合之后所揭示的事情经过。通过观察遗骸上还剩下多少组织，我们还推测出这些尸体大约已经在那里躺了多长时间，这一时间与这两个女孩以及她们的父亲失踪的时间相符。当时这两个孩子的父亲和母亲正在离婚的过程中，其结果就是两起凶杀案，一起自杀案。

——司法人类学家

即使是那些看上去无序散落的骨头也有一定的模式。因此我们的座右铭就是："模式总会出现的。"如果你预先假定模式不存在，那么你永远也不会找到它们。但是模式总是存在的。

——司法人类学家

第一个问题：当时发生了什么？

验尸官讲述他们是如何确定死因的

死者通过我们说话。当你检查一具尸体时，你就开始与那个人对话

了。你检查得越仔细，提出的问题越多，他们对你说的越多。

当我进行解剖学检查时，我从被解剖人的身上收集信息，回答“当时发生了什么”这个问题，以便告诉他们的亲属，他们非常想知道真相。

对于我们中间的一些人，从一个更为微妙的层次上说，这也是为什么我们能够每天从事这种工作的原因。如果只从表面上考虑问题的话，那么这项工作会让人感到有点不安。

这种工作绝对不是那种典型的医生的工作。大多数人进入医学界是因为他们想去帮助别人。很明显，我不可能使我的病人康复。但当他们置于我的照料之下时，我有义务尊重他们。我总是称呼他们为我的病人，尽量不称他们为尸体。当我与他们的家人交谈时，我也总是用名字称呼他们，例如，我现在正为乔治作解剖。他没有任何亲人，但当我与他的朋友交谈时，我总是说“乔治”。我不会说“这个被害人”或者“这具尸体”。那是一种善意，是用一种善意的方式去对待他们。

你要用你的眼睛观察。例如：一个人的营养情况、体态、种族、性别以及距离死亡时间的长短。注意皮肤的整体颜色和活性——我们称之为“肿胀”。有些人可能处于营养不良或者脱水状态。这可以通过捏一下皮肤然后看看它恢复原状的速度的方法立刻检查出来。

你要对创伤进行评估。它们在身体上的时间有多久了？尸体的创伤可以告诉你很多事情。新的伤与旧伤看上去是不同的。

肤色浅的人，他们的创伤是非常容易被发现的。对于深色皮肤的人，这就变成了一场噩梦。相信我。有时你甚至不能看到皮肤下面出血，因此，评估深色皮肤的人的浅表创伤要难得多。

腹部也是一样。某人猛击另外一个人的腹部，你从外部看不到多少创伤。但是当打开腹腔后你就会看见，在里面有一大摊出血，也许是脾脏已经破裂，或者肝脏已经被打破。在深色皮肤的人的腹部这很容易被忽略。

我曾经处理过一个10个月大的男婴的案子。据他父亲说，当时他发现孩子躺在婴儿床上，已经没有了反应。这事发生在下午。这个婴儿被送到我这里（验尸官办公室）时被诊断为“婴儿猝死综合征”，因为人们在婴儿床上发现了一些呕吐物。

我记得当时作外部检查的情况。这是一个黑人孩子，有时我们很难发现黑人身上的瘀伤。在查看他的前额时，我觉得有些不对劲，它不是平的，看上去有些凸起。当我照相的时候，闪光灯非常奇怪地从前额反射出去。于是我对自己说：“你知道吗？在弄明白事情真相之前先不要激动，不要急于下结论。就像以前作解剖时那样一步一步地进行，看看我能够发现什么。”婴儿身上没有明显的瘀痕、割伤或擦伤，只是我感觉到他的前额有些不对劲。

我们开始检查。像往常一样，我们先进行胸腹部检查。没有瘀痕、出血或其他创伤。在作颅部检查时，我说：“噢！我知道我发现了什么。”那里有明显的冲击伤，特别是前额部分已经肿了，这就是为什么我看它那么不对劲。

这原来是一起虐待儿童案。我给检察官办公室打电话说：“事情不是像我们原来认为的那样。”果然，在随后警方开展的调查中，那位父亲在受到许多个小时的讯问之后终于承认：当时他由于无法让孩子停止啼哭而感到十分生气，于是就对着孩子的头部打了几拳。拳击没有导致那个婴儿颅骨开裂，但是却造成了导致婴儿死亡的脑硬膜下血肿。那时我觉得自己的工作极为重要。

你知道吗？我经常为不同的群体讲课。我每年都会为警察学院的新生讲一次课。我对他们讲的一个内容就是："总是相信你们的直觉。如果直觉告诉你们有什么事情不对劲，不要否认这种直觉，去查一下。"

尸体解剖必须与相关的背景信息结合起来才有意义。如果我走进一间解剖室，来到一具尸体前面，在不知道这个人是谁或有关其死亡的任何信息的情况下就对其进行解剖的话，那真的没有什么意义。

我记得当我在纽约市验尸官办公室的时候，验尸官问我们，法医所使用的最重要的工具是什么？我记得当时我挠着头皮想：我可以不用剪刀或镊子，但是我需要一把手术刀，还需要一把骨锯。我试着比较这两个工具中哪个更为重要。

验尸官在房间里走了一圈，向每个人问了一遍这个问题，结果每个人都回答错了。他说："一名法医最重要的工具是电话。"

他是绝对正确的。我用大量的时间在电话中与死者的亲属、医生、同事以及任何可能向我提供有关死者信息的人交谈。我们不是在真空中工作。每个人——侦探、调查员、当地警察、亲属、同事、医院工作人员——每个人都可以提供一些信息。

这就像拼图游戏，我们每个人都加上一小块，最后就拼成了完整的图案。

尸体会说话，它们能够告诉我们很多东西。但是你不能只是看着尸体。

事实上，我在很久以前就听说过这样一句话："在确定真正的死因方面，比尸体解剖更为重要的是，我们要了解死亡是在什么情况下发生的。”当时我不相信这句话，但是现在我相信了。

如果你能够获得有关当时所发生或据称发生的事件的恰当和完整的信息的话，那么你就可以用解剖结果来验证这些信息。这样你就可以对当时究竟发生了什么有一个更好的了解。

尸体解剖本身往往带有误导性。如果你只作尸体解剖，将自己与现场的事物隔绝起来的话，那么你就可能被引入歧途，你往往会得出错误的结论。

在我曾经调查过的一个案件中，一名妇女从一个楼梯上摔了下来。这是验尸官经常遇到的案子。在大多数情况下，这属于事故。

在这个案件中死者是一名中年妇女。在没有目击证人的情况下，我们总是想知道当时到底发生了什么。尽管我们可以提供有关头部受伤、肋骨断裂或内部器官受伤的信息，我们总是想：我们如何能够百分之百地确定，当时没有人在楼梯的顶部轻轻地推了她一把呢？

在这个案件中，我被告知，她的亲属都还没有得到有关她死亡的消息。然后我就接到一家殡仪馆打来的电话，说他们要来拉尸体。我问那个殡仪馆的老板：“这是谁安排的？在我印象中警方还没有与她的任何亲属联系过。”

那个殡仪馆老板告诉我一位作出安排的绅士的名字，他说这个人好像是死者的男友或者什么的。我不知道自己为什么会问殡仪馆老板，那位绅士有没有提供有关死者如何从楼梯上摔下来的信息。那位老板说：“噢，是的。他告诉我当时他们发生了争吵。”我说：“噢，真的吗？我们现在还不能将尸体给你们。”然后我就立刻给检察官办公室打了电话。

后来这个看上去像是一起意外事故的案件变成了一起杀人案。最终那名男子承认是他将她推下了楼梯。

这个家伙想要尽快把她埋葬掉，以便掩盖事实的真相。

死亡证明并不是最终结果。如果在开具死亡证明之后我得到的进一步信息使我改变了意见的话，那么我会撤销死亡证明。

葬礼也不是最终结果，因为尸体还可以被挖出来。但火化可能就是最终结果了。

我们并不总是能够确定死亡原因。以系列杀人犯泰德·邦迪为例，泰德是在南佛罗里达州被逮捕的，在此之前他曾经去过塔拉哈西并在一所大学的女大学生联谊会的房子里杀死了几个女孩，然后他又向南流窜到了湖城。他的最后一位已知被害人是湖城的一名 13 岁的小学生，他把她绑架到了他的面包车上，然后开车离去……

在一两个月之后，她已经腐烂的尸体被发现了，此时她身上已经没有剩下多少软组织了。他们不能找出准确的死因。因此在那里进行尸检的验尸官合理地确定这是一起谋杀案，但是他不知道确切的死因。他在死亡证明的“死因”一栏中填写的不是“未确定”，而是“未确定类型的暴力凶杀”。

我对于这个结论有一点儿不安，但是我想他很可能是对的。案件的情况非常具有说服力。死因很有可能是窒息。

有时一名被害人身上有如此多的伤痕，当你第一次看到他的时候，你会说：“噢，我的上帝，我都不知道从何下手了。”因此你所要做的是查看那些成串的伤痕，看看能否找到某种模式。如果你肯花费时间去寻找模式的话，那么模式就会显现出来。

在一个案件中，死者是一个女孩，她的头部有钝击伤，在她的身上还有凶手试图用干草杈和锯子对她进行分尸所造成的创伤。凶手最终没有能够分解尸体，但是她身上的痕迹清楚地表明他曾经试图分尸。在她身上有干草杈齿留下的等距伤痕。

在很多时候，人们会对我们所作出的尸检结论感到困惑。如果你没有经过专业训练，你是不会发现任何东西的。但是如果那是你的专业领域的话，那么你就可以通过观察这一堆乱糟糟的现象得出有意义的结论。

在一些案件中，我与司法人类学家一起对几乎已成为骷髅的尸体进行检查，并且找出了死亡原因。在我们最近处理的一个案件中，有人在一个塑料垃圾箱中发现了一名中年男子的尸体，他已经在那里躺了六个月了。他是被掐死的。

一般性的尸检没有显示多少有用的信息，但是当我们取出颈部器官部分并由人类学家进行 X 光检查时，我们发现舌骨上有裂痕。舌骨是位于上颈部的一块马蹄形的小骨头，当受到用力挤压如用手扼颈时，它就会裂开。这种情况不会在吊死的时候发生，而只会在扼颈的时候发生。

由于这个人已经到达一定的年龄，他的那块骨头已经部分硬化，它变得很硬因此很容易断裂。在人生的早期，如儿童时期和青年时期，这块骨头具有弹性，因此不会被折断，但是到了中年和老年时期要折断它就容易得多了。这种事情不会发生在一个 3 岁小女孩的身上，但是肯定能够发生在一名中年男子身上。

我曾经去调查过一个犯罪现场——在家里发生的三重谋杀案。三名男子似乎是被以处决的方式杀害了。他们都是头部中弹，其中两个人还被枪击了多次。我们将尸体带回去进行尸检。

事情的经过是这样的：这三名男子死在了家中，当这个家里正在上学的儿子在午餐时间回家时发现了这三具尸体。当时这个吓坏了的孩子跑到另一个房间中给警察打了电话。我也随即赶到现场。

我为其中一名被害人作了尸检。这个被害人的不同寻常之处在于他身上还有16处刀刺伤，而其他两名被害人只是受到枪击，这使所有的人都感到疑惑。这些刀刺伤分布在这位被害人的前颈部、胸部甚至腹部。不知怎么的，这个人的右脸颊部还有一个锯齿状的伤口。我们不明白这到底是什么——从某种意义上说，刀刺伤都很尖锐平整，而这个伤口却是呈锯齿状的。

我们在进行尸检之前对这个人作了X光检查，结果我们在他的喉部看到一个像是子弹的物体。在尸检结束的时候，检察官们认为凶手可能为了逼迫这个人说出家里值钱物品的藏匿地点而对他进行了折磨。家里的确有一些值钱物品——珠宝——丢失了，而那个房子的主人是珠宝商，因此检察官们认为凶手为了找到珠宝而对被害人实施了折磨。

我已经完成了尸检。但是在这个人的身上，尤其是在他的手掌上，还有一些创伤。这些创伤看上去好像源自尺骨那一面，也就是小手指的那一面，它从那一面进入，然后从拇指出去，拇指已经完全被击碎了。子弹似乎从被害人的两个手掌之间穿过，打到了这个人的颊骨上，然后当然就击碎了那个人相应的臼齿，然后进入他的喉咙并停留在了那里。

这三个被害人都是印度人，他们是印度教教徒。你知道，印度教教徒在祈祷的时候双手合十。

我对检察官有关被害人遭到折磨的结论提出了反对意见。我说："恰恰相反，我认为当凶手走到第三个被害人面前时，他们只剩下一颗子弹了。他们对着前两位被害人头部开了枪，他们也试图对这个被害人这么做。而他则双手合十，求他们饶了他的性命。"

因此当凶手开枪的时候，这颗子弹正好从被害人的双手之间穿过，从两个小手指处进入，然后击碎两个拇指，然后打在他的右脸颊上，最后停留在喉咙处。想象一下，当那个人被枪击的时候肯定正跪在地上。从子弹的飞行角度判断，凶手当时就站在被害人的面前，而被害人则跪在地上求他们饶命。凶手开枪后，鲜血从被害人的口中和喉咙中喷射出来。

凶手不想留下一个证人来指认他们，因此他们走进厨房，拿回了一把刀子，然后对着被害人一顿猛刺。这就是我的解释，并且我最终使检察官们接受了我的这一解释。我说："他们这么做不是为了折磨他，而是为了杀人灭口。"

病理学是一个非常广泛的领域。一个人如果没有一个辅助大脑——我指的是一套范围非常广泛、内容非常新并且非常昂贵的藏书的话，那么他是不可能从事这一职业的。我们都要购置很多的书。

但是在电视剧和电影中，病理学家们无所不知，这简直是胡说八道。

你们在电视里可以看到他们作着各种稀奇古怪的、技术先进的检查。在现实生活中情况并不是这样的。在现实生活中情况完全不是这样的。

我们的经费都非常有限，我们不能作无限制的尸检。"在这个案件的调查中我们要使用一切先进的技术"——我们不可能这么做，真的不可能。

我在电视中看到这样一个情节：一名侦探走进解剖室，一名女法医病理学家坐在那里。尸体还在解剖台上，而那位病理学家正谈论着 DNA 检测结果。我觉得这非常可笑。

这很有意思。DNA 检测需要很长时间，从几个星期到几个月。但是尸体还在解剖台上，而她却已经得到了 DNA 检测结果。

我热爱我的工作，我热爱这门科学，我热爱我的团队。我与侦探、检察官和司法证据科学家们一起工作 —— 这是一个需要整个团队共同努力的工作。

我就是喜欢这项工作，但是说这样的话让我觉得有些尴尬。这会给人一个印象，那就是我是一个穿着黑色的衣服，拿着解剖刀，站在后门口等着尸体上门的邪恶的人。事实完全不是这样的。

在许多情况下，被害人遭受了突然的暴力而死亡。他们的亲人对此完全没有准备，他们来到这里，不知所措。我的工作最让我感到满足的一个方面就是与死者家属打交道，回答他们有关被害人死因的问题。

当死者亲属听到你的声音，知道你就是将要作尸检的那个人，并且他们知道你并不只是一个只知道一味地切割尸体的人 —— 仅仅这一点就会对他们有很大的帮助。

司法人类学家讲述骨头可以为我们揭示什么

我是一个司法人类学家，我在涉及未确定身份的遗骸的案件中为验尸官和执法人员提供咨询意见。这并不一定意味着我只与那些已经变成骷髅的遗骸打交道，我的工作还涉及那些已经腐烂的尸体以及被焚烧的尸体。

我的工作是帮助确定死者的年龄、性别、种族、身高以及其他生理特征，以帮助确定死者的身份。

在我们所处理的每个案件中，我们都要检查骨头。有时我们要检查

的是骨头本身，检查骨头上面的创伤痕迹。有时我们要检查的是发现骨头的地方，以及这些骨头是处于什么样的位置。有时我们可以看到被害人的肋骨骨折，他在死前遭到殴打。也许有证人会说：“是的，我看到事情的经过。”那么这就可以成为印证证人证言的证据。

如果被害人在接近死亡的时候受到创伤，那么我们要区分尖锐力量造成的创伤、钝力伤、枪伤以及各种骨裂。为了作出准确的区分，我们要了解创伤的方向性和速度。如果是枪伤，那么弹道的特征如何？是来复枪还是猎枪的子弹？如果是刀伤，那么凶手用的是什么类型的刀？

如果是钝力伤，那么有时我们可以判断出这些创伤是铁锤还是拆轮胎棒所造成的，这些东西偶尔会在骨头上留下印记。

以上这些之所以重要，当然是因为它们可以帮助调查人员复原死亡发生时的情景。

人们对于骨骼有很多误解。我收到了一封来自英格兰的一个犯罪实验室的电子邮件，上面说道：“我们告诉工作人员：锯条会破坏它们自己留下的痕迹，因为锯条上有很多锯齿，每个锯齿都会破坏上一个锯齿留下的痕迹，因此在我们这里不存在对骨头锯齿痕迹的分析。”我也从联邦调查局听到过这样的言论。

我写了一篇关于锯齿痕迹分析的论文。锯齿痕迹非常有用，因为这里涉及反复的动作。许多锯齿可以形成一种模式，而模式是可以被确定的。我喜欢锯齿痕迹，我的意思是说，它们所留下的信息远远超过了在骨头或软骨上留下的扎刺伤痕。后者留下的信息非常少，而锯齿痕迹则留下大量的信息，这些信息非常有用。在很多案件中它们帮助我们缩小凶器的范围，并且还可能会帮助我们缩小凶手的行为模式的范围。

在 20 世纪 80 年代，我们曾处理过很多分尸案。在 90 年代这种案件数量减少了，这是由于司法证据科学的发展。我们可以对想要实施这种犯罪的人说：你知道吗？我们仅仅通过一个小小的骨头碎片就可以确定死者的身份。但是现在杀人分尸案似乎又呈现上升的趋势。

杀人者分尸有三个理由。最主要的理由是防止警方确认死者的身份。第二个理由是运输，如果在你的房间中有一具尸体，你要把它弄出去，那么你就可能会试图把它切成几块。第三个理由就是侮辱被害人——凶手对被害人充满了仇恨。

肢解尸体比人们想象的要困难。有很多人在肢解到一半的时候就被抓住了。或者当他们刚刚开始肢解尸体时，试图将尸块从马桶中冲走，但是他们发现这样根本就行不通。

我在很多年前处理过发生在孟菲斯的一个案子。被害人是一名妇女，她找错了约会对象。在他们第一次约会的时候就出了问题，她的约会对象开始殴打她，然后就用刀扎死了她。他决定将尸体掩藏起来。他做得很糟糕。他先是用锯子从一个方向锯她的胳膊，锯了几下之后就放弃了。然后又从另一个方向锯这条胳膊。我可以根据锯齿的痕迹在法庭上证明这一点。

他试图将人体组织扔进马桶里冲掉，但是马桶却被堵住了。就在这时他的室友跑出去给警察打了电话。当我们赶到的时候，凶手正坐在地板上，尖叫着说自己受到了攻击。

你检查的证据越多，你获得的信息也就越多。因此，在分尸案中，我希望看到很多被锯断的骨头。这就像如果一个人是被殴打致死的，那么他身上的打击伤越多，我们能够获得的信息也就越多一样。

骨头可以为我们讲述故事。比如说，在颅骨上有一个磨损伤，通过这个我们就可以判断出造成这种伤痕的工具。

但是即使只有一次打击或一个创伤，如果骨头受到了损害或者发生了某种改变，那么这就是证据。

我们所调查的最具挑战性的案件就是涉及无名尸体的案件。在那些案件中尸体被发现时已经处于高度腐烂状态。

我们所要做的就是收集这些遗骸，然后切除或者通过沸煮去掉遗骸上的软组织，这样我们就可以得到干净、纯净的骨架。有许多次，当我们调查这种无法确定死因的案件时，我们最终会找到死因，如刀刺——刀刺可能会在软组织上造成很大的创伤，但是当尸体腐烂之后就无法看见了，这种证据也就消失了。

但是刀刺可能在骨头上留下独特的痕迹，它们可能仅有一毫米长，或者更短。在许多无法确定死因的案件中，我们通过去掉软体组织仔细检查骨头的方法发现了证据。这些证据表明，死者的颈部曾被人用刀扎了六七次。

犯罪现场调查员讲述他们的调查结果

我曾调查过很多婴儿死亡的案子。在调查这些死亡事件的时候，我们可以使用法医光学系统——一种激光仪器。在这方面，伊利诺伊州是独一无二的：在该州每个犯罪现场调查员都有一套这种仪器。

用激光来检查尸体效果非常好，它能够清晰地显示瘀伤。用它来检查女性尸体效果也非常好。有许多妇女是被掐死的，但是我们用肉眼看不见她们颈部的掐痕，而激光则会让它们立即显现出来。由于某种原因，在尸体经过防腐处理两天之后效果会更好。

我曾经用这种仪器检查过许多婴儿。我曾经到殡仪馆去检查死去的婴儿。我大概在葬礼举行前一小时作这种检查。在大多数情况下，我可以看见有人用拳头殴打他们所留下的痕迹。我可以在面部、胸部和腹部看见很多两三平方英寸大小的瘢痕。这些婴儿是被活活打死的，激光使这些伤痕显现了出来。我在照相机镜头上装上橙黄色的滤光镜就可以把这些瘢痕照下来。我照下这些照片，将它们送给病理学家检查，正式的调查工作就开始了。

这种激光仪器发出非常强烈、明亮的光线。我们在检查的时候要戴上一个橙黄色的眼镜，否则我们所看到的只是光线。婴儿身上的瘀伤会作为暗色的区域呈现出来。一位来自奥林治县的调查员告诉我们，他们曾经用这种技术检查过一个婴儿。激光仪一打开，他们就在婴儿的口鼻部位清晰地看见四个手指和一个拇指的印记。

你在寻找凶器在创伤上留下的印痕模式，比如在颅骨上的印痕模式？半月形印痕通常是锤子——羊角锤——留下的。由于这种锤子通常不会砸在平面上，它留下的印痕有一个角，因此是半月形的。我见过U型的印痕，那是手枪柄留下的——也就是手枪用来插弹夹的、空的那一头。由于是沿着一定角度砸下去的，因此留下了这些U型的印痕。锯齿形的切口可能是带锯齿的凶器所留下的——刀子或锯条。切入伤非常整齐，它们通常是由非常锋利的东西，如刀片所造成的。

人们对于弹道的误解最大。人们认为子弹打到物体上之后会反弹回来，飞往另一个方向，然后再反弹，又飞往另一个方向。他们忘了子弹飞行的速度是以英尺/秒为单位计算的。它们将以直线飞行，直到停止、打到砖墙上或能量耗尽，然后它们的速度从以英尺/秒为单位计算的弹道速度减为以英里/小时为单位计算的钝速度。在停止运行

之前子弹失去了能量，在这个时候才会转向。

但是人们会提出各种有关子弹从肘部打入，然后回弹向下运行，最后停留在肝部的说法。

如果你将这些伤口用线连接起来的话，你会发现它们都在一条直线上。如果人们在被枪击时都完全按照正常的人体解剖结构的姿势站立的话，那么我们就很容易解释枪伤。但是这种情况不会发生。人的身体总是处于某种奇怪的姿势，这使得我们很难解释枪伤。

第二个问题：是什么时候发生的?

验尸官讲述死前和死后遭受的创伤

人们经常问我们这样一个问题：“你能告诉我死前遭受的创伤和死后遭受的创伤之间的区别吗?”我的回答主要是这样的：如果一个人在活着的时候遭受创伤的话，那么他的身体会以多种方式作出反应。这种反应被称为活体反应。

已经死亡的人则不会作出这种反应。你可以对一个死人开枪，使他看上去像是死于枪伤，但是我们看不到身体对枪伤的反应。有人会将一个已经死亡的人吊起来，使他看上去像自缢。有人在杀死一个人之后将他的尸体焚烧，但是从死者的尸体上看不出身体对火烧的反应。死后创伤也许是为了掩盖罪行，或者有的系列杀人狂会在被害人死后侮辱他们的尸体。你必须考虑这些因素。

我们寻找死后迹象。在身体机能停止之后，身体就会受到环境的影响——包括外部和内部环境。

说到内部环境，你知道在人的肠道中有各种酶和细菌，它们总是永不满足地利用人体的各种资源。在人死后，它们就会开始分解过程，这对于确定死亡时间很重要。

外部环境包括温度和湿度的变化以及其他条件，特别是高温会使尸体较早开始腐烂。如果气温很低，那么尸体不会很快腐烂，但是会受到低温的其他影响。例如，尸体会被冻僵，某些部分会受到损害。这些损害可能会被误认为是生前遭受的创伤。

在外部环境中，微生物和白蚁、苍蝇和蛆，甚至像啮齿动物等小动物以及食肉动物都会对尸体造成损害，而有时这种损害会被误认为是死前创伤。甚至连蚂蚁和蟑螂等小昆虫也可能造成这种损害，因此我们必须注意这些情况。你可以利用这些情况来帮助你的调查——这取决于你的警觉程度和相关知识——也可能会对它们作出错误的解释。

是什么时候发生的？第二部分

司法人类学家谈如何利用昆虫推断死亡时间

尸体会随着时间的流逝而发生生物化学变化，对不对？它会经历不同阶段的化学变化。与这些化学变化阶段相对应的就是不同种类的昆虫。

因此，如果我们在某个夏天在印第安纳州的一个树林里发现了一具尸体，并且在尸体上发现了 D、E、F 和 G 这几种类别的昆虫的话，那么我就可以说："好了，这说明尸体正处于第 24 天到第 36 天之间的阶段。"这意味着这具尸体在这个树林里躺了至少 24 天，至多 36 天。

在森林昆虫学领域我们所做的就是用不同的方法应用标准的昆虫生物学、昆虫行为、昆虫生长发育等知识来估计死亡时间。我们有两种方法。一种方法就是观察一种特定的昆虫种类——主要是丽蝇——以了解它们在不同的温度下生长的速度，然后我们就能够准确地推断出尸体在某个地点存在的时间。昆虫是冷血动物，是不是？它们不像我们，没有一个内部加热系统来保持稳定的生长速度。它们完全受温度的摆布。如果温度降低，它们可能根本就不生长。但是如果温度在摄氏 32 度以上，那么它们会在很短的时间内快速生长。

另一种方法就是确定——这么说吧，我们研究在一定时期进入和离开尸体的昆虫的繁衍和腐烂过程。在 19 世纪 80 年代人们就知道人体腐烂有一定的阶段，而与此相对应，昆虫也是按照不同的阶段进入尸体的。

丽蝇是第一批到达现场的昆虫，在一个人死后几秒钟到几分钟的时间内它们就赶到了。除非尸体已经腐烂到丽蝇已经对它失去兴趣的阶段，我们一般都会在尸体上发现这种昆虫。

死亡时间是我们所要确定的最重要的信息， 它可以告诉我们谁是最后一个与被害人在一起的人，它肯定能够揭示死者在生命的最后时刻曾去过什么地方。如果你能够确定一个人在死亡之前和谁在一起，那么这就可能揭示出是谁杀死了他。

如果你能够确定某个人是什么时候死的，那么你就可能证明某些嫌疑人与犯罪有没有关系。排除嫌疑人与发现嫌疑人一样重要，因为如果你有五位犯罪嫌疑人，并且最终能够排除掉其中的四位，那么剩下的这一位不就是主要嫌疑人了吗？

死亡地点： 根据某些特定昆虫的生活地点，有时我们可以通过昆

虫确定死亡地点。

例如，我们在佛罗里达州湖城 I—75 号公路附近发现了一具尸体。我们发现在尸体上所收集到的昆虫不生活在佛罗里达州，而是生活在田纳西州南部。我们发现死者是在底特律被谋杀的，然后凶手驱车 2 000 公里将他带到佛罗里达州抛尸。

我有一顶喜欢戴的棒球帽，上面写着：“蛆是我们的朋友。”这是一个验尸官给我的。有时我会戴着它参加电视节目。

我想制作带有这样一幅图案的 T 恤衫：一名警察正在作笔录，他的脚边躺着一具尸体。一条蛆正爬在他的肩膀上对他耳语，告诉他案件发生的经过。我说的是真话：蛆是我们的朋友。

第三个问题：死者是谁？

一位司法人类学家谈尸骨身份的确定

我的专业是确定尸体的身份。我试图确定尽可能多的尸体的身份。有时我也许不能确定尸体的身份，但是我将会仔细检查遗骸，看看骨头上面有没有任何可以帮助确定身份的东西。

人们还没有认识到，骨头可以揭示死者的很多信息。

有些人在生前可能曾经遭受过骨折，那么我就可以在骨头上看到骨折愈合的痕迹。如果有人做过股骨假体植入手术，有塌陷的椎骨或者得过关节炎的话，那么我也应该可以看得出来。随着一个人年龄和体重的增加以及关节炎病情的发展，他的脊椎会变短，我们可以在骨头上看得出来。因此，我看到一具尸骨后可能会说：“这个人可能有颈部疼痛的毛病，因为他的颈椎有严重的骨关节炎。”有时，一个人的几个颈椎会合在一起，如果这样的话，那么他甚至不能转动头部。

因此，我试图根据尸体的骨头推测出死者的一些情况。

如果我们了解到有关被埋在地下的死者的一些情况——比如说死者曾经是一位体力劳动者或者健身运动员的话，那么他们的尸体可能会有一些可以揭示他们职业的特征。

我曾经协助调查过一起涉及一名俄罗斯奥运会拳击运动员的案件。这个案件发生在上世纪90年代后期。这位拳击运动员是纽约的一个酒吧中驱逐捣乱者的保安。一些曾经被他扔出酒吧的人对他怀恨在心，他们回来对他实施了攻击，然后将他扔进了他们汽车的后备箱中，开着车转来转去，最后到了新泽西州。被害人在这个过程中死亡。

于是他们开车将他拉到了新泽西州并把他埋在了一所房子的后院中。在他被绑架和杀害几年之后，纽约的联邦调查局从一个举报人那里获得了有关尸体埋藏地点的信息，他们与据称埋藏有尸体的新泽西州一个小镇的警察部门取得了联系，并要求他们协助挖出尸体。

我们用了三天的时间才找到了那具保存完好的骨架。我们对他作了年龄、性别、种族和身高分析。一开始我们不能确定他的身份，因为我们得到的牙科记录来自俄罗斯，而俄罗斯使用一套不同的牙科身份确认系统。

但是我在尸骨上发现了愈合的骨折和其他创伤的证据，这些都与拳击运动员的职业相符合。

如果我们发现了一具无法确定身份的尸体，我确定了死者的年龄、性别、种族和身高以及他生前可能得过的疾病或受到过的创伤，并且在

他的一个指骨上有一枚戒指——因此我们知道这枚戒指是属于他的，那么我就会把所有这些信息印制在一个传单上。我们要让公众知道我们所了解到的有关尸体的所有信息。因此我们制作传单，将所有信息记录在纸上，并且将这些信息存入有关失踪人员和无法确认身份的尸体的全国数据库中。

但是如果这样仍然无法确定尸体身份的话，那么执法机构可能会请求我对死者进行面部复原。面部复原是最后的努力。因此他们会说："我们没有任何其他线索了。你能否给死者作一个面部复原？这样我们就能够知道这个人大概长什么样。我们还可以把复原的头像在媒体上公布。"

当我作面部复原的时候，我会索要所有的调查报告。我通常也会在犯罪现场。我想知道死者穿的是什么衣服，在尸体上发现了什么东西，包括毛发。毛发非常重要。如果我在遗骸上发现了毛发，我会将它们送到州警察局实验室中作毛发分析。他们可以确定毛发的颜色，它们是否被处理过，是否最近理过发，头发有多长以及死者的种族。

我要检查死者的衣服。我想通过他们所穿的衣服确定他们的身材。死者的胖瘦我无法从骨头上判断出来，但是能够从死者的衣服上判断出来——除非死者是一位从垃圾箱中捡拾衣服或者从慈善机构那里领取旧衣服穿的无家可归的流浪汉，他们穿的衣服不一定合身。我曾经检查过身上裹着许多层衣服的尸体，这是因为当他们被杀时天气很冷，他们为了御寒而穿了很多衣服。

我会在死者身上寻找皮带。如果死者身上有皮带，并且是扣着的，那么皮带扣着的地方肯定是死者感到舒适的尺寸。因此，当尸体被发现的时候，我就想知道尸体上是否有皮带，皮带是否是扣着的，这样我就可以测量死者的腰围。如果我测出了死者的腰围，那么在测出了死者的身高之后，我就可以知道死者的胖瘦了。比如说一具尸体的身高是1.55米，他身上有一条扣着的腰围为1.18米的皮带，那么这意味着他非常的胖。

这样我就知道在作面部复原的时候我要把这个人的脸做得胖一点。

如果遗骸上没有衣服的话，那么我就做一张中等胖瘦的脸，并且在传单上说明这只是那个人的近似的画像。

面部复原对于那些已经成为骷髅的遗骸来说是一种很好的技术，因为其他我们通常能够在尸体上找到的特征，如耳孔、文身和伤疤都已经不存在了。我直接在颅骨上进行面部复原工作。我使用雕塑黏土，因为它不会硬化。我在面部复原过程中使用假眼和假发。

我在颅骨的21个位置上应用组织厚度标准。这些组织厚度是建立在死者的性别和种族之上的。研究人员从19世纪初就开始在人脸部的不同点上测量组织厚度，这些标准是经过平均的，以适用于某个种族或性别。我们在工作中就使用这些标准。

我在颅骨的不同位置上贴上这些部位的不同的组织厚度尺寸的标签，根据这些尺寸切割出不同厚度的黏土，然后把它们贴在颅骨上。

但是面部复原主要还是根据颅骨决定的，因为我是顺着颅骨的轮廓进行复原的。从某种意义上说，骷髅头骨真的在与我对话。

是的，它的确在和我对话。它在我的手下逐渐成型。

完成一次面部复原大概需要18—20小时。我一般在每工作两个小时之后就离开一会儿，然后再回来继续工作。的确是颅骨在告诉我死者的面部应该是什么样子的。与凭想象雕塑胸像不同，面部复原是直接在颅骨上进行的，因此颅骨会告诉我鼻子在哪里，牙齿在哪里。

颅骨还会告诉我鼻子有多长，它的角度是什么样的，耳朵的高度是多少，等等。

在具体的颅骨上进行面部复原之前，我不知道结果会是什么样子的。直到完成工作的时候我才能够知道复原出来的面部是什么样子。

1995 年 10 月，在北泽西的哈德逊河上，一具尸体被河水冲到了岸边。那具尸体基本上已经完全腐烂，变成了骷髅。我对尸体进行了检查，以确定他的年龄、性别、种族和身高。我得出的结论是：他是一名白种男子，年龄在 40—60 岁之间，身高大约在 1.43—1.65 米之间。他的嘴里仍然有部分假牙，并且他长着一副反颌。

我们将这些数据输入全国数据库，但是没有找到匹配的记录。贝尔根县检察官办公室请我给这具尸体作面部复原。我在 1996 年 1 月完成了这项工作并将这个复原了面部的颅骨还给了他们。他们在举行新闻发布会之前将它摆在了一个人的办公桌上。

有个人走进了检察官办公室。经我复原的头像就放在一个办公桌上。他看见之后说道："这是我的朋友！"

他说在过去一年中他在纽约市到处寻找这位朋友，但是一直没有找到他。他后来想：我在纽约已经找遍了，现在我要到新泽西州去找一下。

他们记录下了他所提供的信息。他的朋友是在 1993 年 12 月由他的妻子在纽约市报告失踪的，他们有他的牙科记录，他的身份得到了确认，但是他的死因一直没有被确认。

死者那位一直在寻找他的朋友是一名医生，他在国外待了好几年，直到 1994 年才回国。他说："我一到纽约就开始向死者的所有熟人打听他的消息，但是没有人知道他的任何情况。我很惊讶地发现，他的家人为了保留他们的廉租公寓而一直没有把他失踪的消息告诉他们的房主，他们把这事看得比寻找失踪的亲人更为重要。他们从来没有向认识被害人的邻居们打听过他的消息。”死者的这位朋友不断地向认识死者的人打听他的消息，曼哈顿警察局告诉他应该去失踪人口部门登记。在那里工作人员向他展示了自从1993年以来在纽约市所有六个区发现的几百具无名尸体的照片。他们告诉他，搜寻他的朋友是一项极为艰巨的任务。他最终在1995年放弃了这一努力。1996年，他向他的一个侄子谈起了他失踪的朋友。他的侄子说：“你为什么不到哈德逊河的对面去找一下呢?”于是那位医生就给贝尔根县警察局打了电话，他们让他去找县检察官。那时我刚刚将这个复原的头像送过去，当他走进检察官办公室的时候，那个头像正好就放在办公室的一个桌子上。

他们至今仍然不知道被害人究竟发生了什么。他的家人甚至都懒得去报告他的失踪。但是他却有一位朋友一直在寻找他，并最终找到了他。

你知道，我见到过人与人之间互相做的各种坏事，因为我见到的那些人最终都被别人杀死了。我日复一日地见证这些事情，但是却很少在报纸上看到有关这些事情的报道。我们在报纸上只能见到那些大案，如那些可怕的分尸案或者涉及儿童的凶杀案。我们能够听到这些案件，但是我们不会从媒体上听到有多少人被报告失踪。也许报纸上偶尔会登出一个发现一具无名尸体的告示，但是在此之后你就不会再听到他的消息了。也许公众认为这个人的身份已经被确认，但是也许没有。在新泽西州就有二百五十多具无名尸体，而在加利福尼亚州则多达两千具。

还有许多公众所不知道的事情。

死者是谁？一位验尸官所讲述的故事

每隔几年，我这里就会被送来一具或者变成了骷髅或者因为其他原因而完全无法确认身份的尸体。对于这些尸体的处理我们制定了一定的标准。在所有的这类案件中我们都要对尸体进行测量记录：身高、体重、年龄、性别、种族、牙科记录、X光检查、是否有文身或伤疤。我们将这些信息输入全国犯罪信息中心的数据库中，有时我们可以找到匹配的信息，有时找不到。

到目前为止，在过去12年中我记得只有一具完全无法确定身份的尸体。

那是一具女性尸体。我怀疑凶手知道她没有任何指纹记录，因此他所做的就是将尸体大卸八块——请不要认为我在这里哗众取宠，这是描述那个凶手的行为最恰当的方法——然后将除了头颅之外的所有尸块都扔进了一个垃圾箱中。因此我们不能根据面部特征确定她的容貌并向媒体发布她的画像；我们没有匹配的指纹。没有人来打听她的消息。她至今仍然身份不明。

谋杀她的凶手几乎像是一名专业杀手，这一点我们可以看得出来。他已经放掉了她所有的血；尸块上没有血迹。他肯定是在浴缸或者类似的地方将她分尸的。他使用了机械化的切割工具，并且是从关节处进行切割的，因此他具有一点基本的人体解剖知识。例如，他很干净利落地从膝盖处将小腿和大腿分割开，然后又从股关节处将大腿与躯干分割开。因此他一定具有相当的解剖知识，有点像“开膛手杰克”，非常懂得解剖原理。

令人毛骨悚然的是，当我到达抛尸地点的时候，我发现那个地方的名称叫做“绥施街”——而这正是一起完美的“碎尸”案。

最后的问题：为什么？

验 尸 官

有一个案子使我感到非常非常困扰，让我感到极为不安。不管在这个领域干了多长时间，我永远也不可能确保自己能够免受案件给我带来的伤害。有些案件，尤其是那些涉及儿童的案件，那些涉及某种……疯狂的……暴力的案件，它们会对我造成伤害，让我感到非常困扰。甚至到了今天，这些案件仍然像鬼魂一样萦绕在我的脑际。

1992 年，我被派遣到一个犯罪现场。那里第一眼看上去像是发生了一起双重凶杀案。一位父亲和他 4 岁的女儿被发现死在了一间公寓内。那是一间非常好、非常高雅的公寓。我们的第一反应就是：是谁能够这样凶残地杀死一位父亲和他的女儿？

那个女孩的头部至少中了两枪，她就躺在她父亲的臂弯中，而她父亲则躺在她身边的床上。但让我们感到非常怪异的是，这位父亲的脸上和头上缠满了胶带，把他的眼睛和鼻孔都封住了。我们不明白这是怎么回事。

但是，我们逐渐揭开了事情的真相。杀死他们的枪就在现场。我们对这把枪提取了指纹，发现这些指纹是那个父亲的。他是唯一在枪上留下指纹的人。

随后的调查揭示，那位父亲首先枪杀了他的女儿，然后开枪自杀。他把枪口伸进自己的口中，然后扣动了扳机。调查还发现，这位父亲是一位急救人员或男性护士。

你知道，这件事情就发生在母亲节。很显然，他的妻子当时正在西海岸找工作，而这对夫妻正处于分居状态。

他给他的妻子留下了一个便条："这是我送给你的母亲节礼物。"你能够相信这种事情吗？

这件事过去了很久之后我都无法控制自己的情绪，它真的是让我感到非常非常困扰。直到今天我都无法想象一个人怎么能够对自己和自己的孩子做出这样的事情。他这么做只是为了发泄对他妻子的愤怒。这件事使我深受伤害。有些事情真的让我感到非常困扰。

我们对死者作了所谓的心理尸检。我怎么也不明白为什么他会用胶带缠住自己的眼睛和鼻子。我曾经看见过有的人用非常奇怪的方式开枪自杀，其目的是防止自己毁容。我想他这么做的目的也是为了保护自己的容貌不被损毁。也许他还想使这一事件看上去像是双重凶杀案。

这非常恐怖，非常可憎。为什么要杀死一个无辜的孩子呢？为什么不杀死你自己，放过你的妻子和孩子呢？这个案件发生在1992年。但说实话，它至今仍然在困扰着我。

人们经常问我："你的工作影响你的家庭生活吗？它会让你做噩梦吗？"我总是回答说："我只是做我的工作。我不会试图去了解死者的个人情况。我只是做我该做的工作，然后就把这些事情放下了。"

但是对于一个案子来说，我很难做到这一点。我在1996年的复活节有一个令人难以置信的经历。即使再从事法医工作一百年，我也不会再遇到这样一个案件了。

这个案件中的被害人是一位国际知名的科学家，一位癌症研究人员。他在纽约市洛克兰县自己的公寓中被自己的妻子和她的侄子杀害了。他们在杀死他之后将他的尸体切割成六十多块，然后将所有的尸块分别装进大约十三个黑色垃圾袋中，并将这些垃圾袋装进他们各自的汽车后备箱中。这一切都发生在深夜。

然后他们驱车进入新泽西州的贝尔根县，他们家在那里有一个工厂，厂房就在帕塞伊克河边。他们计划在那个地方扔掉那些尸块。

死者的妻子把她的侄子留在那个停车场，让他将尸块扔进河里去，因此他开始将这些尸块一袋一袋地提到河边，然后倒进河里。

当他刚倒完第一袋尸块，手上戴着一副血手套正走回去拿第二袋的时候，凑巧的事情发生了。当他从河边走过来的时候，一位东卢瑟福的警官正好在常规巡逻的途中经过那个停车场。那位警官想："为什么这辆车敞开着后备箱停在停车场的边上……并且这个人戴着一副血手套从河边走过来？这看上去不对劲！"

那天正好是我值班。办公室中一切都很平静，我们还想着今天可以回去和家人一起吃顿晚餐了。大约在上午 11 点的时候我们接到一个电话："请到东卢瑟福来，我们在一辆汽车的后备箱中发现了碎尸。"

你知道，我们经常接到这样的电话。在纽瓦克的时候，我们接到一个电话，说是在一个垃圾袋中发现了尸体，结果我们去了之后才发现那是动物的尸块。因此接到这个电话后我没有太当回事。我问道："你肯定是人的尸块吗？"对方说道："噢，是的，我们肯定。"

我和我的搭档科琳带着四个尸体袋赶到了那里。在接下来的五天内我们一直在调查这个案件。由于那天是复活节，大家都去了教堂或者在吃午餐，因此我们用了一段时间才把调查小组的人员叫齐。

然后，说实话，我们不知道从哪里入手。通常我们到犯罪现场之后会看到一具尸体，我在快速检查一下现场情况后就会对案件有个大概的了解：死者是死于枪伤、刀伤还是钝器伤？然后我们就开始处理现场，将尸体带回办公室进行检查。

但是在这里我们所看到的是碎尸。他们问我："你能够告诉我们这些尸块是几个人的吗？"而我此刻也毫无头绪，只能硬着头皮，摸索行事。我戴上我的手套，查看了一下仍然被放在汽车后备箱中的那些塑料袋。我没有看见重复的人体部分，没有两条右臂，或者其他类似的东西。因此我告诉他们说："到目前为止，我认为只有一名死者。"然后他们说道："噢，此外你看见在停车场另一边的那辆车了吗？我们忘记告诉你在那辆车的后备箱里也有许多袋子。"于是我又把那些袋子里的尸块检查了一遍。

他们又叫来县潜水队，让他们打捞起了那些已经被抛入河中的尸块。他们将那些尸块送到我们所在的停车场，然后我们将它们放进一个单独的袋子中。他们在水中找到了五六块尸块。我们决定最好用平板车将这两辆汽车拖到东卢瑟福警察局去，以便他们进行处理，申请搜查证，等等。当我们将所有的袋子拿出那两辆汽车的时候，已经是第二天凌晨五六点钟了。

这个被分割成许多小块的尸体被送到了我这里。这真是个超现实的经历，因为通常送到我这里的是一具完整的尸体。我首先记录我所看到的创伤，然后开始检查。而这一次我必须将所有的尸块从这些袋子中拿出来，尝试着将它们拼成一个完整的人，然后再对他进行尸检。

在他的后脑部分有一些斧子造成的伤口，而在他的躯干部分有许多扎刺伤。由于我将内部器官也拼回到了它们应该在的位置，所有这些伤口在这些内脏上得到了印证。在有些内脏上也有一些扎刺伤，因此我知道我在尸体表面看到的这些伤口是真实的。

这真的就像玩拼图游戏一样，很可怕。这个案子的另一个恐怖的方面就是媒体对它的关注程度。这不仅是一起全国性案件，而且是一起国际性案件，因为被害人在科学界是一个非常有名的人物。因此，每天我拿起报纸都会在头版头条看到关于他的报道。我每时每刻都会受到有关他的个人信息的狂轰滥炸。首先，他的照片每天都会出现在报纸上。我从星期一到星期五都在检查他的尸块，直到它们被还给家属。在照片上，他的下巴上有一条很明显的沟。我每天早上看完报纸后就要到解剖室去，看着他已经变成了什么样子。我仍然能够看见他下巴上的那条沟。

与我处理的其他案件不同，在这个案件中，我与死者建立了某种感情联系，这让我感到有点不安。

这个案件之所以与我处理的其他案件非常不同，是因为我和他一起“工作”了很长时间，并且我无时无刻不受到有关他生前事迹报道的轰炸，这使我很难在走出解剖室之后就把他从心里放下。在我回到家里后，在6点钟的新闻中又看见了有关他的报道。电视里还没完没了地播放我们发现尸体的犯罪现场的画面。这真的对我的大脑发生了作用，以至于我真的在夜晚做有关这个案件的噩梦了。

他们之所以要杀死他，是因为他和他的妻子正在闹离婚。她是一个典型的怨妇。你知道，有人曾说过：“地狱中的火焰也比不上怨妇的怒火……”她之所以请她的侄子帮忙，是因为他高大粗壮，她需要借助他的力量来实现自己的计划。

审判在纽约州举行。在法庭上，被告人就坐在离我两米左右的地方，这让我感到胆战心惊。她皱着眉头看人的样子真是可怕。想想看，我必须在法庭上坐在她的身边说我该说的那些话。我比任何人都了解她做了什么，因为我曾经和她的丈夫一起“工作”过。我看见了她的所作所为，并且我会将这些告诉陪审团。

为什么？

一位检察官所讲述的故事

在儿童凶杀案中，我们发现凶手往往是孩子的继父或者孩子母亲的

男友。

在一个这样的案件中，我是负责起诉的两位检察官之一。孩子是她母亲婚外恋的产物。孩子的母亲仍然保持着婚姻关系，而那个孩子显然不是她丈夫的。

那个孩子最终被杀死了。那个丈夫打电话给警察说，那个孩子在从浴缸中出来的时候摔了一跤，磕到了头部。那个孩子只有十四五个月大，这听上去很不对劲。

验尸官发现那个女孩头上留着一排排的小辫子，每根小辫子上都穿着大约六个珠子，但是其中一根辫子上的珠子不见了。当她将这根辫子掀起来的时候，看见了头上的伤痕。如果没有经过医学专业训练的话，你是无法看出这些伤痕来的。女孩头上的这个部位所遭受的打击力度是如此之大，以至于把那些珠子都打碎了。它造成了那个女孩颅腔内部严重受伤，最终那个女孩死于脑肿胀。

那位验尸官将调查人员叫回来，告诉他们："到现场去寻找破碎的珠子，去寻找破碎的珠子。另外，那个女孩身高是 X 厘米。"

于是调查人员第二天就回到了现场，他们发现了那些破碎的珠子。他们对现场进行了勘察。他们对发现珠子的地方进行了测量，结果在墙上——那个墙壁并不是板墙，而是抹了水泥的墙面，因此比板墙更为坚硬——发现了一块凹陷的地方。他们可以将那六颗珠子放进那个凹陷的地方。这几乎就像一个槽，你可以将那个小女孩的辫子和头部放进那个槽中，完全匹配。

调查人员从那个墙上切割出一块 4 ×4 英寸大小的墙面，将其嵌入有机玻璃中，再把它放入一个盒子中保存。我们在审判时把它作为证据提交给了法庭。我从来就没有打开过那个盒子，因为我怕损坏证据。我们将它带到了法庭上，这个证据真是太棒了，太棒了。

那位继父被判定有罪。他的犯罪动机？因为他对自己的妻子与另一个男人生了一个孩子感到嫉妒。最终使凶手被判定犯有谋杀罪的是验尸官在那个女孩身上发现的这些微小的珠子。

这就像那个小女孩自己走上法庭诉说当时发生的事情的经过并指认那个把她的头打进墙里的拳头。

第六章

DNA

在《犯罪现场调查》这一电视剧中，有一段情节已经成为我们DNA室的一个笑话。在这一情节中，侦探们需要从一名嫌疑人身上提取DNA样本，但是他们不能这么做，因为他们没有合理的根据，因此他们就故意去激怒那位嫌疑人，结果那位嫌疑人将口水吐在了一名侦探的脸上。

另一名侦探立即掏出一个拭子，从他同事的脸上提取了嫌疑人的唾液，手里举着那个暴露在空气中的拭子穿过警察局的整个实验室，然后将拭子交给了一名分析员。后者立即将拭子头部刮下来，放进一个小的离心试管中开始对它进行离心处理。

对样品没有进行密封，没有作记录、笔记或者描述，也没有经过提取、扩增等程序，并且结果很快就出来了！那位分析员对侦探说："把你的文件号给我，我在结果出来后给你打电话。"

接着那位侦探就说出了经常被我们DNA室作为笑话引用的那句著名的台词："我在这儿等着结果出来。"

——迈克尔·J·坎普，威斯康星州密尔沃基州犯罪实验室主任

在威斯康星州密尔沃基州犯罪实验室DNA科外面的窗台上，停放着10架飞机模型。这些并不是人们凭空构想出来的飞机模型，它们是带有小螺旋桨的白色双翼飞机，其样式与林德伯格的"圣路易斯精神号"相似。其中一些飞机上有两三个邮票大小的贴

图；有些飞机上面布满了这种贴图；而有一两架飞机则除了在机头部位有一个DNA双螺旋标志之外，机身上没有任何图案。

在这里，DNA分析员在第四次“击中目标”——也就是将DNA证据与全国DNA数据库中的记录匹配成功——之后，就会得到一架飞机模型的奖励。在此之后，他们每次匹配成功都会得到一个印有案件号的贴图。这些贴图被贴在小飞机上。有的飞机从机翼到机身都贴满这些图片。有一名分析员已经有两架几乎贴满图片的飞机了，只有一架飞机的尾翼上还有一个小小的空白。

在DNA实验室中，戴着手套，穿着白大褂的分析员们在安静地工作着。犯罪实验室主任迈克尔·坎普说：“你不能在工作的时候与别人说话，这样会污染证据的。我绝不会走进实验室，站在某个人的前面对他说：‘嘿！一切顺利吗?’仅仅这一句话就会对证据造成污染。西雅图实验室曾经发生了严重的污染，经过调查，他们发现这都是由一位爱说话的分析员造成的。如果某个分析员得了感冒，我会让他待在家里，我不想让他通过打喷嚏或者咳嗽将自己的DNA传递到证据上去。”

在面对DNA实验室的一张桌子上有几个展品，其中一个是从入室盗窃现场找到的一只乳胶手套。我们从那上面提取到了嫌疑人的DNA。在手套旁边有一张在法庭上使用的图表，它显示其他人与那个入室窃贼具有相同DNA测试结果的几率为小于六万亿分之一。坎普主任指出：“除非那个嫌疑人有一个同卵双胞胎，否则他就是这个DNA的来源。如果那个辩护律师愚蠢到要我们提供其他人具有相同DNA特征的几率的话，那么我们就会把这个数字给他。我们会告诉他这个数字中有多少个零。”

在面对DNA实验室的一张桌子上有一些宣传板，上面介绍了生物证据测试的发展历程。最早的一个阶段是血清测试，也就是通过血液样本检测血型。血清学如今也被称为司法生物学，它仍然在确定血迹方面起着关键的作用。但是真正的突破还是在下一个阶段。20世纪80年代末的这一突破使人们能够检测一个人独特的DNA特征（除非被测试的人有同卵双胞胎兄弟或姐妹）。这是通过一种叫做限制性酶切片段长度多态性分析（RFLP）的测试做到的。这一测试需要相当大的DNA证据样本（大概十万个细胞或者大约25美分硬币大小的样本），并且被测试的样本还必须处于很好的状态。RFLP测试在O·J·辛普森案中变得非常出名。

这一领域在1994年有了飞速发展——聚合酶链式反应（PCR）被应用到了司法证据学领域。PCR技术是一种复制样本的技术，通过这种技术我们可以从极为少量、陈旧或腐烂的样本中测出DNA。PCR测试可以分析DNA上一段叫做短串联重复序列（STR）的区域，这种配型测试程序可以为我们揭示DNA提供者的许多信息。

犯罪实验室主任坎普指出："通过RFLP技术，你不能毫无疑问地确定一个人的身份。现在，这种PCR方法用来确定人的身份已经是绰绰有余。如果有一个人的全部DNA图谱，检测结果匹配，并且在样品中没有其他人的DNA，我们通常可以说：'样品的DNA与这个人的DNA相匹配。除同卵双胞胎之外，两个人具有相同DNA的几率为$1/10^{15}$。'这是非常具有说服力的证据。"

从进化的角度来看，这些宣传板显示的DNA测试技术的发展相当于在15年的时间内从原始的沼泽阶段进化到了文艺复兴阶段。从物理的角度来看，这项技术从只能分析大量样本发展到了能够分析只有针尖大小的样本。

而且这项技术仍然在发展。例如，在无法从细胞核中提取DNA的情况下（如飞机失事、大规模灾难或骷髅化的遗骸等情况），我们可以用毛发、骨头、牙齿血液或其他组织作线粒体DNA（从母亲一方遗传的 DNA）测试。现在还有一种叫做 Y 染色体测试的非常新的技术，它可以测试 Y 染色体上无血缘关系的男性所具有的不同的片段。这种测试可以在性攻击的案件中从大量的女性 DNA 中检测出男性 DNA。科学家们正在开发一种测试，它可以搜寻一个人的单核苷酸多态性（SNP）——也就是人体 DNA 上一个字母的差异。

为了帮助我们通过谋杀犯、强奸犯或盗窃犯在犯罪现场留下的微量样本确定罪犯身份，联邦调查局建立了一个名叫合并 DNA 索引系统（CODIS）的全国性数据库。这一数据库也在不断地发展，越来越多的州立法机构正在努力将所有被判定犯有重罪的人，包括那些被判定犯有侵犯财产罪的人，甚至所有被逮捕的人以及被判定犯有轻罪的人的 DNA 资料输入合并 DNA 索引系统。

因此，以上所介绍的 DNA 信息可以在以下案件中为我们提供巨大的帮助：有犯罪嫌疑人但是几乎没有证据的案件，根本没有嫌疑人的案件，悬案，以及冤案。在本章中为我们讲述故事的专家包括 DNA 分析员、犯罪实验室主任、一位公诉人和一位辩护律师。我们首先让一个活生生的 DNA 证据样本——一位司法 DNA 专家——来讲述他的故事。

我是同卵三胞胎姐妹中的一个。对于我来说 DNA 是一件非常酷的事情，因为在我成为 DNA 分析员之后，我最终得以证实：的确无法将我的 DNA 与我的同卵三胞胎的另外两个姐妹的 DNA 相区分。

1994 年我刚刚开始在这一领域工作。在那一年的一个假期，我向我的家人提出大家一起测试 DNA 的建议。我用拭子从我家的所有成员——我的父母、兄弟和两个姐妹——那里收集了口腔表皮细胞样本，然后将它们送到了犯罪实验室。我们为此开展了一个小型的研究项目并撰写了一份报告。这真的很酷。

我不仅仅测试了我和我的三胞胎姐妹的DNA。司法证据科学的一个重要的目的就是在确认一个人的身份的时候能够排除所有其他人。因此我在我的三胞胎姐妹身上作各种测试，以回答诸如以下这些问题：我们指甲上的背部是否具有相同的样式？当我们将耳朵压在一块玻璃上的时候是否会留下同样的图案？我们脚底的纹路是否相同？

当然我也比较了我们的指纹。我肯定会的！我怎么可能会把这个落掉呢？结果我发现我们的指纹都不同。你知道，指纹有三种主要的模式：圆圈、半圆和螺旋。我们都具有相同的主要指纹模式。但是在这个主要模式之下，每条纹路的起止点、分岔和小点我们三个人都各不相同。

我的姐妹被我搞得不胜其烦。我收集了她们的头发、指甲、耳朵印、脚印和指纹。其中的一个姐妹是位律师，她问道："让我当实验品，你给我多少钱呀？"

当我给警察讲授有关DNA检测的重要性的课程的时候，我会说："我可以告诉你们唯一性是一个重要的因素。我们认为不同的人不可能具有相同的DNA模式，但是同卵兄弟姐妹除外。"

然后我会告诉他们我自己就是三胞胎之一。你要知道我这个人喜欢戏剧性效果，当我告诉警察我是三胞胎之一的时候，我可以通过他们的表情看出他们在想什么："噢，我的上帝。她们有三个。"

一位检察官讲述DNA证据是如何替受害人说话的

2002年的一天上午， 侦探们来到了我的办公室，他们相信一位10岁的女孩遭到了一名巴士司机的性攻击。那个女孩具有认知方面的残疾，坐在轮椅里，通过插进胃里的一根管子进食，并且语言表达能力

非常有限。

从我所了解的情况来看，我认为这个巴士司机很可能对那个女孩做了什么。但是在询问这个女孩之后，我怀疑我是否能够证明这件事情。由于那个女孩语言表达能力非常有限，我甚至不能使案件进入初步听审阶段。我说她的语言表达能力有限，实际上已经是乐观的说法了。另外，她很容易受到别人的引导。

事情的经过是这样的：一位妇女正在她家厨房中做饭，她从厨房窗口看见一辆典型的黄色校车停在了她的房子前面。她透过厨房窗户看出那是一辆配备特殊设施的巴士。她看见那个巴士司机从驾驶座上站起来，伸手将那个女孩从轮椅上解下来。在做这件事之前，他曾经到巴士后部拿了一块橙黄色的毯子，并把它铺在了巴士的前部。他将那个女孩从她的轮椅上抱下来，放在了毯子上。这一切都被那位妇女看在眼里。然后她看见那个司机俯下身去，消失在她的视线中——他很可能在巴士车窗以下的部位。他在她看不见的车窗以下的地方待了大约有四五十秒钟，然后起身回到驾驶座上，开车离去了。而这时那个女孩还躺在巴士的地板上。

那名妇女估计发生了什么不好的事情，于是她上了自己的汽车跟踪那辆巴士。那辆巴士在某个地方靠边停了下来，她看见那个司机离开驾驶座，抱起那个女孩，把她放回到轮椅上，系好带子，然后开车转了个弯。那个女孩的兄弟姐妹正在那里等着接她。

那位妇女看见他们将女孩带进一个房子中。在那辆巴士离开后，她走过去，敲开了那个房子的门，并将她看到的事情告诉了那个女孩的养母。但是她随后又说："听着，我不想被牵扯到这件事情之中，我和这件事情没有任何关系。"然后就开车离开了。

然后那位养母与那个女孩进行了交谈。那个女孩不能清楚地表达任何东西，但是她拿起她的芭比娃娃，用手指了指自己的嘴唇，然后又指了指芭比娃娃的阴部。那位养母因而从那个女孩那里了解到那个叫丹尼斯的巴士司机将他的嘴唇放到了她的阴部。

那位养母给警察打了电话。由于那个女孩非常害怕医院，一到那里就会拼命挣扎，大声尖叫，因此他们无法将她送到性攻击治疗中心去。

这基本上就是那天上午他们在我的办公室中告诉我的情况：我们有一个不会说话的受害人；我们知道发生了某种事情；但是我们没有证据，没有证人。因此从一开始这就是一个非常棘手的案子。

我告诉在我办公室的警察：首先，如果他们能够找到那位看见那辆校车的妇女的话，我将会非常高兴；其次，他们应该申请一份搜查那辆校车的搜查证。

他们照我所说的去办了。那天他们整个晚上都在那个地区寻找那位目击证人，最终通过挨家挨户查访的方式找到那位妇女。

他们在那辆校车上找到了那个橙黄色的毯子，与那位妇女所说的完全相符。

他们发现，那位母亲曾用消毒纸巾擦拭过那个女孩，于是他们开始检查那些纸巾。他们不断地检查，最终在其中一张纸巾上发现了一种叫做淀粉酶的东西，这是存在于唾液中的一种酶。通过对它进行测试，他们得到了与那个女孩不同的完美的 DNA 图谱。

基于这一证据，我们获得了一份搜查证，通过用拭子提取他口腔上皮细胞获得了他的 DNA 图谱。当犯罪实验室将他的 DNA 图谱与在消毒纸巾上的 DNA 图谱相对比时，发现它们完全匹配。

在这个案子中，如果没有 DNA 技术，我们几乎无法对犯罪嫌疑人提起公诉。即使我有一个愿意出庭作证的目击证人，并且事情看上去非常非常可疑，我也会怀疑自己是否能够排除合理怀疑地证明嫌疑人有罪——特别是在受害人没有语言表达能力的情况下。

但是当我们在一个 10 岁女孩的阴部发现了一位 55 岁男子的 DNA 的时候，情况就完全不同了。我要再次强调，如果没有 DNA 证据，我们永远也无法起诉那个嫌疑人。那个司机负责接送的是最脆弱的儿童，最脆弱的儿童！所有儿童都是脆弱的，但是患有严重残疾的儿童则更为脆弱。如果不是 DNA 证据，他现在很可能还开着校车接送那些儿童呢。

自从这个案件之后，每当我与犯罪实验室的工作人员交谈的时候，我都会向他们指出，他们所做的工作是多么了不起。他们很少看到受害人的脸。我告诉他们，对于那个小女孩而言，是他们替她说了话。他们用他们的工作替她说了话，而我则将那个男人对她所做的事情告诉所有的人。

一名辩护律师讲述有关 DNA 和错误有罪判决的故事

上世纪 90 年代初我曾经在圣地亚哥办理过一个涉及一名海军士兵的案件。这个人被指控在海军宿舍中强奸了他自己的女儿。据说事情的经过是这样的：他在早上起床，然后去上班了；他的妻子起床后发现女儿在床上哭，她的阴部在流血，受到了严重的伤害。孩子被送到了海军医院，医生说她遭到了性攻击，并给警察打了电话。

他们怀疑是她父亲干的。那个女孩最初曾说："一个男人从窗户外面进来，他把我放进一辆绿色的车里，然后把我带到公园里做了这件事情，然后他又把我带了回去。"这个故事听上去有点奇怪，她只有 8 岁，这听上去像是一个小孩子编造出来的故事。

她遭到了残暴的攻击，医生对她实施了紧急手术。那些侦探都在说着"噢，我的上帝。看看他对这个女孩做了什么"以及诸如此类的话。在此类案件中他们的这种反应并不少见。

他们把她从这个家中带走，送到了别人家中寄养。她每周接受两次心理治疗，身体逐渐康复，情绪也越来越稳定。她想回家。心理医生和寄养父母都用了大量的时间来帮助她。

他们最终和她谈起了当时所发生的事情，她说："是爸爸干的。"于是她的父亲就被指控实施了这起残暴的强奸罪。

但是他们没有确凿的司法证据。警察从医院里收集了那个女孩的睡衣和内裤并把它们保存起来。当时由于那个女孩被送去做紧急手术，因此医生没有用拭子从她的阴道内提取证据。

这个女孩的父亲吉姆声称自己是百分之百清白的，这听起来是可信的。因此我找到了一个实验室技术员，我们一起到警察局查看了保存在那里的证据——这时距离案发大约已经有一年了。我们在那个女孩的睡衣和内裤上发现了一些斑痕，它们并不是血迹。

我们提取了非常少量的样本放在显微镜下观察，结果我们发现了精子细胞。当时我们就像棒球比赛中获得本垒打一样兴奋。警察当时竟然没有看到这些精斑，这很可能是因为在当时精斑还没有干，很难被发现。

我与被告进行了交谈。他说他做过输精管结扎手术，因此精液中不会有精子。而这些精斑中则有精子细胞。我告诉吉姆重新作一次精液测试，因为有时输精管结扎手术并不十分成功。经检测，他的结扎手术是成功的。因此我们立刻就知道了吉姆不可能是那个强奸犯。

我建议公诉方与辩护方作一次联合测试，并且请曾经为公诉方作证的优秀的司法证据学家布莱克博士来进行这一测试。

公诉方接受了这一建议。我们同意进行两个层次的测试：先对证据进行测试，然后再进行参考样本的测试，这样测试结果就非常客观。我知道我的顾客以及他妻子的血型。布莱克报告说，精液的血型与那个女孩的父亲、母亲或者那个女孩都不匹配。

我们一直在调查此案，并且发现了另一个嫌疑人。他是个到处寻找目标专门对儿童实施性骚扰的家伙，大约在 18 个月前因试图闯入另一个海军家庭宿舍而被逮捕。在我们的那个小女孩的案件中有一件奇怪的事情，那就是在她房间窗户的外面有一个任何人都无法解释的脚印。因此我们说这个脚印就是那个家伙在进入或离开那个女孩的卧室时留下的。

当我们找到那个家伙的时候，他正在监狱服刑。他因为试图闯入另一个女孩的房间而被判处了七年监禁。那件事发生在我们那个女孩被强奸后七个月。

而且这个家伙有一辆与那个女孩最初描述的那辆车相似的绿色汽车。在作 DNA 测试的时候，我们不断地说："就是这个家伙干的。"而公诉人则说："噢，不可能！这完全超出了现实的范围。"他还对我说："当 DNA 测试结果出来并且显示与你的顾客吉姆·韦德相匹配之后，最好还是让他承认有罪吧。"

测试结果出来了。那精液不是吉姆·韦德的，它是一个"身份不明的人"留下的。我们得到了我们一直怀疑的那个家伙的 DNA，测试结果表明，那起案件就是他干的。

这些警察曾经说过，他们对这个女孩所遭受的攻击感到如此之气愤，以至于夜晚无法入睡。你知道，这使他们变得非常情绪化。人一旦变得情绪化，判断能力就会大打折扣。

韦德被排除了嫌疑。法院作出了有关无罪的事实上的认定。他随后对县政府提起了民事诉讼，最终得到了大约四五百万美元的赔偿。

在监狱中的那个家伙最终因为这一罪行而受到了起诉，并被判处 99 年监禁。实际情况是：那个家伙是一个极为危险的到处寻找目标、专门闯进人们家中抢走小女孩的儿童性骚扰者。而他在残暴地攻击了韦德家的那个小女孩七个月之后，才在试图闯入另一个女孩家中的时候被抓住。

DNA 专家讲述他们所见证的变化

1987 年，我办理了这个国家中第一起 DNA 刑事案件。这是发生在佛罗里达州的一起强奸案。我们将嫌疑人的基因分子与在受害人身上发现的精液中的基因分子作了比对。

那时，全美国只有一个 DNA 司法证据实验室，那就是位于纽约的生命密码公司。除此之外，在这个国家中没有其他 DNA 司法证据实验室。一个也没有。

当时我是生命密码公司司法证据业务拓展部的经理。我给警察部门、检察官办公室、辩护律师事务所做有关 DNA 测试的讲座，然后就开始有业务上门了。

我们找到了联邦调查局，当然，他们把我们踢了出去。他们认为这种技术是不会成功的。他们真的认为它不会成功。你知道，联邦调查局的人有墨守成规的心态，而且他们非常傲慢。他们有这样一种心态：如果某种技术不是我们这里发明的，那么它就毫无用处。

DNA 作为司法证据在美国的使用始于 1987 年。当然，考虑到从那以后这个领域里的所有这些进展，我们可以说，1987 年在 DNA 技术发展的历史上应该算是古代了。

——DNA 专家/前实验室主任

在过去，也就是在 DNA 技术被应用于司法证据领域之前，当我们还只能对阴道拭子作精液的血型和红细胞的酶型（PGM）配型检测的时候，我们必须处理混合物的问题。我们必须试图对混合物作出解释。如果一名男子是 A 型血，一名女子是 B 型血，那么混合物的血

型检测结果很可能是AB。通过这种方法我们可以排除某些人，但是无法揭示精液主人的太多情况。

DNA测试能够将精子细胞与阴道上皮细胞分离开来。当我们从阴道拭子上得到精斑后，我们可以将精液分离出来，并从中获得DNA图谱。这是一个巨大的进步。我们可以从样本中获取DNA并且将它与某个人联系起来。

它的另一个优点是，我们可以用它来对非常非常陈旧的东西进行测试。因此，我们最早接到的案子大多数都是一些悬而未决的案子。他们找不到任何头绪，不知道应该如何处理这些案件。警察们认为他们知道是谁干的，但是却无法证明他们的想法。我们开始接到这样的案子，并且取得了突破。这就是这个国家整个DNA运动的开始。

——血清学家/DNA分析员

聚合酶链式反应（PCR）技术只有12年的历史，它真的使DNA研究发生了革命。

PCR方法使我们能够将从犯罪现场获得的极少量的DNA样本复制数百万份，从而使我们有足够的分析材料。我们能够在20分钟内复制100万份任何东西的DNA。通过这种技术我们可以对证据进行复制，这就像一台分子复印机。

它使我们获得了敏感度，有时这种敏感度甚至过高了。这种技术如今是如此之敏感，以至于我们从证据被收集的那一刻起就必须采取非常非常特殊的保护措施。如果你离证据靠得太近，触摸了证据，朝着证据呼吸、咳嗽，或者在上面掉了一根头发，那么你的DNA也会随着证据一起被复制。

——DNA分析员

一位由犯罪现场摄影师改行而成的DNA分析员谈展示了DNA测试演进过程的一件悬案

我所处理过的最引人注目的一个案件就是在明尼阿波利斯市发生的一起绑架杀人案。该市3M公司的一名职员从办公室中绑架并随后杀害了该公司的一位女职员。

这一案件的玄妙之处在于它展示了DNA测试从旧式的血清配型到线粒体DNA使用的演进过程。每当我回想这个案件，我就像在观看DNA测试的整个演进过程。

被害人在1989年的秋天被人从3M公司绑架。那时我刚刚完成犯罪现场摄影师的培训，开始在实验室工作。那是一个周末，我正在实验室工作，一位犯罪现场调查小组组长走进来说："我们发现了一个犯罪现场。我们需要一名摄影师，你能去吗？"

我曾经作为一个后备人员或实习摄影师去过另一个犯罪现场，因此我和另一位刚刚完成摄影培训的人一起去了现场。

现场在明尼苏达州诺斯菲尔德的一片玉米地中。当时是秋天，一位农民在收割玉米的时候发现了一具尸体。对于现场的情景我已经记不太清楚了，我只记得当时天气非常冷，我努力确保我的照相机正常工作。我所记得的另一件事情就是，当他们把她挖出来的时候，她身上穿着一件棕黄色的防雨衣。

当其他人处理现场的时候，我们就在旁边照相。这发生在1989年。警察很快就锁定了一个犯罪嫌疑人——她的一位同事。你们知道，他们对他进行了很多次讯问，并且开展了很多次搜查。

他们对他的家也进行了搜查。犯罪现场调查小组在那里寻找血迹证据，他们使用了一种叫做发光剂的化学试剂，这种试剂在与血液发生反应后会在黑暗中发光。他们从他家的地毯上割取了很多块样本，在这个过程中他们发现了被害人的汽车钥匙。

但是当他们将案件提交到法院的时候，法官以“汽车钥匙”没有被明确地列在搜查证上为由，将其排除在证据之外。而这些钥匙是他们所掌握的主要证据。

他们将地毯带回到实验室去对它作了血清测试，测试结果表明地毯上有血迹。但是由于当时还没有 DNA 测试，他们无法确定这是人的血液。因此，由于那些汽车钥匙被法官排除在证据之外，而我们又无法从地毯上的血迹中测出血型来，警察没有足够的证据起诉那个嫌疑人。

那个案子成了一件悬案。警察一直没有忘记那个嫌疑人，但是他们没有证据。他们推断，那天他把她带回了家，在那里杀死了她，然后又把她的尸体抛弃在别的地方。

1993 年，我在犯罪实验室从事 DNA 工作。我们找回了那些地毯样本并试着对它们进行 DNA 测试。我可以证明上面有人的血液，但是那时我们只能够作 RFLP 测试，我没有得到任何结果。

后来 DNA 测试发生了变化。在 1996 年和 1997 年我们正在研究短串联重复序列（STR）技术。1998 年，当我们正要使用新的 STR 技术的时候，一位调查人员对我说：“如果我把那个家伙家里的地毯样本再拿回来，你是否愿意在它上面试一试这项新技术?”我说：“当然愿意。”我在地毯上发现了一些以前没有被测试过的区域，并且从那里获取了 DNA。1999 年，我从嫌疑人家里地毯上的血迹中获取了与被害人相符的 DNA 图谱。

在该案中还有一些没有解决的毛发证据。总检察长办公室接管了这一案子，他们决定将这些毛发送到一个私人实验室去作线粒体 DNA 检测。测试结果是：在嫌疑人家的卫生间中发现的一根毛发与被害人相匹配。在被害人腿上发现的一根毛发与嫌疑人相匹配。

这发生在2002年。我们获得了一次有关线粒体DNA测试的听证。在听证举行了一半的时候，嫌疑人说他不记得有关此事的任何东西了，并且他必须去作精神病评估。最终，他于2003年承认有罪。

那位妇女是在1989年被谋杀并被抛尸于一片玉米地中的。凶手直到2003年，也就是她被绑架并被谋杀14年之后才受到了惩罚。但是在此期间，我们不断地使用新的DNA技术回去调查这一案件，而DNA测试技术也变得越来越好，越来越敏感。

DNA分析员和犯罪实验室主任谈罪犯在现场留下的DNA证据

我们曾经处理过一个涉及橄榄午餐肉片的案件。一个家伙在一所房子的女主人睡觉的时候闯进了她的家中。他打开了她的冰箱，从里面拿出了一些午餐肉并吃了一口。但是他很不喜欢那个午餐肉的味道，于是说了一句“真恶心!”之类的话，然后就把它放在了橱柜上。

后来那位妇女打电话报了警。警察来了以后，她说：“我没有把那个午餐肉留在那里，它可能是从我的冰箱里拿出来的，但不是我拿的。”

因此警察将这片午餐肉收集起来带回了实验室。我们将它冰冻起来。我们通常会将食物证据冰冻起来，把它们冻硬。然后我们让它们稍微融化一点儿，在表面的冰晶刚刚开始融化时，冰晶会将食物上的细胞带下来。这样我们就可以用拭子提取这些细胞，然后对这些细胞进行处理，从那里获得DNA。如果在食物没有被冰冻的情况下就用拭子去提取细胞的话，那么你只能得到一堆乱糟糟的东西。

我们从那片午餐肉上获得了完整的DNA图谱，并将其输入合并

DNA 索引系统的全国性数据库（CODIS）计算机系统进行检索，结果得到了我们所要找的那个家伙的名字，他是一个入室窃贼。

——犯罪现场处理员/DNA 分析员

不知道是什么原因，那些闯入别人家中的人往往会变得比较贪嘴。我们实验室经常会收到嫌疑人用过的可乐罐或餐具什么的。我本来以为这些罪犯会尽快干完他们想干的事情以后离开犯罪现场，谁知道他们却坐在那里吃上了东西……

他们没有意识到，他们在现场吸吮过并随便丢弃在地板上的那根吸管对于我们来说是一个完美的证据。

——DNA 分析员

这些罪犯真是不可思议：他们非要在犯罪现场抽烟。犯罪实验室从现场收集到的香烟头数量非常惊人。他们在闯入别人家中之后，往往先要抽一根烟，然后再拿走他们想要的东西。

在许多诸如入室盗窃的案件中，我们本来没有任何犯罪嫌疑人，但是我们仅仅通过分析罪犯在现场留下的烟头，就可以从我们的数据库中找到相匹配的嫌疑人。这真是不可思议。

——DNA 分析员

许多人在策划入室盗窃等犯罪的时候，他们往往会想到戴橡胶手套或乳胶手套，因为他们知道指纹。但是他们不能戴着这些手套在大街上走来走去的。因此当他们在实施完犯罪之后就会把这些手套摘掉，然后把它们留在现场或扔进垃圾箱里。

警察们会去搜查垃圾箱，或者他们可以在犯罪现场发现这些手套。在那些东西上布满了 DNA，因为你在戴着它们的时候会出汗。

在实验室，有时我们会将手套的顶部剪下来，然后在上面扑上粉，这样我们也能够从那上面提取到指纹。

这些罪犯虽然知道了指纹，但是他们还没有聪明到了解 DNA 的程度。

——犯罪实验室主任

我们可以处理越来越小量的样本了。 制造 DNA 测试的试剂和仪器的公司每年都会想出一些办法来作出一些小小的改进，使我们能够测试越来越少量的样本或越来越腐烂的样本。在五年前，我们从这些样本上检测不出任何东西，而如今我们可以从这些东西上检测出结果来了。

——DNA 分析员

在抢劫银行时戴滑雪头罩？ 我们可以从这些头罩中获得大量 DNA 证据，而许多劫匪会把这种头罩留在现场。他们跑出银行，将头罩从头上扯下来，然后把它们扔掉。我们立即赶到那里，从头罩上提取唾液。在头罩遮盖鼻子和嘴的部位是巨大的 DNA 证据来源。

在一个案件中，我们在滑雪头罩的内部发现了唯一的一根眉毛。这根眉毛的根部还带着毛囊，我们从那上面获得了 DNA 图谱。在头发根部带有从头皮中带出来的一小块组织——毛囊组织。如果我们用力把毛发拔出来的话，那么它就会将一些皮肤组织带出来，那上面带有核 DNA，我们可以从中获得 DNA 图谱。

有人以为自己戴上滑雪头罩后就没有人认出自己来了。事实并非如此，他们留下了 DNA。

——犯罪实验主任

我们曾处理过涉及口香糖的案件。我们曾经通过在一辆汽车的烟灰缸中找到的一块口香糖破获了一起车辆盗窃案。我们曾经处理过罪犯在现场留下的润唇膏、眼镜、衬衫和鞋子。有一个家伙在入室盗窃时很显然发现事主的鞋子比自己的好，于是他就换上了事主的鞋子，把自己的鞋子留在了现场。我们从他的鞋子内部提取到了 DNA。

痰：一个家伙在警察追逐他的时候向窗户上吐了一口痰，警察停下来提取了他的痰液。这些罪犯到处留下他们的 DNA。

——犯罪实验室主任

在两年前发生的一起银行抢劫案中，一名劫匪显然因为银行职员给他拿钱的时候动作太慢而发了火，他冲着这位妇女大喊大叫，结果在柜台上留下了唾沫星子。

那位妇女非常聪明。当警察到来之后，她向他们指出了柜台上的这块唾沫。我们从中提取到了完整的 DNA 图谱，那个家伙因此被抓住了。

当地报纸报道了这一案件，标题是："有话好好说，不要唾沫星子乱飞。"

——犯罪实验室主任

我们在犯罪实验室见到过各种排泄物：汗液、尿液、大便和脓液。有的罪犯在现场留下面巾纸。在一个犯罪现场，罪犯留下了一张用过的面巾纸，我们从那上面提取了完整的 DNA 图谱。如果你用面巾纸擤鼻涕的话，那么你就会在面巾纸上留下无数的 DNA。

——犯罪实验室主任

有一次在一个公园里发生了一起强奸案。那个家伙在强奸时使用了

一个避孕套，然后把它扔进河里。受害人将警察带到案发地点查看。那个强奸犯没有能够把那个避孕套扔进河里，它挂在了河边的一些小草上。我们在避孕套内得到了强奸犯的DNA图谱，在避孕套的外部得到了受害人的DNA图谱。这是再好不过的证据了。

——犯罪实验室主任

获取DNA的最好的地方就是刀子上刀片与刀柄连接的地方。一把刀子并不是一个整体，在它的上面有空隙。如果有血液沾在刀子上面的话，那么它肯定会进入这些空隙中。

还有枪。在我们连续开枪的时候，我们的手可能会被扳机夹住，因此有时我们会在枪上发现开枪者的血迹。我们会在凶器上的这些微小的缝隙中寻找血迹——我指的是很小的血迹。因此我们不会只看一下凶器的外部就说："我在这里看不见任何血迹。"

我们会找人将武器拆开。我们会请枪支专家过来把枪拆卸成零件，或者将刀片从刀柄上拆下来，或者将一个干净的镊子插进缝隙中，然后用一个有盖的玻璃碟在下面接着，看看有什么东西掉下来。

——DNA分析员

即使是用最好的技术，我们在从枪支上面提取DNA的时候也会遇到很大的问题，因为你知道一个警察在见到一支枪之后立即会做什么事情吗？他会把它捡起来说："这是一个玩具。"他会把枪拿给其他人看："这是一个玩具。"

警察们会把它传着看，直到某个人把它打开，然后说道："这是一支真枪！"

警察和枪，上帝！

然后地区检察官会说："把这支枪送到实验室去，这样我们就能够把它跟被告人联系起来了。”

多年来我们一直在对现场的人说：“不要为那些枪担心，你们可以用手拿它们粗糙的边缘。”但是，通常我们会在那些地方找到DNA。因此现在我们告诉警察：“如果你们要拿起在犯罪现场的一支枪的话，首先戴上手套。当你们处理完之后，把它装进袋子里。”

——犯罪实验室主任

手指甲是非常好的DNA来源，它们真的是太棒了。我们有很多关于手指甲的案子。我们曾在多个女性被害人的手指甲缝里取得了凶手的完全的、单一来源的DNA图谱。

举个例子：我们曾经处理过一起入室强奸杀人案。一个家伙从后门闯入了一所房子，强奸并杀害了那里面的一名妇女。

处理这起案件的一个人将一个棉球缠在一个镊子的前端，轻轻地擦拭被害人所有的手指甲缝。在一只手上，指甲缝中含有被害人和凶手DNA的混合物，而在另一只手的指甲缝中则全部是一名男性——而且是同一名男性——的DNA。

他们通过被害人身上的精液找到了凶手。他说他认识被害人，他们在双方愿意的情况下发生了性关系。但是被害人撕裂的指甲以及在指甲缝中所发现的他的DNA都显示当时他使用了暴力。另外还有证据表明他当时是强行进入那所房子的。当然，被害人无法对我们说：“我当时没有和他约会！”但是凶手的精液、强行入室的证据以及在被害人指甲缝中发现的他的DNA都是强有力的证据。他被认定有罪。

——DNA分析员

我们曾经仅仅通过一个带丙烯酸人造指甲尖的手指甲破获了一起案件。一个女人为了一个男人而杀死了另一个女人。调查人员在现场发现了

一个丙烯酸指甲尖，在这个人造指甲与手指相连接的部位有这位女性嫌疑人的DNA。而在这个指甲的另一面有来自被害人的一滴血。这滴血以垂直的角度落在了这个指甲的背面。

——DNA 分析员

在我们处理过的许多案件中， 最关键的一个问题就是："当时是谁穿着这些衣服?" 我们可以从棒球帽中取得很多DNA证据，这主要是因为人们在戴着棒球帽的时候会出汗。另外，棒球帽里面还会有很多从头部蹭下的细胞。

——犯罪实验室主任

通过出汗或触摸获得DNA的最好的来源是那些反复接触皮肤的东西， 因此最好的DNA来源包括棒球帽和衣领。在一些案件中，凶手与被害人发生了接触，被害人的血留在了他们的衬衣上。因此，他们脱下了衬衫，把它扔在了犯罪现场以外的某个地方，如超市后面的一个垃圾桶中。有人看见他们扔这些衣服了，于是我们就得到了那件血衣。

虽然我们得到了那件血衣，但是我们仅从衬衣本身无法证明当时究竟是谁穿着这件衣服，于是我们就剪下衬衣的衣领和腋窝部分。当一个人出汗的时候，他皮肤中的细胞会被汗液中的湿气带走，然后被衣服的纤维所吸收。我们能够从这些部位提取穿衣人的DNA。另外，在衣服上还有被害人的血液。

——犯罪实验室主任

DNA领域的一大进步就是： 我们现在能够从汗液和唾液中获取DNA。DNA的最好的来源就是反复接触皮肤的东西。

比如说，有一个人被绑架了，我们需要获得被绑架者的DNA。

如果我们能够得到受害人的手提包的话，那么在包的提手部分很可能有他或她的 DNA。我们很可能会从他们的电视遥控器、梳子或钥匙等东西上得到他们的汗液。受害人专用的牙刷、剃刀、化妆品等物品也是很好的 DNA 来源。

被 STR 分析方法真正占领的另一个领域是唾液。在唾液中没有很多的 DNA，我们真正要分析的不是唾液中的液体，而是当你在交谈或吃东西时从嘴中脱落的细胞。这些细胞是在口中反复使用某些东西的时候脱落的。因此，我们能够从一根吸管上得到细胞，因为它被反复地置于你的嘴中。咖啡杯或香烟也反复被送到嘴上。

吸管、口香糖、易拉饮料罐、咬痕等都是好的 DNA 来源。在一个案件中，我们在一个咬痕上发现了两种 DNA 图谱。其中主要的、长的那个 DNA 图谱是咬人者的，另外一个是被咬者脱落的皮肤上的。这真是不可思议。五年前，我们对于咬痕除了作法医齿科检查之外就不可能作任何其他检测了，而现在，我们能从一个咬痕中提取 DNA —— 在这种情况下，在一个人的嘴和另一个人的皮肤之间只有一次接触。

—— 犯罪实验室主任

在我处理过的最广泛地应用 DNA 分析的一个案子中，一个婴儿被人从一位已经被杀害的妇女肚子里剖了出来。在该案中，有五个犯罪现场、三名被告、三名被谋杀的受害人和两名幸存者，我共检查了 125 件证据。这些凶手所做的事情真是匪夷所思。

案件发生在 1995 年 11 月。在犯罪发生之前，有一个怀孕已足月的孕妇告诉人们，她准备在三天后做引产手术。这位孕妇怀孕已经足月这一事实也正是最终杀死她的那些人的计划的一部分。

被害人是一个由朋友组成的庞大群体的成员之一，这个群体的成员中也包括最终杀害了她的那些人。

该案中有三位被告，其中有一位曾经与孕妇约会的成年男性。他的一个堂妹和她的男朋友想要一个浅肤色的男婴。恰好这个孕妇是一位白人妇女，并且他们知道她正和一位黑人男子约会，因此，他们知道这个婴儿将会有浅色皮肤。他们也在与这个孕妇的交谈中得知，这个胎儿是个男婴。

那个女被告开始把她自己伪装成孕妇，她也尽量把怀孕时间说得与这个真正的孕妇的孕期相一致。当这个伪装成孕妇的女人和她的男朋友发现那位孕妇准备进医院进行引产后，他们查明了与她同居的男朋友的作息时间表，并且确定了他不在家的时间。

这对堂兄、堂妹和她的男朋友在被害人的男朋友上班的时候一起进入她的房子中。他们对着她的头部开了一枪，然后从她的肚子里剖出了那个足月的婴儿。令人难以相信的是，这个婴儿活了下来。这个被害人还有一个两岁的男孩，是她和其中一名凶手在过去同居时生的。这个两岁的男孩也幸免于难。

被害人还有另外两个孩子——一个 8 岁，一个 10 岁，他们最终也被杀害了。那个 10 岁的女孩在现场被残忍地杀害了。那个 8 岁的男孩藏了起来，然而，当凶手们带着婴儿准备离开时，他却跟随他们一起走了。

那个与被害人同居的男朋友回家后发现他的女朋友被枪杀了，她的子宫被切开，那个两岁大的孩子浑身是血，正在房子里跑来跑去。

凶手把那个 8 岁男孩留在他们一个人的朋友家中，这个男孩告诉人们发生了什么。他的故事听上去是如此的荒诞，以至于人们根本就没有把它当回事。随后那三位被告又回来，把那个男孩带走了。后来，在那些不相信那个男孩所讲的故事的人中，有一个打开了电视，电视中播放的头条新闻就是：一个 10 岁的女孩和一名妇女被谋杀，凶手从被害妇女的子宫中取走了一个胎儿。新闻中播放了一张正是刚才和他在一起的8岁孩子的照片。天啊，这是真的，他就是那天晚上早些时候被杀家庭中的一员。他们报了警，但是，当他们将这一情况告诉警察的时候，那个男孩已经被杀害并且被丢弃在高速公路旁。

被害人和她家人居住的公寓是第一现场，凶手带那个8岁男孩去的那个房子是第二现场，凶手带血的汽车是第三现场，小男孩尸体被发现的高速公路旁是第四现场，那个堂妹的公寓是第五现场。

证据最多的一个现场是第五现场，即那个堂妹和他的男朋友这两个被告人的公寓。他们把那个新生儿带到了那里。在那两个被告的家中有许多与那个被从被害人腹中剖出的婴儿的血液相匹配的血迹。婴儿的脐带没有被剪扎好，因此，在公寓里到处都是血。他们还从第一现场偷了一件外套，这个男朋友当时穿着它，因此外套上也有血迹。

因为这个女被告一直宣称那个从被害人子宫中剖出的婴儿是她与她男朋友生的，所以我们为那个婴儿作了亲子鉴定。结果这个孩子不仅不是他们两个的孩子，而且也不是被害人同居男友的孩子。他的父亲是被害人的前任男友，也就是是三个被告中的一个。

侦探们把所有的东西带回给了我们，其中有一根电缆线，上面有非常非常微小的一点血迹——这是我职业生涯中最重要的一个血迹，因为我简直不能相信我竟然能够发现它。我用拭子把它取下来，作了一个初步颜色测试以证明血液的存在。这是使用酚酞进行的一个氧化还原测试。当酚酞被氧化后会变成粉红色，如果样本中有血液存在，那么这个反应会非常迅速，而且色彩也非常强烈。但是随后我想："噢，上帝啊，然后我该怎么办呀？"

通常我们是将这种化学试剂滴在一个大片血迹的一小部分上，如果检测结果呈阳性，我们再将剩余的血迹送去作DNA分析。然而，在这个案子中，由于血迹是如此微小，我没有留下任何的残存样本。

因此，我拿起那个滴有化学试剂的拭子将它与其他样品一起送到斯普林菲尔德犯罪实验室进行 DNA 分析。

实验室得出了与那个 8 岁男孩相匹配的 DNA 图谱。这根缆线曾经被试图用来勒死那个男孩，不知出于什么原因，他们在实施谋杀后又把这段缆线带回了他们的公寓。他们试图用多种方法杀死那个男孩。他们试图用缆线勒死他，还试图用碘酒毒死他。他们之所以一直试图除掉他，是因为他能说话并且认识这起犯罪全部的参与者。他们最终在汽车中将他刺死，并将他抛尸。

在这个案子中，DNA 在几个不同的方面起了作用。在证明那个婴儿不是那两个被告所生这一点上，DNA 明显起了主要的作用。DNA 在这个案件中起了确认亲子关系的作用。

我们在那个声称是婴儿父亲的男人的外套上发现了 DNA。那个回到家里发现他女朋友子宫被切开的男朋友——也就是那个好人男朋友——说他的外套不见了，而这件外套沾满了血迹。带着来自男孩身上一小点儿 DNA 的缆线是在那两个想要婴儿的被告家里发现的。在他们驾驶的汽车的后备箱中也有一大块血迹，DNA 测试显示，这些血迹来自那个被谋杀的男孩。

在该案中，我共检查了 125 件证据，其中大约有 12 件被呈交法庭。最大的证据是那件外套和那根缆线。

这个案子发生在 11 年前。即使当时使用的是旧的 DNA 检测方法，我们还是从这些血迹中得到足以证明这三个被告全部有罪的证据。那个女被告人最终作出一个声明，说案发时自己确实在现场，但是自己没有杀任何一个人。她指称另外两名被告人为凶手，而后者均否认自己与任何一起谋杀有关。那个女被告人和她的男朋友被判处死刑，而她的那个堂兄则被判一个终身监禁另加一个 80 年监禁。

——DNA 分析员

使用新的测试方法，我们能够从微量血样中检测到令人惊叹的东西。举一个例子：有一天，我们的一个分析员带来了一只他在他家浴室中打死的蚊子，他想知道那只蚊子在被打死之前叮了他家里的哪个人。

于是他就把那只死蚊子带到实验室，制作了一张 DNA 图谱表，以对其体内的 DNA 追踪测试。他称之为“偷袭蚊子案”。

我们所使用的技术只复制人的 DNA，因此那只蚊子自己的血液不会进入我们的分析程序。让我们看看那张 DNA 图谱表吧：那上面有这个家庭中的父亲、母亲和两个女儿的 DNA 图谱。当然我们实验室里所有的人最急于从这个图谱表上了解的一个问题就是：“他到底是不是那两个孩子的亲生父亲？” DNA 图谱表显示，他的确是她们的亲生父亲。

解答那个蚊子究竟叮了谁这一问题的关键是牙釉质蛋白基因——在 X 和 Y 染色体上用于确定性别的基因。该基因显示蚊子肚子中的血液来自一位男性，因此我们的这位 DNA 分析员是这只蚊子的唯一受害者。

——犯罪实验室主任

检察官谈警察和罪犯是如何在 DNA 证据方面斗智斗勇的

有时警察会使用各种计谋来获取犯罪嫌疑人的 DNA。如果他们锁定了一位犯罪嫌疑人，但又由于缺乏足够的证据而不能获得由法院颁发的生物证据搜查令，那么他们可能会利用法律中有关遗弃财产的例外规定获取 DNA 样本。

例如，警察怀疑一个家伙实施了性攻击，他们在讯问他的时候问他想不想喝一瓶可乐。如果他喝了的话，他们就可以在可乐的瓶颈上获得他的DNA。可是那个家伙什么也不喝，于是他们就向他递上一根香烟，他接过去抽了起来。但是在抽完之后，他把烟掐灭了，将烟头放进了自己的口袋。在他离开警察局后，他们对他进行了跟踪。他走到某个地方的时候，向路边吐了口唾沫。于是他们就得到了他的DNA。

更多的例子：我们知道有的警察曾经装扮成餐馆的服务生，以获取犯罪嫌疑人用过的吸管或杯子。他们会使用各种不同的手段。在华盛顿州，警察给一位谋杀嫌疑犯发了一封信，邀请他参加一项集体诉讼，条件是他必须在邀请信上签名并把它寄回去。那个嫌疑人在寄回信的时候舔了信封封口上的胶，警察因此获得了他的DNA证据。

在密歇根，一个强奸犯闯入一位妇女的家中。当时这位妇女在家里点了一些蜡烛，他在强奸她之前吹灭了那些蜡烛。警察在蜡烛上获得了他的DNA。

而在另一方面， 犯罪分子在运用他们所掌握的DNA证据方面也表现出一定的聪明才智。《犯罪现场调查》这部电视剧所产生的效应之一就是，犯罪分子也学聪明了，认识到了DNA证据的巨大威力。

例如，在威斯康星州有一个系列强奸犯——他总共实施了三起性攻击。他坚称自己是无辜的，并且不断地说这些犯罪都是由一个具有与他完全相同的基因图谱的人实施的。

这个名叫特纳的家伙当时正在监狱中服刑，他写信给犯罪实验室说："发生了一个严重的错误。有一个具有和我完全相同的DNA的人正在外面强奸妇女。"他说："查一下这起强奸案吧。"然后就给了我们一起在他入狱之后发生的强奸案的被害人的姓名和地址。"查一下这个你们就知道了。"我对犯罪实验室的人说："那你们就去查一下吧。也许这样就可以让他闭嘴了。”他们去了犯罪现场，那里的精液与特纳的完全匹配。这怎么可能呢？这个家伙当时正在监狱里呀！

这不符合情理。我打电话对侦探说：“去查一下受害人。”她住在绿湾。当他们讯问她的时候，她说：“哦，这个呀。”原来她与特纳家关系很好。她告诉侦探，特纳将他的精液装在调料袋——你知道，就是那种装番茄酱的小袋子——里邮寄给了她，然后告诉她：“把这个东西涂抹在你的身上，到车库中去（这是他通常实施强奸的场所），从衣服上扯下几个扣子，把你身上弄得很脏。”于是她就按照他说的做了，然后就报案说自己遭到了强奸。她这么做只是为了得到 50 美元的报酬。我想她这个人实在缺乏自尊。

法律和 DNA：将所有被判定犯有重罪的人的 DNA 信息输入数据库

侵害财产案件也许是 DNA 证据最为丰富、DNA 技术能够得到最有效的应用的案件类型。这是因为那些进入公司或者住户中实施盗窃的人似乎总是会把自己割破或者在玻璃碴等东西上留下一点自己的表皮细胞。他们也可能在进入事主家里后在那里喝上一瓶啤酒并在瓶口留下自己的唾液。他们还会在事主家大小便。我们可以在马桶中的一张未被冲走的手纸上找到他们的 DNA。

我们可以在不涉及性犯罪和凶杀的案件中找到大量的 DNA 证据。这就是我们目前看到的最多的案件：入室盗窃、抢劫和银行抢劫。我们处理的案件大多数都是侵害财产案件。我们在这些案件中取得的 DNA 证据要比在暴力犯罪案件中取得的 DNA 多，因为财产犯罪的数量本来就多于暴力案件。

这些案件处理起来要比凶杀或强奸等案件容易得多，因为在这些案件中我们通常只有一两件证据。而我们通过 DNA 数据库破获的最多的案件就是侵害财产案。

在通过 DNA 数据库成功侦破暴力犯罪后，我们会发现，这些案件中的嫌疑犯的信息之所以会被输入 DNA 数据库，往往就是因为他们以前曾经实施过入室盗窃案。

——犯罪实验室主任

入室盗窃是犯罪分子最开始实施的犯罪。这就是为什么许多州都在为建立入室窃贼的 DNA 数据库而努力——因为，你知道，统计数据表明，那些实施侵害财产犯罪的人往往会在以后实施更为可怕的犯罪。

——检察官

如果每一个州都能够像弗吉尼亚州那样让我们在每次逮捕——是逮捕，而不是定罪——一名重罪嫌疑犯的时候都提取他的 DNA 的话，那么当有人破窗进入某个连锁便利店并留下血迹的话，我们就可以提取他的 DNA，在一个星期之内我们就可以将其输入庞大的合并 DNA 索引系统的全国性数据库（CODIS）。我们可以将它与数据库中 210 万个罪犯的 DNA 样本进行比对。这是联邦调查局于 2004 年 12 月的最后统计数字。对于我来说这真是不可思议。现在这个数据库中总共有 210 万个 DNA 图谱信息，其中包括大约 9.4 万个证据 DNA 图谱，200 万个罪犯 DNA 图谱。

我们将指纹图谱分解成一些数字集合输入数据库，然后看看数据库中是否有人具有相同的数字集合，非常容易。

——犯罪实验室主任

谋杀是最不可能重犯的罪行。大多数谋杀都是由某种情况——如看见他的妻子与另一个男人上床——所引发的，而谋杀犯永远也不可能第二次遇到这样的情况。他很可能永远也不会再实施谋杀了。

而实施入室盗窃或偷车的罪犯则很可能重新实施同样的罪行，有些人一辈子都在干这种事情。即使一个人在偷车之后被抓入狱，他不到一个月又回到大街上去偷车了。这就是为什么我们非常希望将这些人的信息输入数据库。

另外，根据我们对犯罪分子的了解，他们一般不是一开始就实施系列强奸犯罪的，他们在一开始的时候先实施一些较轻的犯罪，然后他们逐渐实施更为严重的犯罪。因此，为什么要等到一个犯罪分子杀死了六名妇女之后才将他的信息输入数据库？难道我们不想在他实施第一起入室盗窃案之后就抓住他吗？当入室盗窃已无法满足他的时候，他就会去强奸，当强奸也不能满足他的时候，他就会去杀人。因此让我们在一开始就抓住他，这是犯罪预防。

——检察官

现在的趋势是扩大这一数据库。将来很可能会把所有被逮捕人员，甚至因轻罪而被逮捕的人员的信息全部输入数据库。在将来，一旦你被逮捕并被拘留，那么他们就会把你带去采指纹、照相并用拭子提取DNA。为什么不这样做呢？

——检察官

法律和DNA：检察官谈改变追诉时效的问题

法律必须赶上DNA技术的发展。这项技术使我们能够做那么多的事情，它非常先进，并且更新非常频繁，变得越来越完善。有时我们执

法必须付出很大的努力才能够跟上它的发展。

面临着这样的科学技术，我们提出一个问题：目前的追诉时效是否已经过时？当我们已经掌握了如此确定的技术之后，我们可以回去毫无任何疑问地证明某一犯罪就是某个人实施的，那么为什么要为除凶杀之外的罪行规定追诉时效？

根据大多数州的法律，性攻击案件的追诉时效为6至10年。为什么不发布一个不是通过名字或者身体特征描述，而是通过DNA标记确定强奸犯的通缉令来终止追诉时效？在这种情况下我们所要做的就是在这个追诉时效内指控，而不是逮捕这个犯罪嫌疑人。通过这种方法我们就可以中止追诉时效的计算，使我们有充分的时间开展侦查工作，最终将犯罪分子绳之以法，为受害人讨回公道。

另一方面，在全国各地都有在被定罪之后仍然声称自己无辜的犯人，其中有的已经被监禁了10年、15年甚至20年。我们能够对他们说，他们的追诉时效已经过了吗？如果我们掌握的这种神奇的DNA技术能够告诉我们这些人是否真的实施了他们被判定犯有的罪行，我们应该让追诉时效妨碍我们探究真相吗？

不，我们不应该这样做。我们应该追求事实真相。无论我们站在哪一方的立场上，我们都应该追求正义。当我们寻求真相和正义的时候，我们将使用DNA技术。因此，保留追诉时效和发布无名犯罪嫌疑人逮捕令的措施并不是什么了不起的事情，它们只不过是符合情理的事情。

这就是为什么全国各地的许多检察官办公室都发布了无名犯罪嫌疑人通缉令，而立法机构也正在改变追诉时效——因为这是合乎情理的事情。

DNA技术只受到我们测试和理解DNA的能力的限制。这项技术的敏感

性、精确性和司法证据 DNA 分析员能够向我们揭示的信息的详细程度都在定期地得到大幅度提高。最终，在大多数案件中，司法 DNA 分析将会在法庭上真正毫无疑问地证明犯罪嫌疑人是否有罪。这是一个威力非常非常强大的工具。

而这项技术在司法证据领域内的运用仅仅在 20 年前才开始。看看现在的状况吧：我们现在面临的问题不是“我们能够做这样的测试吗”，而是“我们做得起这种测试吗”。

DNA 证据是送给执法人员的一个威力强大的、极具说服力的礼物。DNA 证据真的具有非常强大的证明能力。如果我们在犯罪现场发现了与某个人相匹配的 DNA 图谱，那么我们就能够非常确定地说这些 DNA 样本就是那个人留下的。

有了这项技术，我们可以做很多事情。我们真的可以运用这些技术做很多好事。通过使用这种技术，我们既可以将犯罪分子送进监狱，又可以将被冤枉的人从监狱中解放出来。两方面都可以，两方面都可以。

第七章

犯罪实验室

在实验室工作有许多积极的方面。做这项工作既有趣又令人兴奋，而且你也可以为社会做一些有益的事情。

但是这项工作也有消极的一面，那就是你会失去纯真。在进入执法部门工作之前，我认为大部分人都是好人，这个社会上最多只不过是有些脑子不正常的人。但是在犯罪实验室工作后，我认识到：在这个社会上有些邪恶的人，而这仅从表面上是看不出来的。

——巴里·A·J·菲什，洛杉矶县警察局犯罪实验室主任

位于圣保罗的明尼苏达州犯罪实验室具有最先进的犯罪实验室所应具有的一切东西。它很新，2003 年 11 月才开始运作。它拥有最新的高科技设备和教学设施，它是在美国被选中负责运作由联邦调查局出资建立的地区线粒体 DNA 检测中心的四个国家级犯罪实验室之一。

来自高达三层的中央大厅的光线充满了整个大楼。大楼里有休息区和配有冰箱、灶台和微波炉的厨房区。它与电视剧中阴森恐怖的犯罪实验室形成了鲜明的对照。

在中央大厅充满阳光的顶棚上悬挂着一个 8 英尺高、5.5 英尺宽、26 英尺长的被拉伸了的、已解剖的人体三维雕塑。

"看到躺在那里的人体了吗?"带我参观犯罪实验室的导游在二层楼梯的顶端停了下来。从这个视角由那个雕塑的方向朝大厅的另一个方向望去，我看到一系列巨大的、福尔摩斯式的放大镜。它们有镜片的一头朝上，被用细线悬挂在顶棚上。如果你稍微改变一下眼睛的焦点，从长轴看过去，你就会在这些放大镜中看到红色、灰色和米黄色的光斑。看了一段时间之后，你会逐渐意识到这些光斑构成了一个没有皮肤的人体的侧面图。

我的导游走过大厅来到了装有那个尸体雕塑的被解剖了的双脚的玻璃柜前面。从这个角度向前望去，我们可以看到双脚、消瘦的双腿和凸起的躯干。沿着这具尸体模型一直向前走到头部，你可以看到被横切的大脑、肩部、背部、臀部和大腿。

"你要以破解拼图难题的眼光来观察这个模型：这里躺着一具尸体，你正在试图破解这个难题。看看这些不同的拼图板。"

在每个放大镜中的确有一个拼图板——由被焊在一起的金属片组成的、代表了不同司法证据领域的标志。其中包括：代表痕迹分析的一套轮胎印和一个玻璃碎片，代表DNA、枪支和隐秘印痕数据库的计算机和软盘的轮廓，代表昆虫学的一些昆虫，代表麻醉品分析的一片大麻叶子，代表化学的烧杯和化学分子式，代表文检鉴定的一行手写的文字以及代表武器和工具痕迹分析的一根棒球棍、一把刀子、一把改锥和一把斧子。

这一由全国著名的赫尔米克和谢克特团队设计的雕塑以代表DNA的双螺旋开始和终结，这一巨大的装置被称为"精巧的尸体"。

"因此，你看见那具尸体以及所有这些不同的小拼图板。解决这个难题的方法就是使用尽可能多的拼图板。"

在美国，犯罪实验室出现于20世纪20年代。第一个实验室于1923年由洛杉矶警察部门成立。一位犯罪实验室主任说："我曾经参观过联邦调查局的实验室。那里的导游告诉我说，他们的犯罪实验室是全美第一家，这是典型的联邦调查局的态度。实际上联邦调查局的实验室是1926年才成立的。”

在20世纪70年代，犯罪实验室在美国各地像雨后春笋般冒了出来。联邦调查局向它们提供资助，以开展与毒品的斗争。它们在规模、资金、能力、破旧或豪华的程度方面各不相同。所有这些实验室，无论其规模大小，几乎全都面临着工作积压的挑战。这种积压是由DNA分析技术和其他新技术的成功应用以及像《犯罪现场调查》这样的电视剧所助长的公众期望值所导致的。在本章中，我将请全国各犯罪实验室的主任和司法证据科学家谈论犯罪实验室中的真实生活。那些在犯罪实验室工作了二十多年的科学家们几乎无法相信那里所发生的变化。

犯罪实验室主任谈司法证据科学的过去

我试着告诉人们在过去的10年或15年里我们在这个领域所取得的巨大进展。我不认为所有的人都能认识到犯罪实验室目前在执法领域所起到的重大作用。

记得在20世纪80年代初期我开始教学时，没有人了解司法证据学是什么。我不得不问：“有谁知道司法证据学是什么?”可能某个人会举起他的手。后来，随着亚特兰大韦恩·威廉斯系列谋杀案的发生，人们逐渐知道了司法证据科学。电视剧《昆西》的播放使人们知道了纤维，但在当时还没有司法DNA科技，当时我们只有血清学。

当DNA开始被应用时，几乎没有人知道它是什么。然而在O·J·辛普森案审判之后，几乎所有的人都知道它是什么了。你甚至都不必再向人们去解释它。

如今，随着《犯罪现场调查》电视剧的播放，你甚至不必说任何东西。人们会主动向你提出各种问题。这确实令我吃惊。

每当在犯罪实验室里走来走去的时候，在我脑海中出现的最频繁的一个想法就是，刚刚进入这个行业的科学家们意识不到：与过去相比，他们现在的工作条件是多么好。所有这些自动化设备、精良的仪器以及测试能力是我们在六七十年代连做梦都想象不到的。

我是在纽约的一个非常自由主义的氛围中长大的。那时我知道的每个人都讨厌警察，他们称警察为“猪”。当我告诉我的母亲我即将去一个犯罪实验室工作时——那是1963年——她说：“你准备去为他们工作吗?”这在当时可不是一件什么光荣的事情。我母亲对我说：“你这是在干什么？我们把你养大可不是为了让你成为一个警察。”我对她说：“没关系，妈妈，我将成为一名化学家。”

在20世纪60年代后期，我在犯罪实验室与一名非常喜欢炸药的化学家一起工作。他曾经为南太平洋铁路公司工作，我猜他们当时做的工作之一就是和炸药这些东西打交道。

只要有TNT（三硝基甲苯）被送进实验室，他就用他自己设计的小程序测试一下。TNT基本的组成原料是锯末和硝化甘油。他把TNT切开——这是一种用厚纸包裹成棒状的油腻的物质——硝化甘油会从里面溢出来，形成油渍。

他用一把剪刀把TNT剪开，用一种实验室用的小铲勺从里面刮出两勺硝化甘油，将其放进烧杯中，添加一些溶剂——通常是石油醚，对其进行搅拌，过滤掉锯末，将由此而形成的含有硝化甘油的液体倒在一张直径大约四英寸的滤纸上，然后用一种色拉钳夹起滤纸。

在他的办公桌下面有一个三四英尺长的工字钢梁。这时他会把这个钢梁拉出来，用夹子把滤纸放在钢梁上面，然后拿起一把三磅重的锤子使劲砸那张滤纸。

如果那张滤纸发生爆炸的话，那么我们知道滤纸上的物质就是TNT。有一次爆炸产生了一个火球，把他的眉毛烧掉了。

我的手指至今都没有一点感觉。那时我们经常触摸那些温度高达摄氏250度或华氏约400度的气相色谱分析仪的部件。当时我们没有自动加注器。我们要站在设备旁边，手动加注所有的材料。

大多数操作过气相色谱分析仪的人触摸炉子上烫的东西都没任何问题。在多年从事这种工作之后，我们在从烤箱中取东西的时候一般不戴手套，而是直接用手去拿。在被烫着之后，我们会用舌头舔一下手指，等几秒钟，然后再直接用手去拿。

在我们的实验室中有很多仪器。我们都想不起来这些仪器是怎么来到我们实验室的了。有些是别人送的，有些是我们自己在什么地方得到的。因此，我们在工作时会尽量利用所有的仪器。

当我开始在纵火案调查部门工作的时候，我们有一种仪器叫做发射光谱仪。它大概有一辆小汽车那么大。这种仪器使我们能够通过用高温燃烧的方法进行元素分析。当一种元素被燃烧的时候，它会发出一定波长的光谱，通过这种方法我们可以确定各种不同的物质。在此之前我从来没有听说过这种仪器，但是我学会了它的使用方法。当然，现在这种仪器已经被缩小到鞋盒子那么大了，并且所有操作都由计算机来完成。现在所有的仪器都变得很小，而其功能都变得很强大了。

过去我们并不一定拥有最好的仪器，但是我们会尽量利用我们所拥有的仪器来做好我们的工作。

当我在毒物部门工作的时候，我们曾经调查过一名妇女用砷对其丈夫下毒的案件。这是一个类似于《毒药与老妇》的案件。每次中毒之后，这个丈夫会进入医院治疗。在情况好转之后出院回到家中，接着病情就会进一步恶化。我们通过检测他头发中的砷含量揭示了这一过程。头发可以揭示很多东西。即使在我们能够对发根作核 DNA 测试或对头发作线粒体 DNA 排除测试之前，我们已经能通过检测头发揭示很多东西了。

通过分析这名男子的头发，我们可以测出他身体内的含砷量，并且可以知道他是在什么时候被下毒的——这并不是什么异想天开的事情。

曾经有个犯罪实验室主任认为我们应该自己制造实验室设备，而不应该从市场上购买。

那时我们自己洗刷实验室中所有的玻璃器皿。如果什么东西坏了，我们会自己修理。现在大多数科学家都使用一次性的玻璃器皿或管接头，他们不再重复使用任何东西了。而在过去，打包线、填隙片和胶带是司法证据工具包中合理的组成部分。

当时我们基本上是自力更生的。我们的实验室比现在小。我们在工作的过程中不断学习。

从某种意义上说，那时远比现在更需要创新精神。但是如今我们所作的实验远比那个时代精确。

计算机的影响非常大。它可以处理我们的仪器所产生的大量的分析数据，DNA 就是一个很好的例子。基因序列机以及与之相连接的计算机，这些在那些年代都是不可能的。

与过去相比一个很大的变化就是现在自动化程度大大提高了。我在70年代末从事毒物检测工作。那时一次只能测试一个样本：血液或尿液。我们将一部分血液或尿液样本、一些氯仿以及酸或碱——这取决于我们所要检测的物质——倒入一种叫做分离漏斗的梨形玻璃器皿中，然后站在那里晃动这个器皿。这就是我们所遵循的程序。

现在我们有全自动的分析系统。只要把少量的样本倒入仪器中，确保所有的管子都连接正确，然后站在一边等着，过一会儿那个仪器就会给我们一些可以用来测试的东西。我们把它放入另一个仪器中，它就会告诉我们那里面有什么成分。

那时我们从不戴手套。我们曾与年轻的刑侦人员谈起早期犯罪实验室的情况，当我告诉他们那时我们从不戴手套的时候，他们恶心得都要吐了。

大约六个月前我接到血清部门打来的一个电话，是关于我最早处理过的一个案件的。在该案中，有一名妇女被谋杀，在她的身下有一条床单。由于尸体已经开始腐烂，床单上有许多从尸体上流出的体液。

当时我在这条床单上发现了三块不同的精斑。我把它们标记出来，以便在以后对它们进行处理。现在负责处理这个案件的刑侦人员已经在实验室工作了三年了。我回到那里，看见了那条床单，我还记得它是什么样子。那个年轻的刑侦人员就站在那里，身上穿着实验室的工作服，脚上穿着短筒套鞋，手上戴着手套，胳膊上套着袖套，头发上戴着白色头罩，脸上戴着口罩。我看着她说："你知道吗？当我第一次检查这条床单的时候，我也穿着实验室的工作服，但是除此之外我什么也没有戴。”

我们血清学分析员曾经认为，在衣服上寻找精斑的最好的方法就是用手去触摸这些衣服，因为有精斑的地方摸起来比其他地方要硬，即使我们看不见它们，我们也可以通过手指感觉到。这是在艾滋病被发现以前的事情了。直到80年代中期我们才要求工作人员在检查这些东西的时候戴手套。我不得不承认，我经常会对别人说：“别逼着我戴手套！它们会让我的手变得很不灵活。我没法处理这个东西了。”后来我也变聪明了。我会对自己说：“嘿，等一等。这关系到我自己的健康。”

幸运的是，现在情况已经发生了变化。现在回想起来，当时那种工作方式的确不是很好。

我曾经调查过这样一个案件：有一个在监狱服刑的家伙绰号叫做“屠夫”，因为他曾经在监狱中做过屠夫的工作。他在服刑期间发现他的女朋友与另一个家伙有染，于是在出狱后他杀死了那个家伙，并把他分尸了。

然后他和他的同伙商量如何处理尸体。他们出去弄来了一桶55加仑的硫酸，以为可以在浴缸中把尸体全部溶解掉。不幸的是，这种方法没有成功。他们最终只是弄出了一大堆泡沫。

负责此案的地区检察官想看看将人肉放进硫酸中溶解会产生什么效果。他首先建议我们向验尸官办公室要一具无人认领的尸体来作实验。我告诉他：“这在皮奥里亚是行不通的。这种想法令人作呕。”

我建议他派人到洛杉矶南部一个名叫“农夫约翰市场”的大型肉类加工厂去要一些零碎的猪肉来给我们作实验。

两天之后，一名凶杀案侦探扛着整个一条猪腿走进了我的实验室，猪腿上还盖着一块卖肉用的包装纸。他把猪腿砰的一声扔在了我面前的实验室长凳上，然后说道："这就是你要的东西。"

我用钢锯从那条猪腿上锯下了大约两英寸长的一小段，它看上去就像一小段萨拉米香肠，然后我把它放进装有硫酸的烧杯中看看会发生什么。结果并没有发生多大变化。硫酸只不过使它的表面变得非常肮脏，有点儿像肥皂。

后来我就根据这个实验结果出庭作证。我不知道我的证词对案件的审判产生了多大的影响。这件事情就像许多其他事情一样，非常古怪。

与过去相比，我们现在的安全意识要强多了。多年以前，我们所使用的薄层色谱展开罐都是没有盖子的，各种溶剂直接暴露在外面。

我们曾经在工作场所吃午餐。我们到外面去买了午餐，然后就回去坐在实验室的凳子上吃了起来。

现在这种事情不会再发生了，现在的工作场所要安全得多了。

我们发现了一些 20 世纪 60 年代的实验室记录。当时他们正在检测可卡因。有一位科学家写道："它使舌头发麻。"他当时竟然用手指蘸了一些可卡因，然后放到舌头上尝了一下。

在实验室记录方面发生了很大的变化。我在翻看过去的一些案件记录时，在里面发现了一些大约有 5 页长的血清测试实验记录。这在当时来说应该算是非常详尽的记录了。而现在，有关类似案件的 DNA 测试记录可能会长达 50—75 页。现在的记录要比过去好得多。不是当时我们不知道，而是当时我们没有把它看得那么重要。当时我们不会像现在这样对任何东西都拍照。现在有了数码相机，我们可以尽情地拍照，而不用多花一分钱。在这方面费用已不是一个问题了。

我们从O·J·辛普森案中学到了很多东西。在我们（洛杉矶警察局和洛杉矶警察局犯罪实验室）受到指责的所有事情中，有95%的事情其实我们做得都是正确的，但是我们却不能证明这一点，因为我们没有对当时的情况作记录。我们不能对指责我们的人说："不，我们当时做的没错，这就是证明。"我们从这一案件中学到了很多东西。

主要的变化来自多年以来各种仪器设备的不断精确化，以及它们从越来越少的样本中获取越来越多的信息的能力。现在我们需要通过培训获得使用这些仪器的技巧，因为我们必须知道如何解释这些仪器提供的信息。

仪器设备方面的进步对于枪支和工具痕迹检查来说是至关重要的。比较显微镜是我们使用的主要工具。这是通过一个光学桥梁连接在一起的两个普通的复合显微镜，后者由一系列镜子组成，它使观察者能够通过两个接目镜在同一视野内同时观察两个物体。

在我工作的30年间，比较显微镜发生了重大变化。如今光学镜片要比以前好得多，比较显微镜的操作也比以前精确得多、容易得多。30年前的光学镜片用于人眼观察还可以，但是其分辨率不足以让我们拍摄非常清晰、准确的照片。

在70年代后期，我们在显微镜的一个延长管上安装了一台35毫米的照相机。我们会拍摄几张照片，将其送进暗室中冲洗，首先看看相机焦距有没有调好，然后再看看它有没有拍摄到我们想要拍摄的部分。如果没有的话，我们就回到实验室中调整一下仪器，以拍到更好的照片。所以我们要不断地在显微镜和暗室之间来回奔走。

那时要获得一张子弹或弹壳鉴定的照片就需要花费大量的时间和

精力。而现在，我们只要将一个数码相机装在仪器上，在通过显微镜观察样本的同时就可以对它进行照相了。如今当我们在显微镜上观察物体的同时，所观察的物体的图像会同时出现在旁边的一个显示器屏幕上。如果我们对被观察物的某个部位感兴趣，我们只要用鼠标在那个部位点一下，就可以得到那个部位的打印图片。

现在我们可以将子弹和子弹壳的图像输入一个计算机系统。这个系统可以将图像存储起来，并且将其与存在该系统中的来自不同实验室的所有其他图像进行比较。这个系统叫做“全国综合弹道信息网络”，简称 NIBIN。它就像指纹领域的自动指纹鉴别系统（AFIS）一样，采用相同的原则，只不过这个系统中所存储的是枪支、弹壳和子弹的信息而已。我们利用这个系统侦破了许多悬案，这在 30 年前是不可能的事情。

在过去那些年中，有很多东西曾经被吹捧为司法证据领域的万能药，但是它们最终都消失得无影无踪。曾经流行一时的石蜡测试就是一个例子。

这种测试就是将加热过的石蜡倒在一个人的手上并让它凝固，然后将它剥下来测试枪支射击时在开枪者手上留下的火药残余。这一实验是 20 世纪 30 年代发明的，在 10 年之后就被证明是无效的，但是直到 60 年代仍然在许多实验室中被使用，人们一直认为通过这种石蜡测试就可以知道某个人是否开过枪。

我认为现在再也没有人使用这种测试了 —— 除非是出于审讯犯人的目的。你知道，有的警察在审问嫌疑犯的时候会对他说：“我要把你的手塞进这桶滚烫的石蜡中。”这可能会对嫌疑犯产生一定的震慑作用。其实石蜡的熔点很低，因此这并不是什么酷刑。

对于犯罪实验室的工作来说，我最喜欢的一个方面就是，它是一项非常需要创新的工作。我认为能够在这个领域兴旺发达的都是一些非常具有创新精神的人。英国人用了一个非常恰当的词来描述犯罪实验室的工作。他们说这项工作所处理的都是"一次性"的事物。一次性！说得多好。换句话说，每一个案件都是独特的。

例如指纹。每个人从胎儿时期就形成了他独特的指纹，并且终生都不会改变。即使同卵双胞胎或多胞胎都会有不同的指纹。指纹印迹会因为其介质的成分不同而各不相同。印有指纹的表面材料也各不相同。有时是支票，有时是白色包装纸，有时是塑料。我们根据这些表面材料决定哪些技术是提取指纹的最佳选择，而哪些技术会破坏表面的指纹因而不能使用。

在指纹从产生到被发现之间的时间间隔各不相同。在此期间环境对表面物质所产生的影响也各不相同。在某个案件中，它也许处于干燥的、类似沙漠的环境中。也许它是一张被放在保险柜中的支票，窃贼将保险柜搬到了野外，用大铁锤把它砸开，然后把它扔进了一个小溪中。我们将这个塞满湿纸的保险柜送进实验室。你猜怎么着？我们有专门处理被浸湿的纸张的技术。我们可以从这些纸张上提取指纹，其效果与在干燥的表面提取的指纹一样好。

我们必须将所有的情况放在一起综合考虑，各种不同因素的组合几乎使每个案件在统计学上都属于独一无二的案件。

能够在犯罪实验室中取得成就的都是那些具有独创性的人，那些不断思考探索的人才，也就是那些经常提出以下这些问题的人："我怎样才能够从这个东西上获得我所能够得到的所有信息？我究竟可以从这个苹果上咬多少口？"

二十多年前在南卡罗来纳州曾经发生过一个案子，这个案件的调查几

乎涉及了司法证据学中除弹道学之外的所有领域。

首先它涉及毒物学。我们作了血清试验，当时还没有 DNA 测试。文书鉴定是侦破该案的关键之一。从犯罪现场提取的隐秘指纹也在案件的调查中起着重要的作用。当然还有痕迹证据，尤其是毛发的比对，当我们发现尸体的时候，毛发是可以用来确定被害人身份的唯一的东西。

有一位上高中的年轻女孩在她家的门口遭到绑架。从她家到马路——那是一条乡村马路——之间有一条很长的私人车道。

她遭到了绑架。在随后的几个星期里，绑架者不断打电话嘲弄那个女孩的家人，告诉他们他对那个女孩做了什么，以及他将要对她做什么。他逼着那个女孩写了一份遗书，并把它寄给了她的家人。

他跟那个女孩的家人和执法部门玩了两三个星期这种游戏。与此同时我们成立了一个专案小组，一直在试图寻找被害人和嫌疑人的藏身之处。

这个人非常的……他是个虐待狂。他最终……他最终用胶带缠住她的嘴和鼻孔，使她因窒息而死亡。我们肯定他还对她进行了性侵犯。但是我们已无法证明这一点了，因为她的尸体在被发现的时候上面已经没有可以进行测试的东西了。

我们发现那个女孩用来书写遗书的那张纸上有书写留下的压痕。这种压痕是当你在一张纸上书写时，在垫在下面的另一张纸上留下的。我们的文书鉴定实验室从这些书写压痕中辨认出一些电话号码、一个购物单以及一些人的名字。

其中一个电话号码是另一个州的一个家庭的。我们与他们取得了联系，问他们是否在南卡罗来纳州有认识的人，他们说是的。

原来他们认识的一家人住在南卡罗来纳州。这家人外出旅行了，并且在回家的路上刚刚拜访过他们。当这家人回到他们的住所的时候，我们的调查人员前去对他们进行讯问。我们发现在那个女孩被绑架以及绑架者折磨她的家人的时候，这家人并不在他们的家中。他们说当时那家男主人的一个雇员住在他们家中帮他们看家。

原来就是这个雇员绑架了那个女孩。所有这些都是通过一本记事簿中的一页纸上的书写压印痕迹发现的。当然，一旦我们找到了那个住所，我们也找到了那个记事簿。那个绑架者逼着那个女孩用来写遗书的那张纸就是从一个普通的记事簿上撕下来的。那家人平时就用它来记一些日常事项。

那个绑架者最终说出了那个女孩的抛尸地点。尸体位于荒野的一个森林中。在南卡罗来纳州 7、8 两个月闷热、潮湿的气候作用之下，尸体已经腐烂得没有什么可以用来确定身份的东西了。我想当时牙科记录并没有什么用处。她的牙齿状态都非常好，没有什么可以用来确定身份的。

在调查这一案件的过程中，犯罪实验室涉及了几乎所有的司法证据学领域。毒物学家试图从尸体中提取某些东西，但是由于尸体腐烂太严重而没有成功。我们也曾经尝试过血清试验。

痕迹分析起到了关键作用。我们发现了她的一些头发。她的头发比较独特，它们非常长，大约有 12 — 18 英寸。她经常改变自己头发的颜色或者用发卡等东西摆弄自己的头发。从她的头发上可以看出颜色的变化，因此分析员可以看出在某个特定的时间她是如何改变自己头发的颜色的。我们在尸体上找到的头发与她在被绑架到那个房子后留下的头发以及她在自己家中梳子上留下的头发是完全相匹配的。

隐秘印痕证据也非常重要。检查人员在那所房子中发现了凶手留下的印痕，这证实了房子主人有关案发时他住在那所房子中的证言。

而文书鉴定当然是使我们得以侦破此案的关键。

是什么导致了这起谋杀案呢？原来这个凶手盯上那个女孩已经有一段时间了。虽然那个女孩并不认识他，但是这个家伙却对她着了迷。后来他就利用给老板看家的机会绑架了她。在这个案件中我们没有多少证据，当时还没有DNA分析，司法证据学领域的许多进展尚未出现，但是为了侦破这个案件我们使用了司法证据学几乎所有领域的知识。

1984年，我奉命从得克萨斯来到阿拉斯加，在那里建立一个犯罪实验室。在那时，犯罪实验室还是非常简陋的设施。我所建立的犯罪实验室只是位于安卡利奇的州骑警总部大楼地下室的两个房间。那里一共只有五名工作人员，其中包括一名行政人员。

这个实验室只能作血液酒精浓度测试以及其他一些很小的分析。我们根本没有能力从事如今犯罪实验室通常所作的那些实验。我们甚至没有一套标准的调查强奸案的工具。比如说我们在一个性攻击案中取得了证据，那么我们必须把它打包，然后运送到位于华盛顿特区的联邦调查局犯罪实验室进行分析。它很有可能在邮局中被耽搁一个晚上或一个周末，因此我们还要考虑到证据腐败变质的问题。

在我去那里之前，他们曾经表示他们有资金建立一个新的实验室。出于某些原因，当地的立法部门尚未批准这项拨款。因此我必须完成这一工作，监督实验室的修建，为它配置设备，并为建立一个功能齐全的实验室招聘科学家。招聘是一个很大的问题。有时有的人愿意到阿拉斯加来，有的男人愿意到这里来打猎、捕鱼，但是他们的女同胞们不愿意，因为这里经常有北极暴风雪。

但是现在我们已经建立了一个带有DNA分析室并且得到美国犯罪实验室主任协会完全认证的、功能齐全的实验室。我们的实验室从最初的两个地下室房间发展到了总面积为1.7万平方英尺的大实验室。

司法证据学家谈他们如今在犯罪实验室工作的经历

当我告诉人们我所从事的工作的时候， 他们会说："噢，原来你是和尸体打交道的。"不，不。我所接触到的最接近尸体的东西就是一只人手。每隔一段时间，他们就会发现一具无名男尸或无名女尸——在河流或湖泊中的浮尸。他们将尸体送到验尸官办公室，需要确定死者的身份。他们通常的做法是将死者的双手从腕部切下，将它们放进类似于铬黄涂料罐的容器中，然后送到我们这里。我们在实验室的生化危险区域打开罐子，然后从手指皮肤上提取指纹。我们在皮肤上扑上粉，把手指按在印刷用的油墨中转动一下，再把它按在专门用来提取指纹的卡片上转动一下。然后我们利用所提取的指纹查找有关死者的信息。我们将指纹输入自动指纹鉴别系统中，看看能否通过这个系统确认死者的身份。死者可能曾经被逮捕过，或者曾经在某个公司申请过工作，而其申请材料在我们的数据库中有备案。

但这就是我在工作中所见到的最恶心的东西。我见过处于各个腐烂阶段的手或手指。很明显，从河流中打捞出来的尸体的手保存的时间要长一些，因为河水比较凉，因此它们看上去不是那么恶心。而在废弃的建筑物中发现的尸体上的手则通常腐烂得很严重，有时我们无法通过手确认死者的身份。

在这些手的清洁工作方面，他们（验尸官办公室）也做不了什么。他们发现死者的时候手是什么样子，送到我们这里的时候也就是那个样子。他们只是把手切下来并且冷冻起来，以防止其进一步腐烂。然后就把它们送到我们犯罪实验室。

这些东西我们处理得很快。它们进入我们实验室后很快就会被送出去，因为它们有生化危险。如果把它们留在我们这里的话，它们会进一步腐烂。

但是我们在处理它们的时候会使用一定的技术。在有些情况下，我们很难使皮肤上的纹路显现出来，或者从皮肤上看出指纹。有时我们会将这些手指放进——你不要笑——棕榄沐浴露中，确切地说是棕榄沐浴露和水的混合液中。你知道这种沐浴露的广告是怎么说的："你的手是如此的柔软，它们一定在棕榄沐浴露中浸泡过。"这东西的确管用，它能够使手指上的纹路显现出来。

在犯罪实验室工作需要一些幽默感。例如，当我坐在这个凳子上刚刚处理一双手，想让我的同事帮我到冰柜中去拿下一双手给我进行处理时，我会对他说："嘿，你能过去帮我一手吗？"

——隐秘印痕专家

我们检查那些其他人不检查也不感兴趣的东西。这就是为什么我们从事的学科是一门很独特的科学。很多人会说司法证据学是一门"借来的"学科，它只是一门应用科学："你们只是应用化学知识。"其实并非如此。司法证据学是一门任何人都无法全面掌握的独特的知识体系。每一个类型的证据都需要其独特的方法。

我们测试那些其他人所不知道或不注意的东西。你认为"匡威全明星"的生产商会担心他们生产的鞋子上的图案是不是独一无二的吗？这些纤维生产商知道他们在纤维中加入了一种去光泽剂，即细小的二氧化钛颗粒，来分散光线，使纤维具有褪光的效果，但是他们不知道这种颗粒在纤维中的分布情况。他们不会像我们那样仔细地观察这些纤维，然后说："哇，这里有一大块去光剂！"或"这些颗粒分布得很均匀。"或"看！这些颗粒真细啊。"生产商不关心这些。而我们关心，因为这可能会帮助我们破案。

——痕迹分析员

关于司法证据学家我有一个理论，那就是如果他们从事这一领域的工作超过了三年，那么他们就不可能再从任何其他工作中获得满足。一个人很快就会知道自己是否适合做这项工作。

我在1972年进入县行政司法长官办公室的犯罪实验室工作。当时还有另一位先生与我一起进入该实验室工作。他大约在那里干了一年的时间。这项工作不适合他。每当想到自己必须到法庭上去作证并接受交叉讯问的时候，他就吓得要命。他不喜欢这项工作。而我做起这项工作来却是如鱼得水，当时几乎立刻就意识到这是我希望终身从事的职业。

我总是对别人说："如果哪天我不能再从这项工作中获得乐趣了，那我就要改行了。"但是直到现在我仍然可以从这项工作中获得很多乐趣。

——化学研究员

从事这项工作的人都会有点走火入魔。在一个专门为隐秘印痕检查员建立的网站上有一个栏目名叫"如果你有以下这些习惯，那么你就可能是一名隐秘印痕检查员"。它列举了一些隐秘印痕检查员可能会具有的习惯，如"在自助餐厅排队等候的时候，你会不会检测果子冻上是否有指纹？"我的确会这么做！在那里所列举的20种习惯中，我就有18种。

我们的工作的确会影响我们在日常生活中观察事物的方式。当我们的第一个儿子出生的时候，医院为新生儿留下了一个脚印。当他们把印有我儿子脚印的卡片递给我的时候，我把我的眼镜推到额头上面——由于我眼睛近视，因此我必须将那个脚印拿得离眼睛很近才能够看清楚——然后仔细地观察起来。我站在产房的中央，向那里的每个人指出这个脚印没有显示出足底皮肤纹路的细节："你看看这个这个！你无法分辨出任何东西！"医生对我说："嘿！你应该庆幸他没有长六个脚指头。你知道我们在给新生儿取脚印的时候他们有多不老实吗？"但是我仍然坚持让他们重新给儿子取一次脚印。我对他们说："你们取的这个脚印毫无价值。"

——隐秘印痕专家

我的工作很可能已经渗透到了我的私人生活之中。有一次我在一个朋友家洗手，她问我："你在干什么？你要在这里做外科手术吗？"我在从事 DNA 检测工作的时候养成了这种洗手的习惯：每次都要非常非常认真地清洗每一个指甲缝，而且每天都要洗很多次手。在离开实验操作台担任领导工作之后，我因为不能一直戴着乳胶手套而感到非常别扭。

——DNA 专家

实际工作总是与我们在书本上学到的东西不同。我们的知识背景，在学校中学习到的科学知识当然是相同的，但是我们会用不同的方法去解决问题，因为我们所面临的问题每天都在变化。

在我从事这一领域工作的头三四年中，我一直在作毒品分析。其部分原因在于，当时成立这个实验室的主要目的就是使它成为我们这一地区的毒品分析实验室。我真的不喜欢这种千篇一律的程式性工作。你知道，大麻就是大麻。有时包装、运输方式或其他一些方面会有所不同——这些可以为我们的工作增加一些趣味，但是这项工作仍然是按部就班的程式。

当我被调到枪支和工具痕迹部门之后，我的工作就变得丰富多彩了。我永远也不知道第二天会遇到什么新的情况。这项工作不仅要求你了解某个发现过程、分析过程或科学过程，而且还要求你找出应用这项过程的方法。比如说，我应该选择什么样的程序来进行我的实验？我期望从这种实验中获得什么样的结果？我每次面临的问题总是不同，因此我的工作总是那么有趣。

我喜欢这项工作的第二个原因就是，通过从事这一工作，我为社会作出了贡献。一开始我只是这么说说而已，但是现在我真的相信这一点。这项工作的报酬没有在私企的高，但是我是在回馈社会。我是一名公仆。

我喜欢这项工作的第三个原因就是我总是可以了解一些重要事情的内幕。每当有案件发生的时候，我们总是第一个被叫到现场。在看到电视和报纸上有关某个案件的报道之后，我们可以回到家中对爱人说："其实事情并不像报道的那样，实际情况是这样的……"这可以满足一下我们的虚荣心。

——枪支/工具痕迹专家

犯罪实验室里的工作与观看油漆慢慢变干的过程有很多相似之处。它是一项非常具体细致的工作。我们不断重复地做同一件事情。这项工作不需要你施展很多大的运动技能。

但是在很多电视节目中——尤其是在《犯罪现场调查》那个电视连续剧中——犯罪实验室的工作人员经常东奔西跑：他们与犯罪分子搏斗，亲自赶赴犯罪现场，逮捕犯罪嫌疑人，给他们戴上手铐……这不是司法证据人员所做的事情。

也许有时我们会到犯罪现场去开展工作，但是我们不会与犯罪嫌疑人接触。实际上大多数犯罪实验室的工作人员很不愿意与犯罪嫌疑人接触。

人们不应该把这看做一项非常有魅力或者非常活跃的工作。我想降低一下人们对这一工作的期望值。

而另一方面，我已经从事这一工作大约三十年了，并且从来也没有为此而后悔过。这个工作虽然是一种程式性的工作，但是它却并不枯燥。虽然你不会东奔西跑地去做那些大运动，但是当你通过指纹或者 DNA 确认了一个犯罪嫌疑人或被害人的身份的时候，你会感到非常高兴。

——隐秘印痕专家

人们认为科学家就是那些穿着白大褂，胸前口袋里插着几支笔，每天八小时坐在实验室里看着显微镜的人。实际上我们也都是人。在实验室中我们每个人都有不同的经历和不同的性格，因此我们都是有血有肉的人，而不仅仅是整天坐在实验室中从事科学试验的机器。

——DNA 分析员

在实验室的工作过程中，我和我的同事之间会产生友谊。我们有很多值得回忆的趣事。比如我会对我的一个同事说："你还记不记得，有一次我们在处理这个案件的时候从那个地方订了一份比萨饼。我和弗兰克到那家比萨饼店去订餐。当时那个街区治安状况很差，而弗兰克却手里举着钱走进了那家比萨店。我对他说：'弗兰克，你能不能把钱先放在兜里，等拿到比萨饼之后再把钱掏出来？'"我们都记得并且经常谈论这些小事。

——隐秘印痕检查员

大多数有孩子的犯罪现场处理人员都承认，在他们的职业生涯中，最

令他们感到难过的就是看到被害的儿童，而这些儿童往往会和他们自己的孩子当时的年龄差不多大。这是不是很奇怪?

曾经有很多次我就去过有被害儿童的现场，而这些儿童的年龄恰恰就和我的某个儿子的年龄相同。这使我感到非常……当我回到家后，我会比往常更加深情地拥抱我的孩子们。

——枪支专家

犯罪实验室主任谈电视剧《犯罪现场调查》与现实之间的差别

关于《犯罪现场调查》我要说几句——这并不意味着我要批评它，因为它毕竟只是一部电视剧。现实生活中的犯罪现场调查99%都是枯燥无味的工作，其中穿插着1%的令人兴奋的亮点。

这些电视剧给人们一个印象，那就是犯罪实验室的所有工作都是由两三个人来做的。他们好像都在等着工作找上门来，而每当有一个案件送上门来的时候，他们都急不可待地扑了上去。现实情况要真是这样就好了。我希望每个案件都能够得到这部电视剧中所描述的那种资源和关注。

我们不可能在40分钟之内就处理一个案件；我们也不可能用《犯罪现场调查》中所描述的方式处理每个案子；另外我们实验室的光线也比那部电视剧中的那些实验室要好得多。你知道，在那个电视剧中，他们总是拿着手电筒在昏暗的实验室中摸索。

总体上来说，美国的犯罪实验室都面临着严重的人员短缺问题。它们不仅面临着人员短缺的问题，而且还面临着资金短缺的问题。因此我们在处理案件的时候总是无法按时完成任务。

《犯罪现场调查》给人们一个印象，那就是犯罪实验室总是有充足的人员和资金。它们似乎随时准备着接受新的案件，并且急不可待地投入新的案件的调查工作。另外，他们一次只处理一个案件。

在这个电视剧中，你听不到调查人员与实验室工作人员之间的正常对话。你不会听到这样的话——“好吧，等我们开始处理这个案子的时候我会打电话通知你的。但是你得等上几个月。”

实际情况是：警察会给我们送过来几百件证据，然后对我们说：“你们看看是否能够从这里面找出什么有价值的线索来——比如一枚指纹、一些 DNA、一根纤维、一根毛发……”所有这些东西都必须用现代化的方法进行检查。我们往往可以从中找出有价值的线索来。

但是《犯罪现场调查》使人们产生了许多不切实际的期待。它使人们以为在某个特定的案件中我们会应用所有的技术，并且结果立刻就会出来。

我们现在最大的问题就是我们甚至无法及时处理那些最为紧急的案件。检查人员在堆积如山的案件中艰难地工作着。他们希望每个案件都可能获得一切可能的机会，但是他们很难在每个案件中都投入一切可以获得的资源。这是《犯罪现场调查》给人们造成的错觉。事实并非那个电视剧中所描述的那个样子。

“《犯罪现场调查》效应”对于犯罪实验室来说是一个真正的挑战。现在人们对我们的期望值太高了。过去几乎没有人知道司法证据学是什么。在那个电视剧播放之后，每个人都认为我们可以在 30 分钟之内侦破一起谋杀案。

有关犯罪调查的电视剧中所描述的许多技术在现实中甚至根本就不存

在。例如，在屏幕上显示旋转着的指纹的技术就是不存在的。还有有关那些子弹的技术——我们可以听到一个声音在嘀、嘀、嘀地响着，与此同时我们可以看到子弹在屏幕上慢慢地飞过去——也是不存在的。

在实验室中我们的确有一种显示弹道的机器，但是显示是黑白的，而不是彩色的。它也不能将两颗子弹融合在一起。有时要花几个小时才能得到想要的结果。

一个人只要坐在一个桌子旁等上一个小时结果就出来了？如果真是这样的话，那么我们还需要科学家做什么？任何人都可以做这项工作了：任何人都会坐在桌子旁边按一下按钮。

在《犯罪现场调查》中有这样的情节：一个调查员在犯罪现场提取了一根纤维并将其输入计算机数据库中，他立刻就得到了结果："哦，我们知道了。这东西是在中国北京生产的。他们在1999年就停止生产这种产品了。现在我要检索所有的数据库……噢，这与某种阿富汗地毯的特殊构成相匹配，而这种地毯只在某些商店中出售。"然后，除了那根纤维之外，他们还发现了另一份证据——一张信用卡购物发票。在现实生活中，这种事情是不会发生的。

这些都是虚构，是对现实生活的歪曲。它是对时间因素的歪曲。他们幻想所有的实验室都具备最新的高科技设备。他们根本没有考虑到做这种事情需要花多少钱。电视剧中的这些人物可以让整个实验室都为调查一个案件而工作。在现实生活中，实验室都有大量的积压工作。一个案子被送到我们这里之后，往往要等上四至六个星期才能够得到处理。

现实生活中的犯罪实验室并没有那么性感。那些电视剧中的情节都发

生在宽敞、漂亮的实验室中，人们看了之后会想："哇，犯罪实验室真棒呀！"

我们的犯罪实验室非常破旧，里面的仪器已经非常陈旧了。有些新的高科技实验室。最近几年这方面的资金有所增加，我们可以看到在基础设施方面的一些改进。

但是大多数实验室仍然很破旧。一般而言，其设施更像是《纽约重案组》中的安迪·希波维兹，而不像《犯罪现场调查》中的吉尔·格里森。

我不希望人们对我们的工作产生错误的印象。在看了《犯罪现场调查》之后，你会认为犯罪实验室都拥有最新的技术和最昂贵的设备。

大多数犯罪实验室都没有这些东西。我所在的实验室具有非常先进的设备，但是当我与其他实验室的指纹专家交谈的时候，我发现他们没有新的激光分析仪、新的超级胶水仓或新的湿气室。他们无法购买最新的化学药品。

对于他们来说工作条件是非常艰苦的。司法证据学领域能够获得的资金非常有限。因为 DNA 分析目前是一个热门话题，所以在这个领域我们能够获得一些资助。许多资金都流向了这个领域。如果整个司法证据学领域都能够像 DNA 分析领域一样得到更多的资金那该有多好，这样可以使更多的分析人员得到他们工作所必需的仪器设备。但是人们认为犯罪实验中的一切都很好了，因为这是他们从电视上看到的情况。

首先，我们需要资金。我们需要资金为科学家们建立实验室。但是之后我们所面临的问题是科学家的短缺。如今有很多年轻人都想成为司法证据科学家，人人都想成为司法证据科学家。我每天都会接到

10 个求职电话。我自己的女儿也想成为一名司法证据科学家。

但是司法证据科学涵盖了自然科学的所有领域，因此我们总是在寻找化学家、生物学家和物理学家。但是实验室所能够做到的只是设置一些职位，雇用一些年轻人。然后我们需要花二年的时间培养一名枪支检查员，花三年的时间培养一名文书鉴定员，花一年的时间培养一名司法证据生物学家。这些年轻人必须完成在职培训之后才能够在实际工作中发挥作用。

即使在开始处理案件之后，他们仍然缺乏经验，在工作中还需要大量的监督和指导。因此我们为解决专业人员短缺的问题投入了大量的资金，如今在司法证据学领域，尤其是在 DNA 分析领域投入的资金远远超过了以往，但是要培养出目前所需的 5 000 到 1 万名司法证据科学家还需要很长的时间。

目前能够提供全套服务的私人司法证据实验室的数量也不是很多。我们不能将我们积压的案件中的所有证据送到私人司法证据科学研究所去处理。

我们面临着资金、设施和设备问题，但是我们所面临的关键问题是人员。我们需要的是经验，而许多经验都随着那些 70 年代参加工作的老前辈们的退休而流失了。这是我们所面临的主要绊脚石。

“《犯罪现场调查》效应”是一把双刃剑。一方面，它的确让公众了解到了科学技术在打击犯罪方面的威力；另一方面，它让媒体和受害人及其家属产生一种期望，那就是我们会像在那部电视剧中一样迅速、彻底地调查他们的案件。事实上有些测试需要几个月的时间才能够完成，而且最终结果可能还是不确定的。并不是所有的事情都能够得到圆满的解决，我们不会每天都有激动人心的发现。这种

期待也影响到了人们有关什么是在法庭上有价值的证据这一问题的理解。

犯罪实验室工作积压所带来的危险的副作用

司法证据科学实验室为其自身的成功而累。现在犯罪实验室已经被各种证据所淹没了。我们面临着从犯罪现场收集到的大量新型证据。五年前没有人会想从啤酒瓶或吸管上收集唾液，他们也不会想到从滑雪面罩上收集用于 DNA 测试的表皮细胞。但是现在每个案件都会有几十件甚至几百件证据。

因此，我们一方面面临着证据的大爆炸，另一方面又面临着实验室能力的限制。实验室的发展跟不上公众意识的提高和执法人员有关 DNA 技术的培训和知识的增长速度。

我们面临着这样一个日益严重的问题：实验室必须提高其工作能力，以应对现在以及未来不断增长的工作量。

——犯罪实验室主任

法庭对司法证据的依赖远远大于对情节证据、证人证言或其他证据的依赖，这一现象给犯罪实验室带来了新的负担。而新技术则引发了犯罪实验室工作量的大爆炸。

——犯罪实验室主任

我认为在这个国家不存在没有工作积压的犯罪实验室。问题在于，现在我们可以用来进行测试并且可能得出极为重要的结果的证据种类几乎是无穷无尽的。但是我们永远无法知道究竟从哪些证据中可以得出重要结果。这就是为什么有时一个案件会有几百件证据，一旦我们开

始对它们进行测试，往往需要几个月的时间才能够完成。

——司法证据学家

当我在联邦调查局犯罪实验室工作的时候，我们会收到各种各样的证据。有一次侦探们甚至将厨房里的一个洗碗池送了过来，因为他们认为罪犯在实施犯罪之后可能在那里进行了清洗。他们想让我们在那里面寻找毛发。有一次他们将一辆小汽车的内部拆成碎片给我们送了过来。联邦调查局有许多由犯罪现场技术员组成的"证据收集小组"，他们通常会收集大量的证据，然后他们会想："我们不能肯定这些证据是否有意义，这个问题还是让犯罪实验室去解决吧！"因此，在犯罪实验室，我们戏称这些小组为"搬家小组"。

——痕迹分析员

工作积压问题？问题不在于工作的拖延，而在于当证据被放在犯罪实验室等候处理的时候，犯罪嫌疑人可能会出去实施另一起强奸或谋杀案。

当你从事像 DNA 分析这样有效的技术分析工作的时候，你工作速度的快慢是可以用人的生命来计算的。如果你工作速度不够快的话，那么你就可能会使犯罪嫌疑人有机会到大街上去实施更多的犯罪——强奸妇女，谋杀儿童。如果你工作做得更快一些，那么这些妇女、儿童就可以避免被强奸或被谋杀的命运。

——检察官/DNA 专家

有一位年轻女士可以说就是因为 DNA 分析的拖延而遭到谋杀的。这个案件以令人悲哀的方式证实了我们经常指出的一个显而易见的事实：

在证据分析工作方面的拖延和积压可能会使犯罪分子得以逍遥法外，并继续实施其他犯罪。

这一案件发生在1999年。一名妇女在弗吉尼亚州的弗吉尼亚海滩遭到了强奸。警察很快就找到了一名犯罪嫌疑人，他们颇费了一番周折才从这名犯罪嫌疑人那里弄到了一份DNA样本。

他们抓住了犯罪嫌疑人，并以在商店实施盗窃的指控将他关了起来。但是他们不能把他关押太久。法庭在审理有关他在商店实施盗窃的指控的时候，检察官和警察都没有露面，于是他就被释放了。由于当时DNA测试结果还没有出来，他们没有足够的证据以实施弗吉尼亚海滩强奸案的罪名拘留他。

10天之后，另一名年轻女子——吉马·桑德斯——在弗吉尼亚州的诺福克市遭到奸杀。可以理解，弗吉尼亚海滩警察对犯罪实验室感到非常不满，因为正如他们所预料的，弗吉尼亚海滩强奸案中的DNA测试结果与吉马·桑德斯谋杀案中的DNA测试结果完全一样，它们都与这名犯罪嫌疑人的DNA图谱相匹配。

从这个故事中我们得到的教训就是：当时即使只给我们30天的周转时间，我们也能够证明这个家伙实施了第一起谋杀案，他也就不可能再出去奸杀吉马·桑德斯了。

——犯罪实验室主任

DNA分析是否可以取代司法证据科学的其他领域？

在我们实验室，使用到DNA分析的案件仅占所有案件的十分之一或者更少。在其他大多数实验室中情况也是如此。但是人们关注的焦点却全部集中在DNA分析上。

司法证据学远非仅限于DNA分析。我们需要使用所有的工具，应用所有不同的专业知识。这就像拼图游戏一样，我们需要找到尽可能多的拼图板。

——犯罪实验室主任

在司法证据学领域，广泛掌握所有相关领域的知识是非常重要的。在分析一个案件的时候，我们会应用我们所知道的所有的学科。我们永远无法知道案件的调查会朝着哪个方向发展。

如今案件分析技术已变得如此之复杂，以至于需要分析人员的专业化。在我的职业生涯中，我曾经在实验室的三个部门工作过。有些人甚至可能在五个部门工作过。而现在，有些人可能在其整个职业生涯中只作DNA测试。由于这个领域的人员需要长期的培养，因此这一领域就成了他们唯一的专长。这使得实验室各部门之间的人员调动变得更为困难了。

因此犯罪实验室将会更加难以得到那些具有广泛的综合性知识或能力的人员。当你在一块从犯罪现场提取的织物上寻找精斑的时候，你也应该能够认识到："嘿，这根毛发可以揭示某种东西，这根纤维也可以揭示某种东西。"

过去，我们的枪支专家在收到一颗子弹之后，他们所做的第一件事情就是把它清洗干净，这样他们就可以看清上面的小凹槽以及其他痕迹，并对其进行比对。你猜怎么着？这颗子弹上可能有非常重要的血迹。在它的头部可能会沾有石膏灰泥板墙壁的碎屑，这可以证明子弹穿过了那一面墙体。

在获取你所要的信息的时候，你不能对其他的信息视而不见。对于这一问题，犯罪实验室主任必须非常非常注意，他们必须确保分析人员能够识别在其自己狭窄的专业范围之外的那些证据。

——犯罪实验室主任

我们目前所面临的一个大问题就是：我们在拿到一个证据之后应该把它送到哪个部门？比如说我们从犯罪现场收集到了一个啤酒瓶，我们是先把它送去作DNA测试呢，还是先把它送去提取指纹呢？我们看到越来越多的证据首先被送到DNA室，然后才被送到隐秘印痕室、枪支检查室或其他科室。其原因是人们越来越看重DNA证据。

——隐秘印痕专家

我们曾试图让指纹检查员和DNA分析员进行交流并达成某种共识。我们对DNA分析员说："你能够从瓶嘴上提取DNA吗？"他说："是的，这是可能的。"我说："好的，你看这样行不行：你从瓶嘴上提取DNA，我们从瓶子的其他部位提取指纹。"这样我们就有两次机会找出那个曾经接触过这一特定证据的人。

——隐秘印痕部门负责人

这并不是哪个部门比其他部门更好的问题，这是什么是处理证据的最好方法的问题。我曾经处理过一起谋杀案，在该案中凶器是一把锤子。在锤子的柄上有一个血指纹。血来自被害人，而指纹则是凶手留下的。这是我们做梦都想得到的证据。在这种案件中我们首先提取指纹，通过它确定凶手；然后再从血迹中提取DNA，将它与被害人的DNA作比对。在这个案件中两个部门共同完成了案件调查工作。

——犯罪实验室主任

有时一起案件的调查会有几十个检查人员参与：痕迹检查员、血清专家、DNA分析员、笔迹专家、枪支专家以及隐秘指纹专家。他们都聚在一起工作，而他们的工作结果也被汇集在一起。

有时我把自己看做是一个交响乐队的指挥。在这个交响乐队中，不同的乐器——弦乐器、号角、管乐器——一起演奏出美丽的音乐。

——犯罪实验室主任

两个犯罪实验室案例

以下我将介绍两个案例，其中一个是美国历史上最大的司法证据案例，另一个是在中西部地区的一个小镇上发生的谋杀案。这两个案例显示了犯罪实验室科学家们的足智多谋和坚持不懈的精神。在第一个案例中，纽约市生物司法证据部门DNA实验室首席验尸官办公室的前主任罗伯特·谢勒讲述了他们在世贸中心袭击案中确定遇难者身份的过程中所遇到的挑战。

犯罪实验室案例之一：世贸中心

在这次恐怖袭击的2 749名遇难者中，我们确认了1 588人的身份，他们占遇难者总数的56%—58%。

如果没有DNA检测技术的话，我们只能确认736个遇难者的身份。这些遇难者的身份是通过传统的方法确定的：牙科记录、指纹、个人物品、文身和对遗体的观察——也就是由死者的亲属、朋友或熟人辨认尸体。

我们的DNA身份确认多数都是通过亲属关系分析或与遇难者的个人物品上所提取的DNA直接进行比对的方法完成。诸如亲子鉴定等亲属关系分析方法，就是通过分析父母和子女之间或兄弟姐妹之间的关系或者通过线粒体DNA分析母亲一方的关系来确定一个家庭的基因结构，然后从现场收集的尸体碎片中找出与这一基因结构相匹配的DNA。我们的目标是达到99.9%的匹配程度。

我们从现场提取的 DNA 样本都已经遭到了严重的破坏。湿热的环境对 DNA 的保存非常不利，而世贸中心当时正处于这种环境之中。这些建筑物燃烧了三个月，消防人员一直在向它们喷水。他们必须把火扑灭，使人们能够安全地走进去，因为这些建筑物的大梁都非常烫。这是他们必须做的事情。

我们当时就意识到这是一个问题。当遇难者的遗骸被送到我们这里的时候，我们立即开始对它们进行 DNA 测试。大约一个星期之后，我们的 DNA 图谱表明，这些遗骸上的 DNA 质量很差。

于是我开始思考："我们应该怎么办?"我想起了一个现在在国家标准和技术研究所工作的名叫约翰·巴特勒的人，他在两年前发明了一种可以用各种不同方法分析短串联重复序列（简称 STR）的测试。我们最初采取的方法就是我们平时处理案件时所使用的一般的司法证据 STR 测试方法。由于这种测试方法可以分析长度大约为 400 碱基对的 DNA 片段，因此我们可以分析遭到严重降解的 DNA。

然而我们的测试只得到了部分 DNA 图谱，这意味着我们所得到的 DNA 残片少于 400 个碱基对，但是我们仍然能够通过分析它们得出一些结果。这些残片中可能有 100 个左右的碱基对。而许多其他样本则测不出任何 DNA 来。

我当时想起了这个约翰·巴特勒和他所从事的研究。我们进行了交谈，他同意对他的测试方法作出调整，以用于确定世贸中心遇难者的身份。最初这种方法没有我们想象的那么有效。2002 年 3 月，一位在纽约博德技术集团工作的名叫吉姆·舒姆的科学家问我们，是否可以由他来按照我们的这种思路重新设计一种测试方法，我们让他这么做了。到 2002 年 12 月的时候，我们获得了第一批数据，通过这些数据我们确定了 5 名遇难者的身份。巴特勒在两年前就产生了最初的这种思路，但是它一直没有被运用到司法证据学领域。后来我建议对这一思路进行调整，以应用于世贸中心遇难者身份的确认工作，而吉姆·舒姆则是作出最终调整的人。

这种技术被称为微小遗传标记技术。它将测试所必需的可使用DNA片段的长度从原来的400个碱基对减少到89—218个碱基对。这使我们能够从原先无法从中获得完全信息的样本中获得更多的基因信息。

我们还作了单核苷酸多态性（简称SNP，它们是DNA分子上最小的变异）分析。SNP基本上就是单个碱基对上面的一种变异，我们不可能得到比这更小的基因物质了。我想，如果我们能够设计出一种分析这些单个碱基对的测试方法的话，那么我们就可以分析降解程度更为严重的DNA样本了。于是我就给位于得克萨斯州达拉斯市的兰花生物科学技术公司打了电话。我发现他们设计了一种专门用于父子关系鉴定的SNP测试方法。如果要分析小的碱基对的话，这种方法必须完全重新设计。经过重新设计之后，这种测试方法可以分析只有55—85个碱基对的DNA片段了。通过这种方法，我们大幅度地降低了可以用作测试的DNA的长度。

线粒体分析对我们也有帮助。它本身并不能使我们确定遇难者身份，因为其分析结果的统计概率相关性还不足以使我们确定身份。但是我们可以通过下面两种方法使用这种测试：首先，在SNP和STR测试的结果达不到确定身份所需的统计概率的情况下，线粒体分析可以帮我们将这一统计概率提高到所需的水平。其次，我们用它来解决质量保证问题。如果通过分析线粒体，在某个不应该出现差异的地方发现了差异，那么这将对我们有所帮助。

目前从遇难者遗骸上提取的样本被保存在摄氏零下80度的低温条件下，等待着新的分析技术的出现。

我认为与遇难者家属合作是整个过程的关键环节。我们从这项工作中学到的一件事情就是：受害者的家人可能非常非常坦率直言，非常愤怒，情绪非常敌对并且行动非常迅速——尤其是在有关当局不向他们透露事实真相的时候。他们需要获得信息。他们所爱的人失踪了或者已经死了，但还没有得到确认，他们需要信息。

这个社会中的政治机构有义务向他们提供信息。虽然我认为鲁迪·朱利亚尼*在这一事件的处理方面做得相当不错，但是他做得还不够。人们有一种感觉，那就是在这一事件中遇难的警察和消防队员受到了比遇难的平民更为优厚的待遇。我想事实的确如此。这使得很多人都感到非常气愤。我曾经在市长办公室参加过政府与遇害者家属的见面会，我可以明显地感觉到遇难者家属的愤怒情绪。

有一次，我将一名家属邀请到了验尸官办公室。我带她参观实验室。你知道，她不是一名科学家，但是她的丈夫在这次袭击事件中失踪了。她只是想了解事情的真实情况。

我在一天晚上花了两个小时的时间专门陪她，向她介绍 DNA 技术以及我们工作的过程——那时大概是 2002 年 10 月下旬——我向她介绍我们正在进行的工作，她对此非常感激。她感觉好多了，她感到，首先，这件事情已经不再像以前那样神秘了。其次，她与负责人进行了交谈，并且我尽我之所能，如实地回答了她提出的所有问题。她非常感激有人愿意花时间陪她，把她带到验尸官办公室里，并向她介绍相关的工作。

在那之后的几年里，我们每个星期都要与遇害者家属或其代表见面。我们在纽约大学有一个专门用来接待他们的会议室，它就在验尸官办公室的隔壁。

事实证明，这是我们所做的最好的一件事情。我们发现遇害者家

* 当时纽约市市长。——译者注

属只是想了解事实真相。他们想知道。他们能够面对现实。他们的亲人死了。他们想参与确认遇害者身份的过程，他们想了解内情。你知道，每个人都想了解内情。

有一段时间，也就是2002年4月和2002年夏季，我们确定了很多受害人的身份。我希望这种情况能够继续下去，但是我知道它不会，因为我知道从世贸中心提取的样本中的DNA就要被用完了。我知道最终那些含有高质量DNA的样本会被用完，而剩下的样本所包含的DNA质量就没有那么好了。因此身份确定的数量将会逐渐下降，这会使被害人亲属感到非常不安。

但是我必须告诉他们。我要花费很多的时间向他们解释这一点，并告诉他们，除了目前所作的测试之外，我们还有其他的计划。我向他们介绍线粒体DNA和SNP，并告诉他们我认为这些技术将会如何解决被害者身份确认的问题。但是我会对他们说："不，我无法告诉你，通过这种技术我们能够确认多少被害人的身份。可能一个也确认不了。我不能作出任何保证。我只能说我们将尽力而为。并且到目前为止，这些技术是最有希望的。"

这就是我们所做的事情。我想这种做法的效果还不错，因为这些被害人家属仍然会来找我们。他们非常了不起。我们建立了一个被害者亲属热线。他们可以打电话来了解我们是否有足够的被称为"生前DNA"的东西。一旦我们发现了他们遇难的亲人之后，我们就可以用它来作比对。他们会问我们是否存有来自被害人亲属的、足以用来确认身份的DNA样本。我们发现，在很多情况下我们没有。在这种情况下我们会再次与他们联系，以收集新的样本。通过这种方法我们又从被害人亲属那里收集了3 300份新的口腔拭子样本，因为我们最初的收集样本的工作没有做好。

与被害人亲属会面对我们所有人都产生了深远的影响。通常司法证据科学家是不会与被害人亲属直接打交道的。通常我们不会与他们见面。但是在这个案件的司法证据调查过程中，我们必须与被害人亲属打交道。

这种经历会对我们产生某种影响，这在科学领域是一种禁忌。我们的情感会渗入我们的工作之中。我们有了一种急躁的情绪，这是绝对的。当你完成一项测试之后，即使你知道你还应该再作一遍相同的测试，但是你的直觉会告诉你："好了，这就行了。这个测试没有什么问题了。"你会说"我知道这些结果是可靠的，让我们确定死者的身份吧"，而不愿意再花三个月的时间等待新一轮测试的结果，以满足 99% 确定程度的要求。

但是当你的决定受到情绪控制的时候，你就需要冷静下来了。这个时候你需要有别的科学家站在你身边对你说："你真的想这么做吗?"你必须控制一下你的情绪，因为你是一名科学家。

犯罪实验室案例之二：小镇谋杀案

1999 年，在明尼苏达州的瓦瑟卡镇有一名 12 岁的女孩被谋杀了。在此之前，这个小镇上从未发生过凶杀案。这个女孩 17 岁的姐姐回到家中，发现了她的尸体。姐姐发现妹妹的颈部缠着两根绳子：一根是橙色的电源延长线，另一根是黑色的绳子。她的手被用白色的绳子绑在身后，双脚也被用白色的绳子绑着。她的尸体被悬挂在楼梯栏杆上。她的上身穿着一件衣服，腰部以下裸露着。死因是单一的一个刀刺伤。她死于内部出血。

这是一个典型的推理小说式的案件，非常恐怖。我们带着犯罪现场处理工具赶到了那里。你知道，我们都有孩子，我们就像其他人一样受到了极大的震撼。

那个 12 岁的女孩就在那里，她是一个可爱的孩子。而现在她却死了，被悬挂在那个楼梯栏杆上。我的上帝！这是多么可怕的景象啊。

但是我们必须……到了某个时刻我们的肾上腺素就发生了作用。我们会说："好了，我们一定要抓住那个实施这一犯罪的狗娘养的。"我们必须以这种态度工作。我为这个案件准备了一份很长的报告。每当向别人介绍这个案件的时候，我都往往会因为情绪激动而不得不中途停下来。尽管如此，我们还是要开展我们的工作。

我们用吸尘器在房间里收集各种微小的证据。用来捆绑这个女孩手脚的绳子就是那个房子中威尼斯百叶窗上的。我们可以看见窗帘被拉了起来，上面的绳子被扯了下来。我们在那个区域喷上专门用来显示指纹的粉末，但是没有发现任何指纹。

这个住宅中有被翻动过的痕迹，抽屉被拉了出来，看上去是一个入室盗窃案的现场。这表明凶手进入这个住宅的目的很可能是盗窃。但是在他盗窃的过程中，这个女孩放学回到家中，发现了窃贼。这个窃贼以前从来没有杀过人，但这一次他决定杀人灭口。

我们在整个住宅中寻找指纹。最后我们发现，我们所提取的每个指纹和掌印都是这个家庭的成员或者他们的朋友在合法进入这个住宅时留下的。我们没有找到陌生人留下的指纹。

我们找到了两根来源不明的头发，一根是在楼梯顶端发现的，另一根是在那个女孩的尸体上发现的。但是由于这两根头发都没有发根，因此无法对其作全面的 DNA 图谱测试。在悬挂着那个女孩尸体的楼梯下面有一块纸巾。我们对它进行了处理，希望能够从上面发现一些生物学证据，但结果是否定的。在她的身体上没有发现其他生物学液体。后来我们确定这个女孩很可能遭到了性攻击，但是凶手没有留下任何可供我们收集的生物学证据。

我用超级胶水对那根电源延长线进行了处理，以寻找指纹。但是我什么也没有发现。在女孩的颈部缠绕着另一根绳子。我们发现它是从楼梯顶端的一个钟表收音机上扯下来的。我用超级胶水对其作了处理，也没有发现任何痕迹。那些威尼斯百叶窗绳子的末端有非常小的小帽子，我们也对它们进行了处理，还是什么也没有发现。

我们基本上已经做了所有我们能够做的事情。我们比较了所有的印痕，但是案件仍然毫无头绪。当时是 1999 年 4 月。

2000 年 2 月，在瓦瑟卡发生了一系列入室盗窃案。而警察们仍然清楚地记得前一年发生的那起入室盗窃案。我认为这是侦破这一案件的关键。

在一个冬天的夜晚，一位名叫克里斯·马肯森的警察开着车在街上巡逻，他发现一名男子在那里走来走去，当时是晚上八点半左右。他想："这个家伙看上去形迹可疑，但是我没有正当的理由去把他拦下来。我先把巡逻车开到街道的尽头掉个头，然后在那里观察这个家伙。"

当这名警官将车头掉过去之后，他发现那个家伙也决定改变他的前进方向，这使那名警察有充分的理由拦住他并对他进行讯问。警察走出警车并与那个家伙交谈起来："你在这里做什么？""我要去看一个朋友。""哦。那他住在哪里？"那个家伙非常含糊地朝着某个方向指了一下。"那么你是怎么来到这个地方的？""噢，我是开车过来的。""你的车在哪里？"他又非常含糊地朝着某个方向指了一下。

在他们交谈的过程中，这名警官朝地下看了一眼。他注意到那个人在雪地上留下的鞋印并意识到它们与一些入室盗窃现场的鞋印是一样的。好了，现在可以问问这个人到底是谁了。这个家伙掏出了一张不属于他自己的身份证。那名警官通过身份证查询了一下，结果发现身份证上的那个人因为酒后驾车而受到法庭的传唤，并且因为拒不出庭受审而被通缉。现在可以逮捕这个家伙了。他让这个家伙双手搭在警车上，对他进行了搜查，结果在他身上搜出了一个手电筒和一把螺丝刀，这些是入室盗窃的工具。

事情变得更加令人感兴趣了。警察把那个家伙带到了警察局并扣留了他的汽车。结果他们在他的汽车上发现了在瓦瑟卡系列入室盗窃案中失窃的物品。

这是一个典型的执法案例：每当警察采取一个步骤之后，他们就会发现一些新的证据，使他们有理由采取下一个步骤。因此，基于他们发现的这些证据，警察获准搜查了这个家伙所住的房屋拖车。

他们发现在这个拖车里储藏着瓦瑟卡系列入室盗窃案中失窃的所有物品，其中包括——在一个柜子的底部——两个乙烯基材料的CD盒。

调查人员向拉尔森太太，也就是那个被杀害的女孩的母亲展示了这些被盗物品的照片。她说："凯莉·乔曾经有两个CD盒。"在CD盒中没有名字。他们无法确定它们是属于凯莉·乔的。

调查员给我打电话说："你看看应该怎么办：我们发现了这些东西。拉尔森太太认为它们可能是凯莉·乔的。"他向我描述了那两个CD盒：它们的外部是乙烯基材料的，有很多鹅卵石状的凸出花纹。我告诉他从这种表面上很难提取指纹。我们曾经作过这方面的尝试，结果很不理想。但是我对他说："CD盒里面的袋子也许值得试一下。我可以把它们展开放进超级胶水仓里，看看我们能够从那上面得到什么。"一开始我们没有打算这么做，但是后来我想，这是一起谋杀案，我们不应该放弃任何线索，因此我对他说："把它们送过来吧。"

有一位司法证据科学家曾经说过："没有探索就不会有发现。"我在作报告的时候会把这句话显示在屏幕上。我告诉人们："你会看看屏幕，再看看我，然后说：'干得好！'但是你们知道吗？我们差点儿就忽略了那些CD盒。"顺便说一句，当时那个房屋拖车里到处都是 CD，但是它们都是那个凶手和他的同伴的。

我将这些 CD 盒放进超级胶水仓。我知道我讲的故事有点儿戏剧性的效果，但是以下我所讲的都是事实：我检查了第一个 CD 盒中的每个袋子，但是什么也没有发现。然后我又开始检查第二个 CD 盒中的每一个袋子，等我翻到倒数第二个袋子的时候，我发现了一根金色的头发。凯莉·乔的头发就是金色的。

我心跳的速度加快了，激动得几乎晕了过去。想想看，当时是 2 月份，而那起谋杀案发生在前一年的 4 月份，从那时起这些 CD 盒就一直被放在那个家伙的房屋拖车中。

我对这根头发照了相并把它取了出来。最终，经实验室鉴定，我们确认它就是凯莉·乔的头发。

在下一张 CD 袋上有一枚很长的指纹。我立刻就知道这是凯莉·乔的，因为我曾经无数次地看过她的指纹。在她右手无名指的指纹上有一个独特的罗纹。

因此，现在我们发现这个家伙拥有从那个被谋杀女孩家中盗窃的物品。在找到犯罪嫌疑人之后，我们对在犯罪现场发现的那两根头发作了线粒体 DNA 测试，以排除他的母亲和兄弟姐妹到过现场的可能性。

我们所做的就是看看他们有没有不在场的证明：在谋杀当天嫌疑人的家人都在哪里？那个犯罪嫌疑人的真名叫洛伦佐·桑切斯，他是来自墨西哥的非法移民。他家里有母亲、一个姐妹和两个兄弟。经查证，在谋杀案发生那天他的母亲和姐妹都在墨西哥，她们从来就没有离开过这个国家。他有一个兄弟后来到了美国，但是在谋杀案发生时他还在墨西哥。他的另一个兄弟在案发时正合法居住在美国，但是当时他正在上班，这一点他的工友、所在公司雇员和工作记录都可以证明。

因此就只剩下这位嫌疑人了。他无法解释自己当时为什么会在那个住宅中。他最终承认谋杀了那个女孩。

这是一起与众不同的案件。在该案中许多事情的顺序都是颠倒的，但是它包含了很多司法证据学的因素：洛卡尔原则（“每次接触都会留下痕迹”）在该案中非常重要。犯罪嫌疑人在现场留下了两根头发，而凯莉·乔则在她的 CD 盒中留下了一根头发；DNA 技术得到了应用；在排除了嫌疑人的家人到过现场的可能性之后，嫌疑人就无法证明他自己在案发时不在现场。他没有在现场留下任何指纹，至少没有留下我们所能够确认的指纹。但是那个女孩在他盗窃的 CD 盒上留下的指纹证明他曾经到过她的家中。

一开始我就作为犯罪现场调查小组的成员之一参与了此案的调查，后来在实验室我又负责该案的指纹分析工作。

但是起到最关键作用的是那个在街上巡逻的警官，是他抓住了那个家伙。如果没有他，我们的调查不会有任何进展。

司法证据学可以解决一些小问题，但是使案件调查出现转机的是基本的警察工作。你知道吗？所有有关犯罪调查的电视剧都遗漏了这一点。

虽然我们各自有着不同的职责，但是就执法工作而言，所有工作人员都是一个大团队的一部分。我们是一个团队。

——犯罪现场处理员/隐秘印痕专家

第八章

悬　案

悬案意味着调查工作进入了一个死胡同。你没有新的线索，你已经与所有相关的人员谈过了，你分析了犯罪现场，最终你走进了死胡同。一个案件可能在一开始调查的时候就成了悬案。它可能在几年之后才被侦破。

——诺曼·加恩，威斯康星州密尔沃基市密尔沃基县副地区检察官

凶杀案调查就像是做拼图游戏。一张图由 1 000 块小的拼图板组成。而你手里只有几块，也许 100 块或 150 块。如果你手中的 150 块拼图板来自这个图的恰当部位的话，那么你就可以解决这个难题。但是如果它们来自图的边缘或者某个角落的话，那么你就迷失了方向。

调查一个悬案就像是在一个漆黑的健身房中做拼图游戏。

——吉姆·吉文斯，亚利桑那州凤凰城悬案调查组组长

1993 年 1 月，在伊利诺伊州帕拉丁市的布朗鸡肉面馆发生了一起凶杀案。有七个人在这家餐馆中被枪杀或用刀刺死。九年之后，一顿鸡肉快餐的残余和一位前女友的举报使两名男子受到了谋杀的指控。

那七名被害人均为在该快餐店上最后一班的员工。他们被害时正在进行关店前的清理工作。第二天人们在这个快餐店后面的两个单独的冷藏间中发现了他们的尸体。犯罪现场技术员对这家餐馆进行了仔

细的搜查。一位司法证据分析员——来自北伊利诺伊州警察局犯罪实验室的简·霍梅尔——在餐厅顾客用餐区的一个塑料垃圾桶的底部发现了一份鸡肉快餐的残余。这是该餐馆最后一班员工在打扫卫生的时候没有扔掉的唯一一份食物。这名分析员收集并保留了这份快餐的残余。调查人员还收集了收款机上的打印条，该打印条显示了最后一份鸡肉快餐购买的准确时间。

这个案件发生在1993年，那时DNA技术还处于起步阶段。这份快餐的残余被冷冻保存在了北伊利诺伊州犯罪实验室。当时他们之所以这么做，是希望将来咬痕测试技术改进之后再对这些食物残渣作咬痕测试。他们把那个收款机打印带也保存了起来，以作为在柜台购买的最后一份快餐的记录。

在现场没有凶器，没有印痕，也没有目击证人。调查工作就像那份被冷冻在犯罪实验室中的鸡肉快餐一样被冷冻了起来。与此同时，DNA技术却在飞速发展，使我们能够从越来越小的证据上提取能够确定身份的DNA样本。1999年末，犯罪实验室将那份鸡肉快餐送去作DNA测试。他们在鸡肉残渣上发现了一小点唾液。通过这点唾液他们获得了一份DNA图谱，但是在计算机数据库中没有找到与这份DNA图谱匹配的记录。

2002年3月，一位妇女与帕拉丁布朗鸡肉面馆专案组取得了联系。她告诉警察，她的一个朋友向她透露了杀死这个快餐店雇员的凶手的身份。她的这位朋友是其中一名凶手（后来这名凶手被指控用处决的方式谋杀那些快餐店的雇员）在高中时的女朋友。当警察与其朋友联系之后，她说出了该案中从未向公众透露过的一些细节。这位前女友后来告诉检察官说，在谋杀案发生的那天晚上，她的前男友打电话让她在第二天观看电视新闻，他说："我干了一件大事。"

2002年4月，这位名叫詹姆士·埃里克·德戈斯基的前男友和他的一个朋友胡安·A·卢纳（他们都是由那位前女友指认的）自愿接受了口腔拭子测试。卢纳的DNA与在那份冷冻快餐中一根鸡骨上提取的DNA完全匹配，而那个前男友的DNA则与一条鸡腿上的DNA相匹配。这两个人于2002年5月被逮捕并被指控实施了那起快餐店谋杀案。截至本书编写之时，该案尚未进入审判阶段。

这个后来被称为“布朗鸡肉快餐店谋杀案”的案件向我们显示，那些长期以来悬而未决、早就被认为毫无希望的案件可能会突然出现转机。

DNA毫无疑问可以为那些陈旧的悬案注入新的活力。在过去10年中，全国各地纷纷成立悬案调查组，这主要是由于DNA计划和数据库的发展。

但是DNA并不是悬案调查小组大量出现的全部原因。随着时间的推移和调查人员的不懈努力，一些看上去毫无头绪的案件会逐一被侦破——有些是在DNA技术的帮助之下侦破的，而有些则不是。正如芝加哥警察局的悬案专家乔·莫菲所说：“这不仅仅是技术，也不仅仅是某一套技能。它是所有以下这些因素共同作用的结果：DNA技术、心理学和调查人员的讯问技巧。”

参与悬案调查的专家包括：凶杀案侦探、检察官、司法证据学家以及悬案专家。在本章中他们共同探讨侦破那些长期以来被认为是毫无希望的案件的科学或艺术。

一个仍然悬而未决的案件

这个案件发生在1996年。一名男子在他自己的床上被谋杀了，当时他的女友正和他在一起。她说一个男子闯了进来，在房间的另一头开枪打死了她的男友，而她自己则滚到了床底下。血迹专家说死者身

上的枪伤是近距离接触伤，但是他们无法找到用于行凶的那把枪。案件的侦破陷入了僵局。

我在两年之后，也就是1998和1999年，应邀作为一名计算机专家参加这个案件的调查。我检查了被害人的计算机。谋杀案发生之前，在那间房的床边靠近被害人躺的那一侧放着一台电脑。电脑中有一个文件是在谋杀发生四小时之后最后一次被修改的，它是一个游戏的高分记录文件。在这个文件中输入的四个高分获得者名单中，有一个名字叫做“嗨，约翰”。而被害人的名字就叫约翰。

约翰是在午夜时分被谋杀的，“嗨，约翰”这个名字是在凌晨4点钟的时候输入的，而警察则是在上午7点钟接到死者女友的电话之后不久赶到的。

这个案件至今仍然没有告破，这主要是由于目前有关计算机证据的一些法律问题所造成的。但根据我们的推断，事情的经过应该是这样的：约翰的女友大约在午夜时分杀死了约翰，将自己清洗一遍，将枪扔进了附近的一个湖里，回到家中，把所有的证据都打扫干净，然后坐在电脑前面玩起了游戏，而约翰的尸体就躺在她身边的床上。她坐在电脑旁边，对那具尸体说“嗨”。

这个案件仍然没有告破。

——司法证据调查员

什么使一个案件变成悬案

第一个问题就是找到那些从犯罪现场收集到的实物证据。问题是，即使警察应该保存与凶杀案有关的材料——他们应该永久性地保留那些材料，因为对于谋杀案来说没有追诉年限，但是在现实中许多警察机构的侦探们都面临着要求他们处理掉证据的各种压力。有人会对他

们说："嘿，我们保存证据所花的钱和所用的空间太多了。"而那些官僚则不断地向他们发送公函："我们能够销毁这个吗？我们能够销毁那个吗?"

这就是在洛杉矶警察部门所发生的情况。侦探们不断收到一些案件列表，在每个案件后面都标明了其发生的时间并附有以下这个问题："请标明该案中的证据是否可以被销毁。"我们可以想象，至少在一些案件中，负责调查的侦探可能已被派去调查其他案件或者退休了，而他们的上级可能还在不断地收到这些列表。当看到一些悬案的案件编号一次又一次地出现在列表上的时候，他们可能会从中划掉一些。他们会说："好吧，那就把它销毁吧。"因为他们不想再在列表中看到这些案件。有大量的案件，我们已经无法再找到相关的证据了。

——检察官

悬案通常也意味着"旧的"案件，即发生在1995年或更早的案件。

你知道吗？我们直到1990或1991年才开始应用DNA技术，在此之前我们并没有很多血清学技术：我们可以确定犯罪嫌疑人属于某一类血型的人，但是我们没有确定某个人身份的东西。再往前一段时间，也就是犯罪实验室在政府资金的支持下快速发展的70年代中期和末期，我们对于衣物和血迹所能够作的测试也很少。

在很多情况下警察没有对证据进行正确包装。比如说他们收集了生物学样本——任何可以提取DNA的物质：体液、精液或血液，他们可能会把这些证据放进塑料袋中，然后把它留在诸如巡逻车的后备箱或没有空调设施的存储室等高温、高湿度的环境之中，之后再把它们送进实验室。犯罪实验室的技术员可能又过了两天之后才把它打开。他们会发现那上面已经长满了霉菌。诸如酵母、霉菌、细菌和真菌等微生物无所不在，它们存在于地球表面、我们的身体以及衣服上。它们要生存，但是它们又不能很容易地到处移动。因此一旦得到血液或衣物等丰富的食物来源的时候，它们会疯狂地大吃特吃。如果处于高湿度的环境中，它们就会很快地把这些东西分解掉。

除微生物的攻击外，时间的流逝也会导致证据的降解。紫外线会使样本分解。如果一个悬案中的一件衣物证据在储物间中被放置了20年后烂掉了，那么这就不是当时没有正确包装的问题，而是当时没有按照我们现在的标准包装的问题。

—— 司法证据科学家

如果在犯罪发生之后基础工作没有做好，那么这在多年之后还会妨碍案件的调查。而另一方面，即使一个案件是在25年前发生的，如果最初的调查工作做得很好，保存了所有证据，询问了所有相关人员，并且作了全面的记录的话，那么在大多数情况下，在25年之后我们仍然可以回去查看这一案件的所有证据。也许通过测试其中的某个证据，我们可以证实侦探们的最初发现，然后整个案件就迎刃而解了。

—— 检察官

为什么有些案件会变成悬案？有时是因为时间。我记得曾经参加过底特律的一位老侦探的讲座。你知道，底特律是一个很繁忙的城市。他说："我曾经是一名交通警。每当我拦下一辆超速行驶的车的时候，就会有六辆超速行驶的车从我身边经过。后来我成为了一名凶杀案侦探。在刚刚发生了一起凶杀案，我们正着手准备去犯罪现场开展工作的时候，第二天却又发生了另一起凶杀案。"有时我们无法控制这种局面。我们必须要有足够的人手。一座城市可能连续发生多起凶杀案。你知道，"血腥周末"。时间，在很多情况下案件会因为时间的

原因而成为悬案。

——悬案专家

什么可以使悬案出现转机

侦破凶杀案的能力与在案件上所花费的时间有很大的关系。 当我担任某个地区的悬案组组长的时候，我会鼓励那个地区的警察部门负责人做以下工作：如果他们那里有一个他们认为可以侦破的凶杀案，并且有一些侦探正在调查此案，那么就让这些侦探到悬案调查组来待上一个月左右的时间，集中精力调查此案。我会向他们提供三名经过认证的犯罪分析员。他们会审查这些悬案，以寻找可能的突破口：有哪些实物证据？是否可以对它们重新作 DNA 测试？还有哪些与案件相关的人员可供我们询问？嫌疑人的人际关系发生了什么变化？有没有新的线索？

——悬案组组长

悬案的侦破： 在许多情况下，要求我们具有创造性。我们必须能够换一个角度去看待谋杀案。正如俗话所说：我们必须打破框框去思考问题。我们必须另辟蹊径。很显然，原来那些侦探所走的道路是行不通的，因为这个案件已经成了悬案。

下面就是一个打破框框思考问题的例子：1995 年，一位 35 岁左右的年轻女士给我们的一位悬案侦探打电话，与他谈论了她母亲失踪的事情。在她母亲失踪时她还是一个孩子。她模糊地记得她父母那些年一直在打架。

她记得一件具体的事情。就在她母亲于 1964 年失踪之前，她父亲曾在后院——就在她家房子的推拉玻璃后门的外面——挖了一个坑。

我们的一位侦探听说有一种地下探测雷达。在科罗拉多州有一个人提供这种服务，他的公司名叫“地下搜索”。他带着装在雪橇上的雷达来到了这家人以前住过的那座房子后面，然后在可能埋尸的地点来回拖动。

他在后院没有发现任何可疑的东西。他们将雷达拖到了后门，也就是那个双层推拉门后面的水泥板上。结果——他们找到了！

地下探测雷达所能够告诉他们的只是地下的土层曾经被挖动过，而不是原始的状态。它最终显示了一个坟墓的外形，也就是泥土被翻动的迹象。于是我们就搬出我们的水泥切割机，挖出了那块水泥板。结果果然发现了一具骷髅。它仍然穿着带有吊袜带的长筒袜，这使我们能够确定这一事件发生在连裤袜出现之前。这与被害人的年龄以及这个女儿有关其母亲失踪的记忆是相一致的。

那位父亲一直告诉他的女儿，她的母亲离开了他，并且他不知道她去了哪里。我们的侦探经过大量的工作终于找到了那位父亲。最后他被逮捕，被判定有罪，并被判处死刑。

那位年轻的女子一直被儿时的那个记忆困扰了30年。

当那位父亲被判刑之后，法官问他还有什么要说的，他说道：“你知道，在这件事情过去了25年之后，我还要为此进监狱，这不公平，这真的不公平。”

——悬案专家

DNA与悬案

过去，在发生了凶杀案之后我们往往什么也做不了：主要的嫌疑人守口如瓶，我们唯一的目击证人就是被害人，而他已经死了。

也许嫌疑人在杀害一名妇女之前强奸了她。在这种情况下我们可以发现精液，或者我们可以找到一小块血迹或一串血迹。那又怎么样呢？我们只能通过它们测出几种常见的血型，这没有什么意义。这只说明整个人口中的50%都有可能是嫌疑人。检察官会说："这对我有什么用？没有任何用处。"

DNA 改变了这一切。

——凶杀案侦探

对于悬案来说， DNA 绝对是上天赐予的礼物。现在警察可能会重新将其注意力集中到多年前发生的一件悬案上——并不是因为他们在调查工作中发现了新的线索，而是因为他们会想："嘿！我们仍然保存着当时从犯罪现场提取的血液样本，而那时还没有 DNA 测试。"

或者指纹：现在我们有一个全国统一自动指纹鉴别系统（IAFIS），而不仅仅是自动指纹鉴别系统（AFIS）。这个新的系统大大地增强了我们的能力。现在我们可以将新技术应用于悬案的侦破工作。

——检察官

玛格丽特·艾比博士是位于弗林特的密歇根大学的教务长， 她因每年夏天在弗林特组织海滩节而著名。她在学术界也很有知名度。

她住在古老的莫特庄园的城楼门房中。莫特是通用汽车公司的创始人并且曾经是美国首富，在他死后，他的妻子生活在这个庄园中，而艾比则租住在这个庄园的城楼门房中。

1986 年，我的凶杀案小组接到电话，在莫特庄园发生了谋杀案。在这一年中，弗林特共发生了 63 起谋杀案，是当时历史上谋杀案发生率最高的一年。我当时想："噢，上帝，莫特夫人被人杀死了！”

我们赶到那里，发现被杀害的是艾比博士。这个城楼门房是一座漂亮的两层砖楼。艾比之所以租下这座楼房，很可能是因为她觉得能够对别人说自己住在莫特庄园是一件非常光彩的事情。人们发现她赤身裸体地躺在床上。她的头几乎被割了下来，在她的胸部也有很多伤口。这些伤口都不是致命伤，只是一些小的刀刺伤，像是实施酷刑留下的痕迹。我们还注意到她的手腕被用某种塑料电话线绑着。在床头板及其上方的墙上有血迹。凶手切断了她的一根动脉，床上被血液浸透了。但是在她的旁边放着她那天晚上穿的衣服，没有被翻动过。在床脚下的杂志也没有被移动过。

我们可以看出她没有挣扎。凶手完全控制住了她，并把她捆绑起来，她根本就无法反抗。

我们当时认为凶手没有从房间里拿走任何东西。艾比独自生活，因此很难确定她是否有什么物品丢失。她的钱包躺在一楼的餐桌上，她的钥匙仍然在那里。

我们对案件调查工作进行了分工。我们的巡佐是整个案件的负责人。我是他的副手，担任现场指挥官。我对现场情况作书面记录，描述各个证据所在的部位，并指挥对证据的收集工作。一名专门为我指派的人员为整个房子画了一份比例图。接着由专门负责讯问的侦探开展对相关人员讯问、走访和核查汽车牌照等等工作。

我们给密歇根州警察局犯罪实验室打了电话，然后就立即撤出了那座房子，以免破坏任何证据。之后我和犯罪实验室的人一起工作，我所做的工作和在准备现场书面记录时一样：描述现场的所有情况。

在搜查这座房子的时候我们发现了凶手在行凶后清洗血迹的地方——楼上被害人卧室旁边卫生间的一个陶瓷洗手盆。在那里有一些没有洗掉的血迹。这些血迹非常淡，因为很明显凶手曾努力将自己清洗干净。我们还发现在冷水龙头上可能有一个指纹。我们可以看见一个不完整的印迹，但是我们不想在现场提取指纹，而是将水龙头带回了犯罪实验室。后来我们果然在这个水龙头上提取到了一枚指纹。

到那时为止一切调查工作进展顺利，于是大家都离开了现场。报纸上登出了“莫特庄园谋杀案”的头条新闻。我们部门的每个人都受到了媒体的骚扰。

调查人员将注意力集中在艾比博士的一个熟人身上。他最近曾经访问过被害人，然后就搬到华盛顿特区去了。多年来我们一直认为他就是凶手，但是我们在现场发现的那枚指纹与他的不匹配。我们将那枚指纹送到密歇根的自动指纹鉴别系统进行比对，我们都以为这个系统与联邦调查局的数据库是连在一起的，但实际上不是这样的。因此，多年来这枚指纹就一直被存储在密歇根的计算机系统中，等待与之匹配的指纹出现，但是其查寻范围仅限于密歇根州。

一晃很多年过去了。每隔一段时间就会出现一些有关这一案件的线索，然后我们就会查询一下相关的信息。后来我的副手和负责整个案件调查的巡佐都退休了，而我的手头有100起凶杀案需要调查。在最初参与这一案件调查的人员中，现在我是唯一仍然在调查此案的侦探了。所有的线索都没有导致任何结果。

2002年春天，悬案调查组打电话让我和他们一起调查这个案件，因为我对这个案件非常熟悉。我们回去重新做了一遍我们在1986年已经做过的那些工作：走访被害人的朋友和在谋杀发生的那天晚上与她在一起的人，以及她在被害前参加过的一个晚会上的人。其中有些人已经去世了，有些已经搬家去了别的州。

但是现在DNA技术已经非常先进了。过去我们一直认为我们在犯罪现场所发现的DNA样本不够好。凶手在行凶后接通了被害人尸体所在的床上的电热毯。大家都认为……犯罪实验室人员说：“我们认为在现场发现的精液中的DNA已经没有利用价值了，它很可能已经被电热毯破坏了。”

但是实际情况并非如此。我们将这份样本拿回来，送到了州实验室，而州实验室又将其送到了合并DNA索引系统，也就是全国性的DNA数据库。

我的上帝，我们找到了匹配的DNA。这个DNA来自密歇根罗慕路斯，也就是底特律机场所在地。

1991年，西北航空公司的一位名叫南希·路德维希的空中小姐被人谋杀了，其被害的方式几乎与艾比博士一样。由于这位小姐比较年轻，凶杀没有能够像制服艾比博士那样快速制服她，她进行了反抗，因此在她右手上刀子留下了防卫伤。但是她的头也几乎被割了下来。

这一案件发生在机场旁边的希尔顿酒店。被害人那天晚上刚刚完成空勤任务，她是临时替补另一个空姐飞那一个航班的，没有人知道她住在希尔顿酒店。她第二天没有出现在她的航班上。最终有人查看了她所住的房间，并在那里发现了她的尸体。在前一天的晚上，住在一家汽车旅馆中的一名男性空乘人员从他的房间窗户中看到，在停车场上有一个男子正拿着一个西北航空公司的专用旅行箱走向他的橙黄色汽车。他以为他也是空乘人员。

在这个案件发生之后，艾比博士的儿子从报纸上看到了有关的报道，并与罗慕路斯警察局取得了联系。他说："这个案件看上去与1986年在佛林特发生的我母亲的谋杀案非常相似。"因此一名来自弗林特的侦探与一名来自罗慕路斯的侦探进行了电话联系。但随后这件事情就不了了之了。如果他们比对一下两个案件的现场照片的话，那么他们就会知道凶手是同一个人。但是他们从来没有这么做过。

而我们最终在数据库中找到了匹配的记录。我们知道同一个家伙用几乎同样的方式杀害了两名妇女。现在我们对我们讯问过的所有人，包括被害人的好朋友、仇人，甚至有关的女性都提取了口腔拭子样本。因此这个专案组属于州警察局并且他们负责犯罪实验室的工作，所以我们的样本得到了优先处理。在几天之内我们就得到了所需要的信息。

这两个案件都成了悬案。但是当我们在数据库中找到匹配记录之后，两个案件的调查人员坐在了一起。一个人在犯罪实验室再一次查看了这个指纹记录，他意识到这个记录只被输入了密歇根州的自动指纹鉴别系统，而从来没有被送到联邦调查局。他立即把这个指纹提交给了联邦调查局。

然后我们在指纹库中也找到了匹配的记录。在现场提取的那枚指纹与一个名叫杰弗里·戈顿的男子于1986年在佛罗里达州被逮捕时留下的指纹相匹配。这个人在佛罗里达州曾多次闯进别人的汽车房屋中，盗窃妇女的内裤和文胸。他曾经在佛罗里达州被逮捕过。后来他回到了密歇根州，开始在他父亲所开的喷水系统公司工作。这家公司正好也为莫特庄园提供服务。

1986年11月，在谋杀发生前四天，他和公司的另外几个人来到莫特庄园，由于当时天气越来越冷，他们去关闭了那里的喷水系统，以防其被冻坏。而这个系统的控制设施就位于那个城楼门房的地下室中。

现在我们很确定他就是凶手了。在现场有他的指纹，他有进入现场的机会。他很可能还见过艾比博士。在她卧室的窗户上没有窗帘，在停车场对面有一个剧场，许多人经常说他们看见她赤身裸体地躺在那里。她对服务人员也不避讳。让我们这么说吧：她并不害怕自己的身体。

我们真的确信杰弗里·戈顿就是凶手。但是我们还必须将他的

DNA 与现场发现的 DNA 进行比对。悬案调查组打电话给我说："今天晚上我们要到戈顿家附近去蹲守，你想去吗?"于是我们就坐在他家附近，等着获得他的 DNA。

第二天晚上，几名便衣侦探尾随他来到了一个溜冰场。他现在已经结婚并且有了孩子。他和他的三个孩子一起进入了溜冰场。那几名侦探在那里等着他购买软饮料。他在饮用软饮料的时候使用了一块餐巾纸。他一离开桌子，便衣侦探立即拿起他留下的泡沫塑料杯子，并把它直接送到了密歇根州犯罪实验室。那天晚上我们就得到了与他的 DNA 匹配的记录。

我们获得了搜查他家的法院命令。我们在搜查他家的同时逮捕了他。在他家的外面有一辆用油布盖住的汽车，车身的颜色是橙黄色的。这与 1991 年那位西北航空公司的空乘人员的描述相符合。这辆车已经不能发动了，它被用油布遮盖着。在他的家里，我们发现了几千件妇女的内裤、文胸以及诸如此类的东西，几千件！在他的床垫下面还塞着一百多件这样的东西。我们不知道他是如何瞒过他的妻子的。在他家的地下室里有一些塞得满满的垃圾袋，有些垃圾袋上贴着写有地址的胶带，注明里面的东西是从哪里弄来的。

我们逮捕了他。他当时所说的唯一一句话就是：他从来没有去过艾比博士的房子。很好，这正是我们想要的：既然他从未去过那个房子，那么他如何解释他在那里留下的那枚指纹呢?

警察开始走访那些被盗窃内衣的妇女。她们说："噢，我的上帝，是的。我记得我的内衣找不到了，但当时我还以为是我自己把它们弄丢了呢。"她们都是这个弗林特喷水系统公司的顾客，而喷水系统的控制设施通常安装在地下室。我们估计这就是为什么他能够偷走那么多东西的原因。

但是我们怎么也想不出他是如何选择那个空中小姐作为谋杀对象

的。如果让我在今后的职业生涯中只做一件事情的话，那么我会坐在杰弗里·戈顿旁边问他一个问题：“你为什么会选择南希·路德维希？她是如何成为你的被害人的？”

他没有对任何人透露过这件事情。我们所知道的只是那天他拿着她的西北航空公司的行李箱走出了那家酒店。

我们于2003年将他的案件送交法庭审判。他首先因谋杀南希·路德维希而在韦恩县法院受审。我在审判中出庭作证。他被判定犯有一级谋杀罪。第二个案件的审判原定在弗林特的杰纳西县法院举行，但是在审判的前一天晚上他承认了一级谋杀罪的指控。法院判处他终生监禁，不得假释。他永远也不会走出监狱了。

这个案件显示了现在DNA测试是多么神奇，以及合并DNA索引系统的全国数据库是多么不可思议。

在此之前这个家伙只是因为盗窃内衣而被逮捕过一次：当时他在一个商店里走到一位穿裙子的妇女身后，把手伸进那位妇女的裙子下面，把她打倒在地，从她的身上扯下内裤，然后跑出了商店。谁能想到这样一个家伙竟然会实施谋杀呢？

——凶杀案侦探

DNA的确非常棒，但是DNA本身还是不够的。如果你正在作DNA测试，是什么使你相信你最终能够抓住嫌疑犯？仅仅因为你得到了DNA吗？DNA本身并不能使你的调查工作更好。那么什么能够使你的调查工作做得更好？为什么悬案发生了转机？是DNA数据库。

现在我们不仅有印在纸上的DNA图谱，你所做的是将它输入数据库中。现在你所输入的DNA可能与其他犯罪现场发现的DNA相匹配。也许在犯罪发生后的五年内你没有能够抓住那个罪犯的原因就是那五年他都在监狱里被关着呢！如果他的DNA在数据库中，那么你就会知道是怎么回事了。

这就是为什么有些悬案现在又出现了转机。你不会再说："我们已经为这个案件浪费了很多钱，却没得到任何结果。现在既然没有新的线索，我们为什么还要再为这个案件浪费更多的钱呢？"而是会说："既然我们已经在数据库中投入了很多钱，那么我们在这个案件上为什么不能再花一点儿钱，作一次 DNA 测试呢？"

整个事情的能动关系发生了变化，因而整个情况也发生了变化。DNA 数据库为悬案调查注入了新的活力。

——检察官

DNA 与未侦破的性攻击案件

我们在 1997 年通过密尔沃基县 DNA 数据库破获的第一起悬案就是一起强奸案。在这个案件中，就像在许多其他性攻击案件中一样，性攻击者行为非常残暴，以至于受害人吓得甚至连看都不敢看他一眼，并且攻击者还不断威胁她说："不准看我的脸，不准看我的脸。"在这种案件中，除非发生什么奇迹，否则我们几乎永远也不可能抓住罪犯，因为受害人永远也不可能从嫌疑人列队中指认出强奸犯，甚至无法为我们描述强奸犯的体貌特征。

在这个案件中，一名 19 岁的女孩下班后坐公共汽车回家，当时是夜晚。她下了公共汽车后，独自步行回家。她的家离公共汽车站大约有五个街区。她在走的时候注意到有两名男子尾随着她。她感觉到事情有些不对劲，于是她走到了街道另一边，那两个人也跟着走了过去。她知道这两个家伙一定不怀好意，于是她又走回到了街道的另一边，因为那里有个电话亭。她想跑过去打 911 报警电话。

但是还没有等她来得及拿起电话，那两个人已经把她压在了身下。他们都拿着枪，并且都对她说："不许看我们。按照我们所说的去做。"

他们把她带到两座楼房后面的一条偏僻的小巷中。在那里他们实施了我所听说过的最残暴的性攻击。他们把她衣服脱光，强迫她弯下身子，然后一名歹徒站在她的后面将阴茎插入她的阴道对她实施强奸。与此同时，另一名歹徒站在她的前面，将阴茎插进她的口中。这两个歹徒就这样同时对她实施性攻击。在此过程中，后面的那名歹徒曾将阴茎从她的阴道中拔出来，把他的枪管插进去，再把它拔出来，然后再把阴茎插进去。这是非常野蛮的性攻击。

在前面的那个家伙在对她实施性攻击的时候一直用枪抵住她的头部并对她说："不许看我。不许说话。"

在对她实施完性攻击之后，他们将她推倒在地上，踢了她几脚，对着她狂笑了一阵，然后扬长而去。在她前面对她实施性攻击的那名歹徒将精液射到了她的口中。在他们离开之后，她把它吐在了那个小巷的水泥地上，然后跑到了离案发地点很近的圣约瑟夫医院并报了警。警察赶到医院后和她一起回到了现场。

她告诉警察当时发生了什么。警察在那个从后面强奸她的歹徒当时所站的水泥地上发现了他们认为是精液的东西，因为她相信当时他将精液射在了水泥地上。然后她向警察指出了她将口中精液吐出的地方。于是警察也收集到了那份精液样本。她无法描述那两个歹徒的面貌，她根本就不知道他们长的什么样。

当时我们就知道，除非我们特别走运——比如说，歹徒主动交代或者某个知情人告发——否则我们无法侦破这个案件。因为罪犯没有留下任何其他线索，而且受害人也不知道他们是谁，所以破案的希望非常非常渺茫。

但是我要强调这个案件发生在1997年。那时DNA数据库还处于初始阶段，我们在这方面刚刚起步。

在那时，我们的数据库中只包括4 000名已被判定有罪的人，仅此而已。而如今，仅在威斯康星州的数据库中就包括8万名罪犯的记录。在我们这起未破获的性攻击案中，除了那名年轻的受害女性之外，没有其他证人。而她当时也没有看见攻击者的面目。

但是我们有两份精液样本。我们从这两份样本中获得了很完整的DNA图谱，并将其输入数据库中。一年之后我们在数据库中发现了匹配的记录。匹配的DNA来自那名站在后面强奸受害者并将精液射到路边水泥地上的歹徒。两份DNA完全匹配。在攻击了受害者之后，他又实施了另一起犯罪，我忘记他当时实施的到底是什么犯罪了。根据当时的证据收集法，我们在关押场所提取了他的DNA样本并将其输入数据库中。警察的调查工作做得非常出色。他们查出了他的同案犯的身份。我们获得了针对他的搜查令，并从他口腔中提取了表皮细胞。他的DNA与那个女孩吐在水泥地上的精液中的DNA相匹配。

这个案件曾经是一个毫无希望的悬案，但是最终通过DNA测试和警察的讯问工作得以告破。如果没有DNA，我们永远永远也不可能侦破此案。我们没有任何其他方法可以抓住这两名歹徒。

——检察官

当我们通过数据库中的匹配记录确定了强奸犯的身份之后，我们会给受害者打电话通知她们。那时离案发时间已经过去了五年或者七年了。我们对她们说：“嘿，那个强奸了你的家伙，我们刚刚通过数据库抓住了他。在过去五年中他一直在监狱中服刑。”她们的第一个反应通常就是：“你是说，我不用整天提心吊胆地过日子了？”这使事情终于有了一个了结。她们会说：“那么在过去这几年中其实我都没有

必要那么害怕他，感谢上帝，以后我再也不用害怕他了。”现在她可以随时了解强奸犯的情况以及他在监狱中的生活，而我们则将以这起新发现的罪行起诉他，并且很可能会使他在监狱中再多待若干年。

通过 DNA 数据库破获悬案的另一个令人振奋的方面就是，在很多很多情况下，它为受害人清洗了不白之冤，因为令人感到悲哀的是，在许多案件中，受害者都得不到她们的家人、警察或者她们的男友或丈夫的信任。有时人们并不相信受害者所说的话。比如说，你在一个小巷中遭到了强奸，他们会想：“当时你在那个小巷中做什么？”

妓女会遭到强奸，吸毒人员也会遭到强奸。有时人们会将自己暴露在非常危险的环境之中，她们都可能遭到强奸。人们可能不相信遭到强奸的女高中生所说的话。如果她们因为在不该出去的时候出去了，犯了某个错误或者做了某件蠢事而遭到了强奸，那么别人可能就会对她们说：“这都是因为你回家晚了，害怕受到惩罚而编造出来的故事。”所有这些情况都可能使受害者遭到别人的怀疑。

然后我们通过 DNA 数据库抓住了那个歹徒，并且发现他原来是个多次作案的系列强奸犯，这为她们清洗了冤屈，并给她们带来了巨大的心理解脱。多年来她们可能一直在为自己当时的行为而感到后悔和自责：“我当时要如何如何去做就不会遭到强奸了。”然后我们发现原来这个强奸犯是一个变态狂，其实当时她们无论做什么都是没有用的。DNA 证实了她们当时所说的话。DNA 能够帮助我们侦破悬案，这对于所有犯罪受害人，尤其是性攻击案件的受害人来说真是一个福音。

——检察官

人们坦白事实真相的需要

时间会改变一个人的思想。时间有它自己的一套改变人们的方式。有些曾经无恶不作的人可能会突然良心发现。他们可能在信奉了某种宗教之后决定坦白自己的罪行，以使自己的灵魂得到安宁。或者曾经与罪犯处在某种关系中的人后来摆脱了这种关系，现在他们可以自由地揭发那个曾经使他们感到如此惧怕的人。

这完全取决于时间，以及人们随着时间的流逝而发生的变化。时间是我们最好的朋友。

——悬案专家

我绝对同意这一点。新技术会吸引很多人的注意力，它们非常惹人注目，是新闻报道的好材料。

但实际情况是，我们调查悬案最好的帮手就是时间的流逝。人们之间的关系会改变，人们之间的感情也会改变。在案件发生的时候凶手可能与某个女人有着浪漫的关系，但是情感会发生变化。正如人们所说："地狱中的火焰也比不上怨妇的怒火。"

——凶杀案侦探

这是一个破案的关键。比如说，在一个悬案中，我们已经确定了一个犯罪嫌疑人，在这种情况下我们最希望听到的消息就是：当时和他生活在一起的女人现在已经与他分手了。也许是因为他打了她，骗了她的钱或者对她有不忠的行为，或者诸如此类的事情。

我和我的搭档坚信这样一个事实：人们总是有一种说出真相的欲望，他们早晚会向别人透露事情的真相。因此，如果某个人做了一件非常坏的事情，他早晚会告诉他最好的朋友或者他的另一半的。这种事情经常发生。哦，绝对是的，总是发生。

因此我们喜欢做的事情就是回去走访那些曾经与嫌疑人说过话的人。他们不一定是嫌疑人的妻子、男友或女友。他们可能是与嫌疑人分道扬镳的好朋友或家人。我们通过回去走访这些人获得了不少信息。

——凶杀案侦探

窃听技术可能非常有用，这是我们这个职业惯用的一种手段。一旦我们掌握了某种证据，如 DNA 检测结果、血迹或微量痕迹鉴定结论，或者一个旧男友或旧女友的举报，那么我们就让某个人带上窃听设备和嫌疑人交谈，以使某些事实得到确认。我们通过这种方法侦破过很多悬而未决的猥亵儿童案。我们让那些在儿童时期受到猥亵的人带上窃听装置，然后独自与曾经猥亵他们的牧师或叔叔进行对质，看看他们会不会承认这件事情。或者我们会有意打草惊蛇，看看在某个涉案人员被逮捕或者案件被媒体报道之后，犯罪嫌疑人会和他的同伙说些什么。我们经常这么做，这是合法的。

——悬案工作组组长

我愿意用一张崭新的 100 美元的钞票和你打个赌：在你的一生中，你肯定做过某件你自己认为非常错误的事情。每当你想起这件事情的时候，心里就会感到非常的不安。它成了你的一块心病。我敢打赌，在你的一生中，你肯定会将这样的事情告诉另一个人。你敢跟我打赌吗？

你必须要告诉另一个人，你必须这么做。因为在你的内心有这种需求，因为你想让自己的良心得到安慰。

如果你干了什么坏事，千万不要告诉你的女友，因为最终你们可能会分手，然后她就会告发你。这种事情经常发生。

——凶杀案侦探

在很多情况下，使犯罪分子，尤其是那些流氓团伙成员或为了满足虚荣心而实施犯罪的家伙落入法网的就是以下这个因素：对于一个一心想成为一名坏蛋的人来说，如果做了坏事没有人知道的话，那就毫无意义，因此他们经常会向别人炫耀自己所实施的犯罪。最终某个人会到警察那里去说：“你知道，我和某某聊天的时候，他告诉我他曾经做过那件事。”这就是野兽的本性。

——悬案专家

访谈技巧

我们曾经去看望过那些被关在监狱里的人。许多侦探会说：他们已经被关起来了，他们不会告诉你任何事情了。

但是你知道吗？我们曾经与一个在监狱中服刑的家伙交谈过，他因为谋杀而被判处了大概五十年监禁。我们得到消息他还涉嫌另一起谋杀案，因此我们来到他所在的斯泰斯韦尔监狱和他交谈，结果他说出了全部真相。因此你永远也不知道究竟会发生什么。

——悬案专家

曾经有一些被关在死囚牢中的犯人向我们坦白过他们所犯的不为人知的罪行。他们对我们说：“伙计，你们怎么现在才来找我呀？我已经等了你们九年了。这么多年来你们到底在干什么呢？”他们帮我们解决了很多问题。

——凶杀案侦探

当我们去访问在监狱中的犯人的时候，我们只是与他们聊天。我们会说："嘿，我们有一段时间没有和你聊天了，你怎么样了，有什么新的消息吗?"我们不会对他们的行为作出评判。我经常说，我更尊重那些能够改过自新的人以及那些愿意向我们承认自己做过的事情的人。

我知道这听起来让人感到厌恶，但是有时我在和一个罪犯交谈之后会对他产生好感或者同情。我了解了他所经历的遭遇，我能够理解他为什么会做那种事情。我不同意他的做法，但是我能够理解他的做法。

我所见过的最好的侦探——在我们曾经共同调查过的一些案子中，犯罪嫌疑人是医生或者律师。这些侦探能够同他们一对一地进行交谈；而在另一些案件中，犯罪嫌疑人是一些属于社会底层的愚蠢的杀人犯，而这些侦探也能够和他们一对一地进行交谈。

——凶杀案侦探

在监狱里经常有犯人与我们联系，说某人告诉了他们一些有关某件犯罪的事情。我们会到监狱中去与他们交谈。但是对于他们提供的信息我们会采取非常非常谨慎的态度。除非我们已经掌握了一些可靠的线索，否则我们会对某些犯人所讲的话采取非常谨慎的态度。监狱中的许多犯人喜欢坐在娱乐室中偷听其他犯人的谈话，然后他们就会给我们写信，告诉我们他们掌握某些信息。在这种情况下访谈技巧就起了作用。有时我会对他们进行测谎，有时我会和他们坐下来进行交谈，以确定他们是否在撒谎。

他们之所以要偷听其他犯人的谈话，是因为他们觉得与当局合作可以获得减刑的机会。他们可以与当局进行交易。

——悬案侦探

悬案调查与心理学有很大的关系。它要求我们善于倾听；它要求我们善于观察。我给你举个例子。我们曾经有一个28年都没有解决的案件。在这个案件中，一名14岁的女孩犯下了一桩滔天罪行：她杀死了自己的母亲。

我们在27年之后又开始调查这一案件。被害人的两个儿子找到我们说："听着，我们知道你们有一个悬案调查组。我们需要知道我们的母亲究竟是怎么死的。"在谋杀发生时，那个14岁的女儿是家里最大的孩子。另外的两个孩子，也就是被害人的两个儿子，当时还非常非常小。

这两个儿子说，这么多年来，他们一直以为他们的母亲是被她的一个男友杀死的。但是根据最初的访谈记录，谋杀发生时家里并没有外人。我们不能肯定当时是家里这三个孩子合谋杀死了他们的母亲，还是其中一个人干的。

我们回去阅读了那个女儿在1971和1972年向警察所作的陈述，她对许多问题的回答都是躲躲闪闪的。我们在分析了她弟弟以及其他了解她的人的陈述之后认为，她这个人并不是很诚实。她所作出的陈述从头到尾都不符合情理。

另外在对她进行访谈的时候，我从她的身体动作上看出她有什么事情在瞒着我们。我是一名受过专业训练的司法证据心理生理学家和测谎器检查员。心理生理学家是一种时髦的称呼，它的意思就是：我接受过有关在交谈过程中观察人的行为举止的技巧的专门训练。仅仅通过观察一个人的反应，我可以知道他在回答问题的时候是否诚实。人就像漏水的龙头一样，我们经常会在不知不觉之中通过非语言的方式透露一些信息。

在交谈过程中她向我说出了实话："好了，我被你抓住了：是我用枪打死了母亲。是我干的。"她接着向我解释她为什么要用枪杀死自己的母亲：主要就是因为她嫉妒母亲与她的男友之间的关系。

她用一把手枪杀死了自己的母亲。27 年之后，她在 42 岁的时候向我和我的搭档承认了这一罪行。

我将这个情况告诉了她的两个弟弟。在开始的一两个星期内他们对我非常生气。但是后来他们逐渐接受了这一事实。

——悬案专家

有一天我们悬案调查组接到新泽西州的一名监狱矫正官员打来的电话。她的兄弟于八九年前在纽瓦克被人杀害，而她至今仍然没有听到该案件的任何调查结果。

然后她向我们讲述了一件非常奇怪的事情。有一天她在监狱中工作的时候发现一位女犯人就是来自她弟弟被杀害的那个地区的。

于是她开始和那个女犯人聊起了那个地区的人以及诸如此类的东西。在此过程中她提到了她弟弟的名字。然后她们就聊起了她的那个弟弟，而那名女犯人并不知道这位矫正官员就是他的姐姐。她从来就没有被告知这一点。

正当她们聊着的时候，这个监狱中的另一名女犯人插了话。她认识那位矫正官员的弟弟，但是并不知道那位矫正官员就是他的姐姐。她说道：“是的，他被杀死了。我也参与了这件事。”

那名官员立即把这个信息告诉了警察。他们根据这个线索进行了调查，但是没有任何结果。事实上我认为他们根本就没有相信她的话。

几年之后，她找到了我们，我和我的搭档参与了这一案件的调查。我们去找到了她所提到的那两名女犯人。

第一位女犯人，也就是当初告诉那个矫正官员自己参与了杀害她弟弟的那个女人，现在否认参与了这件事情。原来凶手是她的普通法上的丈夫。我们确定，她其实并没有参与此事，她当时所说的话很可能只不过是监狱中犯人之间的自我吹嘘而已。但是她说："我知道有一具尸体埋在哪里。"原来那些杀死了这位矫正官员的弟弟的人还绑架了另一个人，从他那里抢到了大约五公斤的可卡因，然后把他杀死并埋在了一个地下室里。凶手都是毒贩，其中一个花钱雇另一个去杀人。所有这些都是我们在走访过程中发现的。

对于那个主要的凶手，我们所掌握的唯一证据就是那个女犯人所说的一句话："是的，我认识他，但是我不喜欢他。他曾经将一把枪插进我的嘴里，并威胁要杀死我。"我们说服她以这个行为起诉他，这样我们就可以有一个把他抓起来的理由，而不是直接以谋杀罪逮捕他。

于是我们就以他将一把枪插入一名妇女嘴里的指控将其逮捕。我们和他谈了几个小时，最终他承认了这一指控。然后我们就去照顾他，给他送吃的，并为他做诸如此类的事情。第二天我们开始问他有关那名矫正官员的弟弟的事情。我们与他谈了几个小时，最终他承认了这件事情。然后我们又去照顾他，给他送吃的，过了一个半小时之后，我们又和他谈起了那个被他们杀死并埋在地下室的人。又过了几个小时之后，他也坦白了这个罪行。因此我们在这个家伙的身上花了大量的时间。我们从第一天的早上 4 点 35 分开始和他交谈，直到第二天凌晨两点钟。这使每个人都感到筋疲力尽，绝对是这样的。

至于那个被埋在地下室的家伙，他们杀死他的动机就是因为他有五公斤的可卡因。他们假装要从他那里购买五公斤可卡因，于是他就把货给他们送了过去。而在他去交货的两天之前，他们已经在交货地点为他挖好了坟墓。

——悬案专家

我们在访谈过程中获得了一条有关发生在 15 年前的一个悬案的线索。 1991 年我们参加了调查艾尔·卢肯犯罪团伙的联邦专案组，我们开始对所有与谋杀案有关的人员进行访谈。当时我们调查了大约七百起谋杀案，结果获得了有关发生在 1976 年 7 月 4 日的一起谋杀案的线索。该案中的凶手是美国十大通缉犯之一的山姆·卡尔霍恩。我们访谈过的一个人说："伙计，这个人目前正在南方某个城市开出租车呢。"

专案组的分析员莱斯利用这个通缉犯的名字对南方各州进行了检索，她最终把范围缩小到了六个州。这个案件的侦破工作要归功于她：她在计算机前面花了无数个小时搜寻他的名字、绰号以及他的名字的其他变体。这是一项非常繁琐的工作，但是它对破案起了重要的作用。

我和我的搭档收集了这个家伙的指纹并用传真发送到了这六个州的相关部门，结果我们发现当时他正因为一起抢劫而在彭萨科拉的一所监狱中服刑。他曾经多次进出监狱，但当时指纹比对需要好几个月的时间，每次当我们确定他的身份的时候，他已经被释放了。

因此当我和我的搭档前去和他谈话的时候，他对我们说的第一句话就是："伙计，你们怎么花了这么长的时间才找到我呀？"然后他说："我曾经经常给我母亲打电话，我想你们一定会窃听我的电话，因此我经常搬家。我一直在等着你们。"

然后他就交待了所有的罪行。他交待了所有的罪行。

在那起案件中他杀死了三个人并且强奸了一名妇女。他和另一个家伙本来是要抢劫一个毒贩的家，结果他们强奸了那个家中的一名妇女，然后杀死了她。他们还杀死了那个家中的一名男子。他们的下一位被害人是在小巷中给他们望风的一个孩子。

这个孩子大约有 16 岁。最初是他主动跑到他们那里，对他们说："嘿，你们听着，这个家伙有钱。他在公寓中藏着毒品和钱。你们去抢他吧，我给你们望风。"于是他们就对他说："好的。但是你在这个小巷中待着。"

结果他们进去强奸了那名妇女，然后杀死了她和这个公寓中的另一个人，并拿走了他们的钱。接下来他们回到了那个小巷，看见了那个替他们望风的孩子，他们本来是要带着他一起走的。但是他俩互相看了一眼，然后说道："伙计，我觉得我们不能相信这个小子。"于是他们先用枪击倒了他，然后开着一辆卡迪拉克车向他轧了过去！至少那是一辆粉红色的卡迪拉克。他们就这样杀死了他。

但是这个案件的奇怪之处在于，他们随后用他们所抢来的钱买了一些酒，回到了他们所住的楼房中。他们在这个楼房的二楼或者三楼的一个房间里开始玩起了牌。在此之前他们从没有提起过这起谋杀案。现在他们坐在那儿一边喝酒，一边和另一个人打牌。当时是 7 月 4 日的深夜。他的同伙对牌桌上的另一个人说："伙计，你应该看看今天晚上卡尔霍恩干了什么。"卡尔霍恩说："我告诉过你不要向别人说这件事情。"然后他掏出枪来打了说话的人一枪。那个被打的家伙从窗子里跳出去摔死了。因此卡尔霍恩也杀死了他的同伙，然后走出了那间房子，回到了他家。他对他母亲说："妈，我要去佛罗里达州了。这个国庆节我过得不太好。"

15 年之后，我们抓住了他。我们到佛罗里达州去把他引渡回芝加哥受审。当我们带着他来到机场联合航空公司的登机口时，发现这个航空公司的雇员正在罢工。其中一名工作人员对我们说："很抱歉，卡尔霍恩先生可以登机，但是你们两位的机票已经被取消了。"卡尔霍恩是个很酷的家伙，他那时已经是我们的朋友了。他走到检票柜台旁边——他知道不能走得离我们太远，然后对我们说："嘿，伙计们，我会在那边等着你们的，我在奥哈尔机场等着你们。”

我对那个票务人员说：“先生，能给我一张你的名片吗？”我拿到他的名片之后对他说：“先生，现在山姆·卡尔霍恩先生就由你负责看管了。”然后我对卡尔霍恩说：“山姆！告诉他你都做过什么。”接着山姆就开始对那个票务人员讲述了他是如何杀死那些人的：如何在强奸了那名妇女之后对着她的后脑勺开枪打死了她，如何开车轧死了那个给他望风的孩子……那个票务人员听了之后赶忙说道：“噢……我可以让你们都坐上下一趟航班！我可以让你们都坐上下一趟航班！”

——凶杀案侦探

有些案件应该让它们永远成为悬案。下面我给你举一个真实的案例来证明这一点。在1955年，一名男子在纽瓦克被谋杀了。他有一个小女儿，当时只有5岁。在长大之后，她想知道父亲是怎么死的，因为从来就没有人告诉过她。当然，她听说了我们的悬案组，于是就过来找我们。我和她进行了谈话。

我开展了一些额外的调查工作，并且发现了一个有关这起案子的档案袋。寻找一个1955年的档案袋本身就是一项调查工作。在找到那个档案袋之后，我阅读了在1955年所记录的有关这起案件的所有资料。我阅读了所有的警察报告、侦探工作报告以及证人的陈述。我在分析了这些报告和陈述之后得出结论：这名妇女的继父就是杀死她生父的凶手。

但不幸的是，现在她的继父已经死了，她的母亲也去世了。当时事情的经过是这样的：这位妇女的母亲在与她生父的婚姻关系持续期间和她的继父发生了婚外恋。她的生父拒绝与她母亲离婚。她的继父当时在海军中服役，驻扎在纽约的海军基地。他来到了她家，与她的生父发生了口角，然后就离开了。当时他没有杀死她的生父。

只有她的母亲知道，这名海军士兵拿走了他们家的一把备用钥匙——你知道，就是藏在汽车下面秘密钥匙箱中的那种钥匙。那把钥匙不见了，只有那位母亲知道是他拿走的。那个海军士兵从她母亲那里得到了进入他们家的钥匙。后来她的父亲在家中被人活活打死。在他下葬的第二天，那个海军士兵就和她的母亲结婚，成了她的继父。

在随后的这些年中，这件事情成了她家中的一个黑色秘密。她身边的人都在告诉她，她的继父做了什么、什么事情。她记得有一次她的母亲威胁她的继父说，她要到警察那里去告发他。到了我们接手这个案件的时候，这个案件中所有的当事人——父亲、母亲和继父——全都已经不在人世了。

那个女儿不喜欢我告诉她事实的真相。我在一开始就曾经对她说过："听着，我只能告诉你我在调查这个案件的过程中发现的东西。我可能会发现你不想知道的东西，但是我只能这么做。"她当时说："好的，这个我可以接受。"但是当我们把调查结果告诉她之后，她受到了很大的伤害。她很后悔发现了事实的真相。

——悬案专家

司法人类学家谈尸体是如何被发现的

我在1995年曾经调查过一个案子。 一名妇女在三年前的一个星期五晚上失踪了。人们知道那天晚上她和她的前男友在一起。他是这起失踪案的嫌疑人。

两年之后，一个第三方出现了。他到警察那里讲述了一个可怕的故事：1993年她失踪的那天晚上，他们三个人一起到嫌疑人祖父家的房子里去过周末，主要就是在那里做爱和吸毒。后来那个前男友杀死了她。

然后这两个朋友花费了很多的心思去处理尸体。他们在那个房子的淋浴棚中肢解了尸体，然后将尸块装进塑料袋中。大多数尸块永远也找不到了。但是根据这个证人的证言，有一些尸块被带到了他家位于密歇根北部一个小湖边的一个小农舍中。

他把我和警察带到了那个小农舍中他们在两年前挖的那个坑旁边。他说当时他们在那个坑里生了一堆大火，将装满尸块的塑料袋扔了进去，让这堆火持续燃烧了好几个小时。然后他们将火堆中的一些东西弄出来扔进了湖里，再用土将火坑填上。如果不是他指出来，两年之后当我们到那个地方的时候根本看不出那里曾经有一个火坑了。

因此，我在那里开展了考古式的挖掘工作，共挖出了四立方码的泥土。我在那里发现了八块明显经过焚烧的骨头，通过显微镜观察确定它们是人骨。这几块骨头以及在他们三个人当时度周末的房子里发现的一滴血迹就是我们所能够找到的那名女被害人的全部遗骸了。

那个告密者之所以去找警察坦白，是希望能够免于起诉。他最终未能被免于起诉，只是得到了从轻处罚。而被害人的前男友则被判处终身监禁。

1985年5月，有一家人在他们的房子旁边发现了一具骷髅。他们的房子旁边有一个小花园，他们想把它扩大一点儿，于是就开始挖土。挖了一会儿之后他们发现地下有一条毯子。他们把毯子拉出来，结果带出来几根骨头。那个地方是伊利诺伊州南部的乡下，人们经常把他们的宠物埋在院子里。这家人以为是谁家的狗，于是继续挖掘——直到挖出了一个下颌骨。

发现这具骷髅的这家人在那个房子里已经住了五年。这个房子是他们是从上一个房主——一个带着三个孩子的妇女那里买下的。在那个女人卖掉这个房子的一年之前，她声称她的丈夫出去买面包，然后就再也没有回家。她对别人说："我丈夫是游手好闲的家伙，他抛弃了我和三个孩子，离家出走了。"

我们怀疑那具骷髅是她那个名叫科迪的丈夫。那具骷髅被包裹在两张毯子里。在头颅的右侧有一个巨大的、可怕的粉碎性骨折。头颅的左侧和后侧完好无缺，但是右侧被砸烂了。

我问那所房子现在的主人："你有没有换过起居室中的地毯？""没有，还是我们购买这个房子时就有的地毯。""那么我们能否在一个角落里割下一小条地毯样本？你们甚至看不出来那里少了那么一小条。""那就去割吧。"于是我们进去从地毯上割了几根线下来，然后我们把它们送到伊利诺伊犯罪实验室，让他们看看能否在那两条毯子上发现与这个地毯相匹配的纤维。结果他们果然发现了。

在那两条毯子上我们还发现了一些从树上掉下来的枫树种子——人们称它们为直升飞机。我把它们送到位于斯普林菲尔德的伊利诺伊州博物馆，让他们看看它们是什么时候从树上掉下来的。我们知道科迪是在5月份失踪的。一些科学家看了那些种子之后告诉我们说，它们很明显是每年4至5月份从枫树上掉下来的种子。

我们将那个破碎的头颅骨粘到了一起。我们根据以下方法确认了死者的身份：他的牙齿上有很多的洞，但是没有填补过，因为他讨厌牙医。他背部曾经因受伤而照过X光。我们对他作了图像重叠比对：我们首先拿来一张我们认为是被害人的照片，用一架摄像机对准它；接着再用第二架摄像机对准那个头颅骨，然后通过一种切换装置将两个图像重叠在一起。如果两个图像中的眼睛、牙齿等各部分的轮廓都相一致的话，那么它们在物理特征上就是匹配的。那位失踪的丈夫在照片中像马一样咧着嘴笑，露出了很多牙齿。我们可以将他在照片上的牙齿与头颅骨上的牙齿完全重叠在一起。这个人就是科迪。

我们将他的妻子送上了法庭。在第一次审判中陪审团未能取得一致意见。她最终承认有罪，以换取一个较轻的指控。她所讲述的事情经过是这样的：科迪声称自己背部受过伤，因而不去工作。他整天躺在家里喝啤酒，什么事情也不做。

有一天晚上她回到家中，发现他躺在沙发上睡着了，孩子们也睡着了。她拿起一个生铁平底锅，对着他的头部打了大约有十五下。她就这样不断地打他，直到他被打死。然后她从柜子里拿出了两条毯子，铺在沙发前面的地板上，将他从沙发上推下去，然后用毯子把他拖到后院中埋掉。这就是为什么这两条毯子上会粘有地毯纤维。

有一家人在翻新他们5年或者10年前购买的一座旧房子，把它改造成了一座非常漂亮的房子。旧房改造的最后一步就是在地下室铺上水泥地板，然后将那个旧煤炉以及其他一些东西更换掉。

他们在挖土的时候发现了一只鞋子，本来他们并没有觉得这有什么异常，但是接着他们发现鞋子上还有一条腿，于是……警察找到了我们。我们就像挖掘户外的埋尸地点一样在那里开始了挖掘工作。挖掘尸体并不仅仅是“让我们看看那具尸体为什么在那里”这么一个问题，或者像人们所说的“我们要把尸体挖出来”那么简单。我认为埋藏尸体的坑中的填充物——即使它们有5英尺深——由于被人们移动过，因而也成了物证。因此，即使只是一些泥土，也会被小心地保存、记录和分析。

我们观察那个坑的轮廓和边缘，因为当你挖土的时候，你所使用的挖掘工具会在那里留下印迹。通过观察，我们发现当时埋尸人挖这个坑的时候用的是一把铁锹。

我们小心翼翼使尸体暴露出来，然后进行测量。我们可以看出死者是如何被放进那个坑里的。他的裤脚管口向上褪至膝盖的位置，衬衣的下半部分向上褪至胸部。据此我们可以看出，是有人抓住他的两只脚把他拖进那个坑里的。

那个坑里埋的就是这座房子的前主人，是他的妻子和女儿把他埋在那里的。死者生前经常外出旅行，因此在他的邻居中没有人注意到他的失踪。他在那个地下室中被埋了 15 年，他的尸体一直被浸泡在地下水中。

虽然他的一些骨头已经腐朽了，但是通过分析他的骨骼，我们还是在他背部发现了被刀刺过的痕迹。在他的肩胛骨上可以看到刀子留下的印痕。而肩胛骨下面的肋骨都断裂了，这说明当时受到的冲击力是很强的。我们可以想象，当时他的妻子用尽全力将一把刀子插进了他的身体，她使用的力量很大，以至于把他的几根肋骨都撞断了。我们还在他的脊椎中发现了猎枪霰弹。我们可以看到霰弹打在他颈部的舌骨以及肱骨上留下的痕迹。通过这些痕迹我们可以画出一个中弹范围的半径，从而推测出他离枪口的距离。

根据我们的推测，事情的经过是这样的：当时他正躺在床上，没有注意到他的妻子正拿着刀从后面朝他走了过来。她用尽全力猛刺了他几刀。他滚落到了床下，很可能还向外爬了几步。她拿起猎枪，对着他的颈部开了一枪。

然后她们基本上就是抓着他的双脚把他拖进地下室的。通过仔细检查各种物证，我们作出了这样一个相当准确的情景复原。

当我挖掘尸体的时候，我的目标是展示凶手在用土掩埋尸体之前的那一刻所看到的躺在坑中的被害人的样子。我努力将情景复原到最接近那一刻的时候。这样我们就可以在法庭上说："这就是他们所挖的那个掩埋尸体的坑。你们可以看到铁锹挖掘所留下的痕迹。你们可以看到它的深度以及坑壁的倾斜方向。然后他们就把尸体扔进了坑里。”凶手肯定还记得当时的情景。尸体在被他们掩埋之前那一刻的样子肯定会深深地印入他们的记忆之中。而我则试图通过我们的现场示意图和照片重构凶手在那个时刻所看到的景象。

调查人员的执著

这个案件发生在 1957 年。这是洛杉矶警察局最老的一个悬案。一名男子来到了一个“情侣小巷”。在那里他发现四个少年坐在一辆 1949 年生产的庞大臃肿的福特汽车中。他持枪抢劫了他们，然后将他们的衣服撕成长条把他们捆绑起来，用胶带封住他们的眼睛和嘴，并开着他们的车将这四个少年带到了一个更为隐蔽的地方。他在汽车前座上强奸了其中的一个女孩。他强迫他们把衣服脱光，然后把他们留在那里，开着他们的车跑了。

在此之后不久，他开着抢来的车闯了红灯，并被两名来自靠近如今的洛杉矶国际机场所在地的埃尔瑟冈朵市的警察拦了下来。他们当时并不知道他是一个非常危险的罪犯。他们与他进行交谈并开始给他写罚单。另外两名警官也赶了过来，但是最初的那两名警官挥手让他们离开了：“这里没有什么事情，一切都在我们的控制之中。”于是另外那两名警官就走开了。

但是一分钟之后，那两名刚刚离开的警官就接到呼叫：“警官遭到枪击。”那个家伙对着两名把他拦下来的警官各开了三枪。那辆抢来的汽车被抛弃在离枪击现场四个街区之外的地方。

然后罪犯就消失得无影无踪。

警察最初于 1957 年开展的调查工作做得很好。他们从车中找到了两颗子弹，那是凶手逃跑的时候一名警察向他开枪所留下的。他们根据那几名少年受害者以及曾开车过去看过那个家伙的那两名警官的描述制作了一张犯罪嫌疑人的目击证人综合画像。他们将他描述为带南方口音的白人男子。他们还从那辆被抢汽车的方向盘上提取了两枚不完整的指纹，并从汽车的镀铬板上提取到了另一枚指纹。

在两年之后的1959年，一名男子在他家的院子里发现了嫌疑人扔在那里的一把卸掉了转轮的转轮手枪。1960年，那名男子的儿子在同一个院子里找到了那把枪上的转轮。弹道学家们对这把枪进行了检查，他们发现在这把枪的转轮中有六个子弹壳。那些弹壳与从那两名警官尸体上提取的子弹相匹配。

通过调查，他们发现这把枪是1957年7月在路易斯安那州什里夫波特的一家西尔斯枪支店购买的。买枪人在枪支购买人登记卡上留下的名字是G·D·威尔森。他留下的位于迈阿密州的那个地址是假的。他们对西尔斯店附近的地区进行了调查，发现有一个自称为乔治·D·威尔森的人曾经在离那家西尔斯店不远的基督教青年会住过。他们将那张登记卡拿到青年会进行核查——那张卡片上大多数东西都是用印刷体书写的。但是从那之后调查工作就进入了一个死胡同。

洛杉矶警察局悬案组在2002年重新开始了这一案件的调查。他们决定用那两枚不完整的指纹合成一个完整的指纹。他们将这个合成的指纹扫描到自动指纹鉴别系统之中，然后就得到通知：这枚指纹可能与一个名叫杰拉德·F·梅森的人的指纹相匹配，而杰拉德·F·梅森这个名字与那个买枪的人在西尔斯店留下的名字很相似。他的体貌特征也与受害者和警察的描述相符。他的指纹之所以会进入数据库，是因为他曾因商业盗窃和伪造等行为而于1956年在加利福尼亚州南部被捕入狱。除此之外，他与执法部门没有其他已知的接触。在1956年被捕的时候，他正住在加利福尼亚州南部的一家基督教青年会。这又是一条重要的线索：他经常光顾基督教青年会。

他的监狱指纹档案仍然被保留着——感谢南加利福尼亚州监狱——他们将他的指纹与在被抢的汽车上的所有指纹进行了比对，它们是匹配的。他们回去找到了什里夫波特基督教青年会的那张住宿登记卡，并将其与他在1999年填写的、有他的签名和他用印刷体书写的名字的驾照登记卡上面的笔迹进行了比对。他们比较了驾照登记卡上用印刷体书写的“杰拉德·F·梅森”和住宿登记卡上用印刷体填写的“G·D·威尔森”，发现它们之间有明显的相似之处，因此笔迹专家说它们可能是由同一个人书写的。他们将他于1956年在监狱中照的相片与目击证人综合画像进行了比较，它们也是相似的。这个家伙有点像在《反斗小宝贝》中扮演“河狸”的那个演员。

然后，他们将他的照片混杂在七张其他人的照片中让一个见过凶手、现在已经退休的警察进行辨认。结果这名退休警察从这些照片中认出了他。要知道，他们在见过这个家伙一分钟之后就听到了那两名警官被枪杀的消息。他说：“如果我在45年前见到照片上这个人的话，我会因为他杀害我的两名同事而逮捕他的。”

所有证据都吻合：枪、弹道、南方口音、体貌特征、笔迹、指纹、三名目击证人的指认。这已经足够了。罪犯被逮捕了。这个案件中除了DNA之外什么都有了。

据我们所知，这个人自从1957年以来就一直过着完全清白的生活。他生活在南加利福尼亚，经营一家汽车配件店，并且一直是一个“好邻居先生”。他的邻居听到他被捕的消息后都说：“他可是个好人呀！他经常帮助我们！你们肯定是搞错了！”

不。我们没有搞错。

——检察官

我们曾经有一起涉及四重谋杀的悬案。在90年代初期，一名妇女和

她的三个孩子在他们位于芝加哥南区的家中被谋杀。这起谋杀案是由这名被谋杀的妇女的男友所参与的一桩毒品交易事件所引发的。

调查人员在现场发现了与任何被害人都不匹配的血迹。他们从这片血迹中得到了 DNA 图谱，在数据库系统中没有找到匹配的记录。因此他们又重新查看了案卷，出去走访相关人员。那个后来被证明为凶手的家伙最初接受过警察的讯问，因为他认识被害人的男友。当凶杀案侦探最初讯问他的时候，他们看见他的手上有一处抓伤并问他这是怎么回事。他说那是他自己在家里割破的。他们询问了他的女友，结果她证实了他的说法。当时他们对血液所能够做的就是测试血型。这个嫌疑人在 1996 年死了。

2002 年，我们的悬案调查人员回去把这个案件重新调查了一遍。他们现在可以从血液样本中获得 DNA 图谱了。他们回去走访了每一个相关人员。那个凶手的女友承认自己当时在有关她男友割伤手的问题上撒了谎。他现在已经死了，因此说出来也无所谓了。

现在嫌疑人虽然已经死了，但是他还有一个兄弟，他很可能也不是个好公民。调查人员走访了这个兄弟，后者自愿让他们提取了口腔表层细胞。他们将他的 DNA 与从现场提取的 DNA 作了比对，结果显示两份 DNA 来自属于同一家庭的不同成员。然后他们挖出了他的尸体，并作出一个明确的检测结果。他们最终侦破了这一案件。

——悬案小组组长

我想人们也许意识不到，在他们身边生活着很多谋杀犯。在很多悬案中，嫌疑人只是被判定犯有一些很轻的罪行，但是当我们作出 DNA 匹配之后，我们发现这些人原来还实施了强奸和谋杀等罪行。

在这个社会中很可能有很多很多实施了谋杀而侥幸没有被发现的人，其中有的在入室盗窃过程中被户主发现后杀死了户主；有的在与他人发生争执的过程中意外将对方打死；有的杀死了他们非常非常仇恨的人，然后就再也没有必要继续杀人了。

他们都侥幸逃脱了法网。没有人知道到底是谁杀死了那些被害人。

——检察官

警察没有忘记这些长久以来一直悬而未决的谋杀案。他们永远也不会忘记这些案件的。我就一直在惦记着几十个这样的案件。

你知道，每个被害人都是真实的被害人。而那些被害的孩子，每当想到他们的时候我就会非常激动。我们在办案的时候都试图以局外人的态度来看待被害人，但是那些可怜的孩子，他们一点儿机会都没有。

在有些案件中，被害人是依靠退休金和社会保险生活的、从来没有惹过任何麻烦的人。但是有些白痴却偏偏认为他们家里藏着钱，于是就进去杀死了他们。这种案件我们永远也不会忘记，永远也不会。

——凶杀案侦探

当悬案调查组成立的时候，每个称职的侦探都保存着未侦破案件的案卷。他们会主动来找我们："你们能看一看这个案件吗？"

现在甚至已经退休的侦探也会给我们打电话："你们能不能看看这个案件？当我负责这个案件的时候，我们离破案已经就差那么一小步了。你认为现在 DNA 是否能够有所帮助？"

——悬案专家/DNA 专家

我总是对人们，尤其是那些我认为实施了凶杀的嫌疑人说："一年之中有 365 天。在这 365 天中，总有一天你会露出马脚的。而到那个

时候，我或其他侦探会出现在你身边，证明你露出了马脚。我们会抓住你的。”

——凶杀案侦探

我坚信，如果要侦破悬案，我们必须回到犯罪现场。我就经常回到犯罪现场，即使在案件已经发生了很多年之后也是如此。在犯罪现场你可以获得从照片或者报告中无法得到的东西。也许你会获得一种有关案件发生过程的感觉，也许你可以在现场周边发现一些新的证据。这些都是可能的。

——悬案组组长

关于命运

应该感到担忧的是那些自以为侥幸逃脱了法网的谋杀犯。也许案件已经发生了很多年，现在他们感到可以松一口气了。那么他们就错了。早晚有一天，他们会听到在过去 20 年中一直害怕听到的那阵敲门声。

——犯罪心理学家

当我们抓住他们的时候，他们似乎都松了一口气。即使他们在实施谋杀很多年之后都没有被发现，但是他们一直在等着被抓的那一天，他们一直在等着我们去敲他们的门。

——凶杀案侦探

第九章

刑事审判

当我刚开始在犯罪实验室工作的时候，一名在那里工作了多年的科学家告诉我将司法证据学带进法庭后会发生什么。他说："嗯，这有点儿像马戏团。我们的工作是搭帐篷，然后他们会让小丑上场。"我们所能够做的就是将帐篷搭建得尽可能好。在此之后发生的事情就不是我们所能够控制的了。

——司法证据科学家

我们每天都可以看到凶杀案，对此我永远也无法理解。凶杀案的发生频率让我们感到非常震惊。凶杀案发生得如此之频繁，这本身就使我感到非常吃惊，并且让我怀疑自己是否有些不正常了。

你知道，我现在52岁了。在这52年中我度过了无数个周末。在每个周末结束后我都会在星期一回去上班，而没有在周末期间杀人。既然我能够做到这一点，为什么其他人就不能呢？

——检察官

他们称之为链条。它开始于最先赶到的那个警察进入犯罪现场的那一刻。这根链条穿过现场处理、调查和犯罪实验室工作等阶段，最后一直延伸到法庭审判。在这一条证据链上各个环节的连接方式，以及陪审团审查某些环节是否缺失或变形的方法，决定着由侦探和检察官共同提起的诉讼是否能够获得成功。

陪审员可以实际看到这一链条的某些部分，例如尸检和现场的照片、审讯录像、指纹的放大照片、轮胎印迹以及用过的子弹壳的对比。但是这根链条的大部分是通过证人和调查人员的证言被带到法庭上的。由于物质证据在确定嫌疑人是否有罪方面起着越来越关键的作用，所以大多数举证工作都是由司法证据学家来完成的。

这是一项让人望而却步的工作。一旦进入法庭，那些每天大部分时间都独自从事显微镜检查工作的男男女女们——例如那些因担心说一句“你好”就会导致测试样本被自己的口腔细胞污染，从而在实验室里像僧侣一样保持沉默的DNA科学家——就必须变得能言善辩了。他们必须向陪审团解释复杂的程序。而陪审团则由于受到有关犯罪调查的电视剧和一些轰动性刑事案件的影响，对他们产生了很高的期待。他们还必须在律师们交叉讯问和施展各种手段的过程中保持科学家的客观性。

在本章中，我们将从侦探、司法证据学家、检察官和辩护律师的视角观察审判和法庭作证的准备过程。那条终结于陪审团裁决的链条始于刚刚被派到现场的凶杀案侦探的一些想法。

特别是在凶杀案中，从接到电话的那一刻起，我就开始制定计划：我将会遇到什么情况？我将会有什么资源可供利用？在这方面辩护方将会利用什么来攻击我？

如果你是一个有经验的侦探，那么你在调查的时候就应该考虑到辩护方，因为你意识到：我必须尽可能减少这个案件的薄弱点。每个案件都有薄弱点。

例如，有一个年轻女子，她是一名县政府雇员，非常年轻。她曾经经历过几次非常不幸的婚姻或恋爱，独自抚养一个小女儿。几年前，她准备举办一个庆祝刚刚开始的篮球联赛的晚会——当时湖人队参加了比赛。她刚刚在商店中认识了一个男子，他看上去很友善。于是她就邀请他到她家去和她的一群朋友一起观看比赛。

凑巧的是，她的那些朋友后来都没有露面，他们临时决定不去她家参加晚会了，结果只剩下她和那个陌生人待在她家中。根据她以前与男人相处的经验，她对这个陌生人非常不放心。因此她对他说："你能不能在进来之前把衣服口袋里的东西掏空?"他说："当然，没问题。"

她有一个大约8岁大的漂亮小女儿。这个小女儿在晚上10点钟左右上床睡觉了。这个家伙谋杀了那个年轻母亲并对她实施了性攻击。后来那个小女孩醒来，走出了她的房间。她发现她的妈妈赤身裸体地躺在地板上，而那名凶手还在旁边。她对他说："你能帮我把妈妈扶起来吗？我想喝水。"他掐死了小女孩，并对她实施了强奸。这是一个非常令人悲伤的场面，它让你无法控制自己的情绪。

在这个案件中，辩护方可能会做的事情就是往那位母亲身上泼脏水，他会说"你们看看，她竟然会把这个她根本就不认识的男人带回自己的家中"，以及诸如此类的话。

因此，我们所做的事情就是拿出犯罪现场的照片，包括那个孩子房间中的照片。被害人是一位非常了不起的母亲，她在女儿的房间中挂了很多激励她的名言警句以及类似的东西。我会确保在犯罪现场照片中包括这些东西的特写。这样，在法庭上我就可以说："等一下，不。你们看看这些吧。这些照片才真正反映了她到底是一位什么样的母亲。"

当我们到法庭作证的时候，我们使被害人重新回到了生活之中。

——凶杀案侦探

都是因为O·J·辛普森，现在即使我们在收集犯罪现场证据、解释证据、犯罪现场情景复原等各方面的工作做得再好，也总会有人在法庭上放马后炮，说我们的工作做得如何糟糕。因此在许多情况下，我们在处理完现场之后，常常会对自己说："等一下，我们做这个了吗？我们在离开这个房间之前还有什么没有做？"我们在现场不断假设在法庭上会出现什么问题。但问题是，如果这样的话，我们可能就只能永远待在现场，没完没了地怀疑自己的工作，假设法庭上可能出现的各种问题了。

——犯罪现场小组组长

过去警察可以走上法庭，直接报告审讯结果或被告人的供述内容。但是现在这种情况已经基本上没有了。我们必须对审讯和供述的所有内容进行录像，这样陪审团可以看到当时所发生的一切。我们必须在有录像的条件下审讯嫌疑犯。

——凶杀案侦探

我们在警察局对所有的审讯都进行录像，以便在法庭上播放。我们的审讯室中安装有一些很小的不起眼的摄像头。它们被装在墙上大概有橡皮那么大的一个小洞中，它们的另一端通向另一个房间。在那里有一名侦探在进行监控，以确保录像过程中不出问题。我们会同时使用两盘磁带，以防其中一盘在录像过程中出现问题。

这非常好，因为作为一个组长，我可以从监视器中观看审讯过程，有时还可以把审讯员叫出来对他说："等一下。你注意到这个没有？你注意到那个没有？"

我们在审讯室里装有一个小电话。我们没有对嫌疑人提到这个电话，它就在那里放着。有时侦探会在审讯过程中出去一下，让嫌疑人独自待在那里。侦探刚一出去，有些愚蠢的嫌疑人就会立即抓起电话："嘿！你赶紧去把那把该死的刀子从我衣柜的抽屉里拿走！"

这一幕被清楚地录在了录像带上。

——凶杀案调查小组组长

司法证据科学家是如何准备出庭作证的

出庭作证是你工作的高潮。简明扼要地说：任何人都可以学习如何处理证据，不是任何人都能够进行比较和鉴定工作，但是这些工作的最终结果都是出庭作证。如果你不能出庭作证，那么你基本上就毫无用处。简而言之，你毫无用处。你的工作最终都浓缩成为你在法庭上的证言。

——隐秘印痕专家

司法证据科学家和技术专家必须能够走进法庭，清晰地陈述他们的鉴定结论。他们必须反应迅速，公正客观，不偏不倚，并且能够经得住辩护律师的恶毒攻击。这是很高的要求。

——司法证据科学家

当我们在伊利诺伊州犯罪实验室接受培训的时候，我们会学习一个名为"法庭举止"的持续的课程。在三个月之后的实习阶段我们会参加一个模拟审判，这样我们可以练习在公共场合发言。这种训练为我们参加实际工作扫清了初步障碍。在此过程中我们可能会介绍证据，然后接受交叉讯问。

在实习结束的时候，我们会参加最后一次模拟审判。一个由教官和督导组成的小组会对我们的表现进行评估并给我们打分：问题回答得如何？技术方面的解释是否准确？在证人席上的表现如何？应对压力的能力如何？

所有这些训练的目的都是为我们今后出庭作证作准备。在很多情况下，我们坐在证人席上，不知道他们会问我们什么问题。

——隐秘印痕专家

我现在为那些刚到犯罪实验室工作而尚未出庭作证的人员教授有关法庭举止、衣着以及与陪审团的目光接触等方面的课程。

作为一名科学家，你在法庭上穿什么衣服是非常重要的。我想陪审团对于科学家的外表是有某种期待的。我不会推荐科学家佩戴着色彩鲜艳、惹人注目的佩斯利螺旋花纹领带到法庭上去作证。我会推荐有几何图形的领带，因为这些图形是可以预见和可以重复的，而这正是科学家所应具有的性格。我们所关心的是实验的可预见性和仪器的可靠性，因此我们所佩戴的领带可以成为我们性格的表达。

我们训练科学家进行目光接触，这极为重要。你必须非常专注地倾听对方提出的问题。无论哪一方的律师提出问题的时候，都不能打断他们。确保你听清楚对方所提出的问题。然后，当你回答问题的时候，你必须挨个看着陪审团成员的脸，与他们进行目光接触，让他们知道，你在回答问题的时候不只是在关注着律师。

——司法证据科学家

律师会做一些事情来干扰你与陪审团的目光接触。他们在向你提问的时候会走到离陪审团尽可能远的地方，希望通过这种方式让你与他交谈，而无法将注意力集中在陪审团身上。

比如说，如果我在为检方作证的话，那么检察官会站在证人席的一个角上向我提问，这样我自然就会看着陪审团。而辩护律师则会站在他的桌子旁边，这样你出于礼貌就必须看着他。我曾经遇到过一个不断地把自己的桌子往远离陪审团的方向挪动的辩护律师。他的动作很隐秘，因此我不知道陪审团是否注意到了这一点。他似乎只是在调整自己的桌子，但是他把桌子一点儿一点儿地朝着远离陪审团的方向调整。因此我所做的就是将身体对着陪审团，当他提问的时候就将头转向他的方向。当然这是在完全注意到自己所处作证环境的情况下采取的方法。

——司法心理学家

在法庭上，你说话的方式，甚至说话时声调的抑扬顿挫也是非常重要的。你必须注意说话的速度是否太快或者太慢，中间是否有停顿，是否会说许多“啊”或“呃”，或者在思考如何回答问题的时候是否会使用某种拖延时间的方法。

有时在回答问题的时候采取某种拖延时间的手段是很有用的。你可以调整你的眼镜或者要求律师重复他的问题。这种方法可能很有效。我曾经见过有人将这种拖延技术发挥到了艺术的高度。我见过一些戴着眼镜，看上去像教授模样的专家证人。当对方提出了某个尖锐的问题的时候，他们会摘下眼镜，思考一小会儿，然后在回答问题之前放下眼镜。

非常非常有效。这可以让陪审团知道他们在回答问题之前是经过深思熟虑的。这时陪审员往往会非常急切地等待着他们的回答。

——司法证据科学家

我们必须能够在不歪曲事实的前提下使我们的证言尽可能清楚明了。有时即使让一个分子基因或生物学博士去出庭作证，他也可能很快就失去陪审团的信任。一般来说，我们应该用尽可能简单的语言去解释复

杂的科学概念，而不能用太多的细节去模糊基本概念。

而这正是一个好的辩护律师经常做的事情。他们可能会在交叉讯问的过程中无休止地谈论某一学科的细节，专门针对专家证言中最晦涩难懂的部分进行提问，因为他们希望通过这种方式把陪审团弄得晕头转向：刚才那个证人到底说的是什么呀？

——司法证据科学家

我曾经为心理学家做过几次有关法庭作证的讲座。讲座的题目是“等待宰杀的羔羊”，因为许多出庭作证的专业人员，他们到法庭上去本来是为了提供帮助的，但是却在那里遭到了“宰杀”。

这就是为什么出庭作证成了科学领域的一个专业。你知道，那些来自大学的友善的人类学家们，如果他们从来没有过出庭作证的经历，并且不知道他们将会面临着什么样的局面的话，那么他们在法庭上会被对方的律师打得一败涂地。

他们在法庭上希望对查清事实真相有所帮助，并试图介绍他们所掌握的信息。但是，首先法庭不会允许他们以自己所希望的方式提供信息，因为他们必须回答问题。如果对方用某个问题打断了他们的陈述，他们千万不能用“是的，但是……”这样的方式来回答问题，因为对方会在他们说完“是的”之后就立即打断他们。

还有那些诡辩技巧。对方可能会提出“是不是有这种可能？”这种类型的问题。在这里有一个不变的东西：如果某种事情是可能的，那么你就必须回答说“是的”，因为你知道，在辩论过程中是不能做伪证的。有时对方会提出诸如下列问题：“你根本就不在乎这个记录，是不是？”“你是不是不喜欢我的顾客？”“……这是不是真的？”或者其他一些完全是毫无根据的指责。

交叉讯问有时候就像是演戏一样。你必须将注意力集中在你所要做的事情上，而不要被对方牵着鼻子走。你必须牢记你自己所要表达的意见，不要因为对方花言巧语的诡辩和你为自己辩护的心理而迷失方向。

——司法心理学家

真的，我几乎每次出庭作证的时候都会感到紧张。我作为司法证据科学家出庭作证的次数大概已经有25次了。在走上证人席之前的那一刻我总是会感到有些紧张，心里好像有只蝴蝶在扑腾。我会翻看我的笔记，我不想犯错误。我即将上台表演了。

——隐秘印痕检查员

审判的背后：动机

真实的审判远比我们在小说中读到的或从电视剧中看到的更具有戏剧性。没有比真实的案件更加具有震撼性的了。在法庭上，你可以看到受到伤害的真实的人，你可以看到被害人的家属。他们对刑事司法制度有一种期待，那就是正义将要得到伸张。被告人也坐在那里，有时他们的家人也会出现在法庭上。在真实的法庭，所有这些都会产生令人震撼的效果。

审判背后的不解之谜：为什么有人会做诸如谋杀之类的事情？谋杀往往不是发生在某个具有戏剧性的时刻，而是由某些愚蠢的争执所引发的。例如，某个人用某种眼光看了另一个人一眼，结果这就导致了一起谋杀案。

——检察官

在我们所处理的一个案件中，一名妇女因为有口臭而被杀害。在另一个案件中，被告人实施凶杀的原因就是因为他给两名妓女递上了两份可卡因让她们吸食，而她们吸完之后没有还给他。在许多案件中，杀人的理由是如此之轻微，以至于在法庭上要为它们找出一种动机都是可笑的。

有时我们不知道犯罪的动机。人们不总是会告诉你："噢，是的，我是因为这个或那个才这么做的。"有时他们永远也不会向你解释他们为什么要这么做。

因此我们永远也不会知道真正的原因。

——检察官

我曾经在一个案件中为被告人辩护。这个案件是这样引起的：一个女孩对他的男友非常生气，他因为毒品犯罪而被捕入狱。在获得假释之后，他试图要回他孩子的监护权。她决定告发他。

她知道10年前发生过一起案件，这个案件一直没有被侦破。调查人员得到了一盘监控录像。录像上一个身穿足球夹克的人走进一个壳牌公司汽车加油站的小卖部。他戴着一顶帽子。我们可以看见他走进小卖部去买东西。我们在录像带上可以听到有争论的声音，接着我们听到"砰，砰，砰"几声枪响。一个人被杀死了。

人们都说："嗯，是那个穿夹克戴帽子的人干的。"但是从录像上我们看不清他的面目。他戴的那顶帽子掉在了现场，因此警方把它作为证据保存了起来。

案发10年之后，这个女孩给警察打电话说："嘿，我的男友就是在加油站实施那起谋杀案的凶手。"这个女孩的故事是编造的。结果她的男友被指控实施了那起悬而未决的谋杀案，而我则被指定为被告人的辩护律师。

我到被告人那里去告诉他说："在枪击事件发生时，凶手的帽子掉在了地上，你想不想把它送去测试一下DNA?”我向他介绍了DNA测试。他说：“好吧，去做吧。”

果然，从帽子内圈上提取的DNA与他的DNA不匹配，因此他被宣布无罪。

被告人曾经与该案中的那个凶手属于同一团伙，而被害人则属于敌对团伙。被告人不仅知道这个帽子不是他的，而且他还知道凶手究竟是谁——就是他的一个朋友。但是那个凶手没有受到起诉，因为所有的目击证人都说是我的顾客干的。如果不是DNA的话，那么这位被告人很可能就被关进监狱了，就是因为他的女友诬陷了他。恶毒，太恶毒了。

——辩护律师

司法精神病医生有时会相互讨论这么一个问题：我们是否遇到过我们真正认为是邪恶的人。

我曾经在审判之前与被告人进行谈话，以评估他们是否适合出庭受审，或者精神失常的辩护理由是否可以成立——以精神失常作为辩护理由的情况是极为罕见的。在各种被告人的类别中，一个极端就是那些在生活中从来没有获得过任何机会的人；而另一个极端就是那些具有无可救药的反社会倾向的人。在一般情况下，我可以与被告人产生某种感情共鸣。在我们的想象中，有些犯罪我们自己是绝不可能去实施的。但是对于大多数犯罪来说，我们自己也有可能实施。只要这么一想，我们与被告人之间的“敌我”界限就会立即消失了。

至于说邪恶的人，我曾经与数千名刑事被告人交谈过，但是我只遇到过两个我认为真正邪恶的人。对于这两个人来说，我的感受就是，他们的可怕之处不在于他们具有某种邪恶的本性，而在于他们缺乏任何人性。我与他们没有任何感情共鸣，因为说实话，我被他们吓得要死。

其中的一个我永远也不会忘记。我是在他试图越狱之后与他进行交谈的。我知道他是一个系列杀人犯，但是除此之外我对他一无所知。我一走进他所在的房间就有一种毛骨悚然的感觉。我当时想："这是怎么回事?"这的确很怪异。我把这归因于我自己：我究竟是怎么了？然后我坐下来开始与他交谈。我无法清楚地表达当时的感觉，我只能说，我们进行了交谈，他还是比较合作的，向我提供了一些信息。但是我感觉自己像是在与一个被魔鬼附体的躯壳讲话。

他当时并没有说什么可怕的东西。我曾经听说过非常可怕的犯罪，但是从来没有产生过这种反应。根据他自己的讲述，我知道他是个系列杀人犯。但是我曾经见过其他系列杀人犯，却没有产生过这种感觉。你知道，在恐怖片中，我们见过那种看上去像人，而实际不是人的"复制杀人魔"。这些人就像这种怪物。但是你必须记住，这种人在现实生活中是很少的。

—— 司法心理学家

法庭上的司法证据科学证言

我们实验室的毒物学部门曾经为一起案件提供证言。在该案中一名12岁的儿童遭到绑架和性侵犯。受害者声称嫌疑人曾强迫其服用一些通常被称为"索玛"的肌肉松弛药物。

当时我们的毒物学部门刚刚开发出一种可以检测出索玛的测试方法，而那时审判已经开始了。辩护方争辩说，被告没有强迫那个孩子服药，那个孩子是在撒谎——这是辩护方对付未成年人的一个惯用伎俩。

当我们完成检测的时候审判已经开始了。在我们提供了检测结果报告后，被告决定承认有罪，以获得从轻处罚。我们的证言在证明受害者陈述的真实性方面起了关键的作用。这是一起令人毛骨悚然的案件。我们非常高兴能够在审判中提供帮助。

——司法毒物学家

有关利用司法证据科学破案以及司法证据科学家证言重要性的最好的例子就是几年前我所起诉的一个谋杀案。

该案中的被害人是一位独居的房地产中介人，他在伯顿有一个简朴的住宅。伯顿是在密歇根州与弗林特相邻的一个主要是蓝领阶层生活的小镇。有一天早上他遭到了抢劫并被用非常残忍的方式谋杀了。凶手抢走了他的汽车、录像机以及一些珠宝。他并不是一个腰缠万贯的房地产商，他生活在伯顿，我的上帝！

最终人们发现当地的一些青少年正开着被害人的车。警察扣留了他们的衣服并对他们进行了审讯。其中一个年轻人表示接受二级谋杀罪的指控，而另一个只有17岁的年轻人则决定出庭受审。这个被告认识被害人，他曾经为被害人的院子刈过草。

在审判过程中，犯罪现场本身成为最重要的证据。被害人是被用一个小活动扳手活活砸死的，而很显然那个被告平时就经常随身带着这样一个扳手。这个凶器一直没有被找到，但是我们在被害人卧室的地毯上发现了由鲜血构成的那把扳手的轮廓。被害人卧室的墙壁上到处都是血迹。他床边的墙上挂着一幅《最后的晚餐》的油画，那上面也有一大块喷溅的血迹。

对于这些血迹所开展的司法证据工作非常重要，因为被害人是被殴打致死的，他流了很多的血。我们将被告与犯罪现场联系在一起的一个证据就是他穿的一只鞋子上沾有被害人的血。

这可能是我在所有审判中所经历过的最具戏剧性的那种“抓住你了!”的时刻之一了。在密歇根州，检察官要把他们所掌握的所有信息都转交给辩护方，因此通常在审判过程中没有真正出乎意料的情况发生。

被告知道我们已经把他的鞋子送到犯罪实验室，并且在他的一只鞋子上发现了血迹。随后犯罪实验从血液中提取了 DNA 进行比较，并确定被告鞋子上沾有被害人的血液。

辩护方将矛头指向了他的共同被告，他们说这一切都是那个共同被告干的。而受审的这名被告当时走进那个房间，发现了可怕、血腥而又残忍的场面，于是就转身离开了。他当时被吓坏了：噢，我的上帝！然后他就钻进被害人的汽车，并开车离开了那里。但是显然他当时还没有害怕到不能偷走被害人的汽车的地步。他当时是这么想的：既然被害人的头部已经受到严重的损伤，那么他反正也无法再使用这辆汽车了。

有关血迹的科学在这个案子中变得非常重要，因为辩护律师提出的论点是，当被告进入那个房间的时候，一切都已经结束了。被告当时只不过在鞋子上蹭上了一些血迹而已。

我们的主要专家证人是密歇根州犯罪实验室的一位血清学家，他是全国知名的血迹专家。他检查了被告的鞋子，确定上面有血迹。他解释说，血液动力学——也就是血液落在物体表面的方式——可以揭示事件发生时的情况以及衣物上沾有血迹的人在事件发生时的所作所为。

在该案中，物理学规律告诉我们，只有在“流血事件发生的时候”被告在现场的情况下，他的鞋子才有可能形成那样的血迹。根据飞溅血滴运动的物理规律，这个血滴溅落在鞋子上的方式表明，它是沿着一定角度飞过来的。这告诉我们，被告在那个卧室的时候被害人还活着或者正在受到攻击。

被告的辩护律师是一名非常狡猾的律师，他现在试图改变策略："那么，也许被告进入卧室的时候另一个人正拿着那把击打过被害人的扳手，一滴血正好落在被告的鞋子上。"于是这位血迹专家就画了几张相对简单的示意图，向我们显示了沿着一定角度飞溅的血迹与垂直滴落的血迹之间的区别。他说道："不，实际上，我们在鞋子上看到的是一个圆形的，而不是被拉长的血滴。如果血是滴落下来的，那么它会在鞋子上留下一个被拉长了的、带着尾巴的血滴。"

被告鞋子上的血是飞溅上去的，这是这一案件的关键，它揭示了辩护方的一个致命的弱点。被告并不是在事后进入现场的，在流血事件发生时他就在现场。

在这一刻我可以感觉到辩护方就像一个正在泄气的皮球。最终被告被判定有罪。这个案子我永远也不会忘记。

——检察官

在一个案件中，有一个家伙被指控殴打了一名律师。辩护方曾经就某些问题咨询过了，后来我成为辩护方的一个顾问。那个被告是一个怪人，他喜欢起诉别人。他被指控走进一位律师的办公室，然后把那位拒绝代理他的律师打成了重伤。那个律师被送进了医院，颅脑多处受损。这是一起野蛮的犯罪。

那位律师的秘书说："我想也许就是这位老顾客干的。"她说凶手只是在她眼前转瞬即逝地出现了一下，因此这种指证是非常有问题的。

这个被告被认定有罪。但是由于他原来的那个律师根本就没有查看任何司法证据，因此后来他获得了一次重审的机会。他的新律师聘用我帮他们研究案情以及DNA证据。

这个顾客有点……偏执。他认为所有人都在合谋害他。他连自己的律师都不是很信任。我试图说服他作 DNA 测试，但是他不知道 DNA 是什么东西，并且拒绝提供样本。我们不得不通过让他舔信封的方法诱骗他提供了一份 DNA 样本。

该案中的关键证据被证明是调查人员在律师的办公室发现的一块手表。这块手表不是那个律师的，它已经损坏，并且上面还有血迹。没有人曾经注意过这一证据。

因此我研究了所有的证据，然后告诉律师说："这将是这个案件中的关键证据，因为在手表上到处都是所谓的'习惯性佩戴者'的 DNA。"

另外在手表上还有一小块血迹。我们可以认为它是在凶手殴打律师时溅上去的。

我们把这块表送到了犯罪实验室。这是一种边缘性的证据，一般很难从那上面检测出结果。因此我试图找一个好的实验室来对它进行检测。我们与检方达成了一个协议：让他们经常使用的一位 DNA 专家去作一个联合测试。

那位 DNA 专家得出了非常好的检测结果——一个非常完整的 DNA 图谱。他们从手表上获取了佩戴者的 DNA。我们还提取到了一些包含那位律师和另一个人的 DNA 的子样本。结果证明这些 DNA 不是被告的。

在现场到处都是"第一号不明身份人物"的痕迹，我们甚至在灯的开关上提取到了这个人的 DNA。检测结果非常清晰。

但是那个检察官仍然决定将案件提交法庭审判，因为他有那位秘书的指证。在法庭上，他就司法证据学问题对证人席上的 DNA 专家发起了攻击，这使得那位专家非常恼火。他说道："听着，我过去一直在为你们办公室出庭作证。你怎么能这么对待我？"

这位检察官不相信这块表就能够证明被告是清白的，他开始寻找其他的解释。

在审判开始之前，他提出了有关这块表的一种说法：这块表属于一位护士。那位护士在一次医疗疏散行动中死于飞机失事，而那位被殴打的律师曾经在一次诉讼中代理过这位护士的家属。不知怎么的，那位护士曾经佩戴过的一些私人物品落到了那位律师的手中。那位检察官声称，在凶手与律师的打斗过程中，一个装着那位护士的私人用品的盒子被打翻了，而那块手表也掉了出来。因此他们提出了一个“死护士理论”。

他的这种说法是在 DNA 测试结果刚刚出来，审判即将开始的时候提出来的。我们的一个律师感到惊慌失措：“噢，我的上帝，我们该怎么办？这会彻底把我们击垮的。”我对他说：“不用担心。实验室对 DNA 上的一种名叫牙釉蛋白的特殊性别基因标记进行了测试。测试结果表明，在手表上的所有 DNA 都来自男性，而不是女性。”这彻底摧毁了检察官关于死护士的说法。

我们这位偏执的被告最终被宣布无罪。那位被殴打的律师没有死，他最终康复了，但是他几乎记不起当时所发生的任何事情了。现在他们仍然没有抓住那个真正的凶手。

——辩护律师

我曾经处理过一个有关头发的案件。在该案中，能否认定被告有罪完全取决于我有关在被告的汽车中发现的受害者头发的证词。受害者与被告没有任何关系，他强奸了她，而那根头发将是决定案件的关键。

我向陪审团解释了头发的所有特性，包括在头发中有哪些特性，以及这些特性可以如何被用于比较的目的。不知道是出于什么原因，我在作证的时候眼睛总是盯着陪审团中一位秃头的先生。

陪审团成员看出了我的这举动，他们开始哧哧地笑了起来。检察官也在旁边偷偷地笑。我一直没有意识到这一点，直到我作证完毕后检察官对我说："你为什么老是盯着那位先生?"我想："哇，原来刚才我在谈头发是如何脱落的以及通过分析头发能够知道什么的时候，眼睛一直在盯着那个可怜的家伙。"这就好像在说："先生，我很抱歉你没有头发。但是如果你有头发的话……"

因此我在离开法庭的时候不知道刚才陪审团是在听我作证，还是在看我盯着那个秃顶的陪审员的样子。这真是太糟糕了。

——毛发和纤维专家

审判工作就像是演戏。每出戏都不一样，这取决于案件的事实、起诉理由的充分性、最终被选定的陪审团以及法官和辩护律师等许多因素。我所要做的就是唤醒陪审员的情感。而要做到这一点，我必须依靠证人。

——检察官

一个具有戏剧性的法庭策略

我曾经在许多案件中作为司法地理考古学方面的专家证人出庭作证。在其中一个审判中，被告是一个专门在亚利桑那州罗斯福湖地区盗窃古尸的声名狼藉的家伙。他的专长就是倒卖那些埋在洞穴或者岩洞中的、经自然干燥的木乃伊。由于这一地区的干燥气候，这些木乃伊以及他们的陪葬品被保存了几百年甚至几千年。

有些人将这些东西镶嵌在桌子、吧台或玻璃柜中，或者用它们来装饰自己的办公室，他们认为这是一件很酷的事情。而他则将这些尸体卖给这些人。

通过一个精心设计的、长达两年的卧底行动——在这一行动中，各种执法人员装扮成潜在的买家与他接触——警察最终抓住了他。他是在试图倒卖一个年纪非常小的女孩尸体的时候被抓获的。这个女孩大约死于1 200年前。她的尸体保存之完好，真是令人叹为观止。我们从她的尸体和她身上包裹的毯子上提取了恰好足够的沉积物，使我们能够确定它来自一块属于联邦政府所有的土地。根据这一证据，他被送上法庭受审。

被告的公共辩护人认为检方远远夸大了这一犯罪的严重程度。他认为只要陪审团看到了实际的证据，他们就不会认定被告有罪。

因此，在对这个由11名女性和1名男性构成的陪审团作出错误估计之后，他将被告卖给一名卧底侦探的尸体作为证据搬上了法庭。那是一个大约3岁的小女孩，除了皮肤有些干燥之外，她看上去就像是前一天刚刚死去的一样：她的眼睫毛仍然完好无缺，头发梳理得很整齐，身体和一些小玩具一起被包裹在一个小毯子里。那个辩护律师将这具尸体作为证据搬上了法庭，这也是美国历史上第一次将一个人的尸体作为证据搬上法庭。

在看到这具尸体之后，陪审员都气愤得恨不能立刻杀死这个被告。这个证据使辩护方一败涂地，彻底完了蛋。检察官看着这个辩护律师说："这个家伙是不是疯了？"

——司法地理考古学家

司法证据专家谈检察官

与检察官打交道是一件令人感到非常沮丧的事情， 因为我必须等他们提完问题之后才能够说话。而有时他们根本就不知道应该问什么

问题。

我们的制度肯定有很大的缺陷：那个掌握了有关某个特定的死亡事件的所有信息的人，恰恰是那个最没有资格去评估这些信息的人——我指的是科学信息，而不是法律信息。有多少检察官具有科学教育背景？他们中有多少人具有任何生物学知识？他们中的多少人具有医学背景？

很少。他们都是学政治学的。

——验尸官

我记不清有多少律师曾经对我说过以下这段话了，而他们都认为自己是第一个说这种话的人："好的，你是一位科学家。那么就请你向我解释一下这个 DNA 问题吧。我当年就是因为科学课程学得不好才上法学院的。"他们认为这些话很风趣。

——DNA 专家

检察官必须抛弃以下这种思维习惯："好了，我有了这个专家证人，去干吧！"如果你从来没有做过涉及 DNA 或任何涉及大量司法证据的案子，那么你就不要以为只要在法庭上叫出某个专家证人就可以立刻取得胜利。你应该事先花一些时间学习相关的知识，让你的专家向你解释测试程序是如何工作的，以及测试可以解决什么问题，不能解决什么问题，因为你的证人是要受到交叉讯问的。因此，如果你能够事先把案子中的一些问题提出来，那么我们就可以有所准备，从而减少对方交叉讯问的破坏力。

——DNA 专家

当我在犯罪实验室工作的时候，我有很多与检察官打交道的经

历。他们希望科学家走上证人席对法庭说："我作过了测试。被告是有罪的。"

在法律和科学之间有着很大的区别。科学家与被告是否有罪无关，并且不应该有关。

作为科学家，我们不站在任何一方的立场上说话。即使我们是检方所雇用的——这对于州犯罪实验室来说尤其如此——我们也不是检方的专家。我们站在科学的立场上说话。我们仅根据测试的结果作证："我测试了这个，我测试了那个；这就是结果，那就是结果。"我们的作证仅限于此。

检察官的工作是使用这些证据，将拼图板放到适当的地方，然后说："被告有作案动机；他有作案的机会；现场有他的 DNA。"他将这些信息提供给陪审团，然后引导他们作出裁决。很明显，辩护律师的工作就是对他的这一工作发起攻击。

——犯罪实验室主任

整个制度都是建立在合理怀疑这个基础之上的。如果你能够向证人提出一个问题，使他看上去似乎并不知道自己讲的是什么，或者甚至只要提出一个使证人感到紧张不安的问题，那么这位证人两个小时的证言可能就完全白费了。陪审团能够记得的唯一一件事情就是："这个证人不知道如何回答这个问题。"因此，他所说的任何东西都值得怀疑了。

——司法心理学家

在法庭上，专业术语使用不当可能会给你带来大麻烦。我要举的一个例子就是"喷溅血迹"这一术语。很可能有一半的人在谈论这个问题的时候会说"喷射血迹"。后者听起来似乎很为合理，但却不是

专业术语。

曾经有一名经验丰富但以前没有接触过凶杀案的侦探就犯罪现场的一些问题出庭作证。他在作证过程中多次使用了“喷射血迹”这个词。辩护律师在完成交叉讯问之后说道：“我没有其他问题了。噢，对了！法官先生，请等一下。啊，侦探先生，刚才你应该说‘喷溅血迹’而不应该说‘喷射血迹’，对不对？”那位侦探说：“你说得对，律师。我刚才搞错了。我的确应该说‘喷溅’。”那个辩护律师赶忙说道：“噢，不，不，不。搞错了的人是我：我以为你知道自己在讲什么呢。没有其他问题了。”而陪审团所记得的就是这句话。

——凶杀案侦探

检察官起诉，辩护律师辩护。这么说听起来很蠢，但这就是他们所做的工作，检察官和辩护律师都对他们各自的工作有着狭隘的见解。

有一次我在一个案件中作为检方的证人出庭作证。在该案中，被告是一名16岁的女孩，她被指控犯有一级谋杀罪，并被作为成年人送上法庭接受审判。如果被判定有罪，她将被判处终身监禁，不得假释。负责起诉这个女孩的是一位曾经与我多次合作过的女检察官，我们俩的关系很好。在休庭的时候我对她说：“你说，终身监禁对于一个16岁的孩子来说是不是太残酷了点儿？”她瞪了我一眼，说道：“那么，被剥夺生命对于被害人来说难道就不残酷吗？”我想：“检察官就是检察官，他们对罪犯是没有什么同情的余地的。”

而另一方面就是辩护人的辩护。但是，让被告受不了的就是：在休庭期间，有的辩护人会和检察官凑在一起，有说有笑。有些被告曾经跟我说：“他们在干什么？他们应该相互憎恨才对呀！”

——司法心理学家

司法证据科学家谈陪审团

在我刚参加工作的时候，你只要到法庭上作证说，这两颗子弹是从同一把枪中发射出去的，那么就足够了。在那个时候，我们只需要在法庭上陈述我们用裸眼所看到的东西。我们作为专家所说的话就足以作为证据了。

很可能是因为受到《犯罪现场调查》之类的电视剧以及像O·J·辛普森案这样的现实生活版的法庭戏剧的影响，如今在越来越多的案件中，我们需要提供能够在法庭上展示的某种记录。

如今，陪审团想要看看我们所看到的东西。他们并不见得能够理解他们所看到的东西，但是他们知道那些东西在那里，他们知道那些东西是可以提供给法庭的，因此他们也想看一看。

——枪支专家

由于受到对那些著名人物审判的影响，现在专家证言所受到的审查要比以前严格多了。

这些审判对公众起到了教育作用，同时它们也在如何对科学家进行交叉讯问以及如何向他们提出问题方面教育了所有的检察官、公共辩护人和私人律师。

现在专家证人作证要比以前难得多。时代变了。

——司法证据科学家

关于"《犯罪现场调查》效应"，我想"好的，坏的和丑的"这句老话很好地概括了目前司法证据的状况。由于这部电视剧，公众，也就是陪审团成员，所了解的东西要比以前多得多。他们对相关问题的理

解水平也提高了。他们熟悉气相色谱仪、质谱仪和DNA等术语——这一切都要归功于《犯罪现场调查》。这些都是好的方面。

坏的方面就是，在许多情况下，陪审团有这样一种想法：如果你没有物质证据，那么你的指控就不能成立。但是在实践中没有物质证据的案件并不少见。有时即使我们在犯罪现场收集了所有的东西，我们可能还是无法找到任何有价值的证据。

而丑的一方面就是：有时即使我们有充分的证据证明被告是有罪的，但是如果我们没有物质证据的话，陪审团也拒绝认定他有罪。有时虽然我们没有物质证据将被告与犯罪现场联系起来，但是调查人员已经掌握了足够的信息可以证明被告是有罪的，而陪审团却仍然拒绝认定他有罪。正如一个陪审员所说："嗯，他们没有任何物质证据，因此被告不可能有罪。"我们掌握的证据再好，如果它们不是物质证据的话，他们也会视而不见。

——犯罪实验室主任

由于《犯罪现场调查》这部连续剧，陪审员对司法证据有着很多期望，有时这些期望是不现实的。在一些案件中，陪审团在作出某个裁决之后回来说，他们之所以作出了这样的裁决，是因为他们在《犯罪现场调查》这个电视剧中看到了某种测试，而我们却没有作这种测试。

——司法证据科学家

噢，这真是太糟糕了。现在我们（司法证据专家）在走上证人席之后，首先要花上15—20分钟的时间消除《犯罪现场调查》给陪审员带来的误解。检察官会提出一系列专门为此目的而设计的问题："你有没有从那个东西上提取DNA？""不，我没有。""你有没有尝试

过?”“不，我没有。”“为什么?”“因为如此这般……”“你有没有从什么东西上提取到指纹?”“没有。”“如果你提取了指纹，是否在任何情况下都能确定嫌疑人的身份?”“不是的。”

由于人们都看过《犯罪现场调查》，并且他们认为那里面的东西都是真的，所以在成为陪审团成员之后，他们会说：“《犯罪现场调查》中的那些科学家做了这个，而他们却没做，因此他们肯定不是合格的司法证据科学家。”

——隐秘印痕专家

公众的有些观念是错误的。他们现在认为：“OK，现在你们抓住嫌疑犯之后，只需五分钟就可以作一个100%准确的DNA测试，从而确定他是不是凶手了。这不是轻而易举的事情吗?”

——犯罪实验室主任

我曾经在一些性攻击案中就DNA证据出庭作证。在这些案件中，我们在样本中发现了被告的DNA，但是同时还发现了其他人的DNA。我试图向法庭解释其他DNA的可能的来源：也许在这个案件中还有另一名性攻击者；也许样本在收集过程中受到了污染——这当然是我们工作中的失误，但即便样本中有其他人的DNA，这也不能否定一个事实，那就是当时被告在犯罪现场。

在这种情况下辩护方就会试图混淆视听：“你们不能肯定就是他。你们不能肯定地说就是他干的，因为你们在样本中还发现了其他污染物。”然后他们试图给人们造成一种印象，那就是我们有意污染了样本。

但是检察官可以通过以下问题很容易地挫败辩护方的这种企图：“你说过这（不是他干的）是可能的。但是考虑到本案中所有其他证据以及你以前所处理过的类似案件，你认为这种可能性有多大?”

然后，根据我的专业知识，我可以回答说：“这种可能性是非常非常小的。”但是如果检察官没有给我说这句话的机会的话，那么我们就会给陪审团留下这么一个印象：“你们的证据都是乱七八糟的。检察官说是他干的，但是也可能是其他人干的，因为在DNA样本中还有其他这些东西!”我可以想象，如果我是一名陪审员的话，我也会挠着头皮说：“唉！如果我们光听检察官一个人说的话，那么她所讲的东西的确是很令人信服的。但是现在听了辩护律师的话之后，我们才知道事情还可能是这样的！我们到底应该如何作出决定呢?”

——DNA分析员

我曾经在一个案件中作为验尸官出庭作证。我认为这个案子向我们显示：调查工作可以做得如此之完美，而陪审团也可以如此之聪明。

一名男子在一个周末开车经过一个存储视听设备的仓库。他发现仓库的门开着，于是决定进去和他的朋友——也就是这个仓库的主人——打个招呼。他在进去之后惊恐地发现里面有一堆火。于是他拿起灭火器开始救火。突然他意识到火中有一个人。你能够想象吗?他走进那里面去和朋友打招呼，结果却见到了这么一个场面。他立即给警察打了电话。

调查人员给检察官和验尸官打了电话。我们发现那个人是被绑住手脚，封住嘴，然后点上火烧死的。他已经被烧得面目全非，他的妻子也无法把他辨认出来了。

我们通过他生前的牙科记录确定了他的身份。我们对他的牙齿照了X光相片，然后将死后和生前的牙科记录进行了比对。现场没有发现指纹。通过尸检，我发现被害人在被烧死之前曾被人击昏。我还发现凶手曾经试图勒死被害人。我是怎么知道这个的？因为我在死者的颈部发现了很特别的淤伤痕迹。在他的颈部有一圈轮廓清晰、间隔均匀的针状印痕。

我告诉调查人员："到现场去找一个能够留下这种印痕的金属物体。"于是他们就回到现场去寻找与这种勒痕相符的物品。第一次他们给我带来了一条在现场发现的很粗的链条，它与勒痕并不匹配。然后他们又给我送来有两三毫米粗的弯曲的金属环组成的链条，上面每个金属环都有两个相距八毫米的切割端，这些金属环与死者颈部的印痕相符。

我的猜测是：凶手曾经用那根金属链勒被害人的脖颈，当这一企图失败之后，他用某种金属物体猛击被害人的后脑，使他后脑部的头皮开裂。当被害人被击昏后，凶手就有充足的时间把他的四肢捆绑起来，然后把他点上火烧死。

接着就轮到检察官办公室的调查人员开展他们的工作了。凶手用来捆绑被害人四肢的是一种用于捆扎电线的塑料绳子。

调查人员从现场收集到一个汽油罐，并在我进行尸检的时候收集到用于捆绑被害人的塑料绳子，他们还查出了这些塑料绳子的生产商，以及销售它们的商店。命运女神似乎对这些调查人员特别关照，因为令人难以置信的是，这个凶手竟然是用他的美国运通卡购买的这些塑料绳子，因此调查人员通过追踪这些塑料绳的购买者找到了凶手。我想他们的工作做得很漂亮。

他们最终在加利福尼亚州把凶手抓获归案。凶手是一位很年轻的男子，他是受雇去谋杀那位仓库主人的。

案件进入了审判阶段。陪审团非常棒。我对他们说：这里有一个很简单的逻辑：你不可能捆绑一个已经在燃烧着的人；你不可能去击打一个已经在燃烧着的人的头部；你不可能去勒一个已经在燃烧着的人的颈部。

因此符合逻辑的事情的经过应该是这样的：凶手首先试图勒死被害人，当这个企图失败后，他击打了被害人的头部，使之昏迷，这使凶手有机会将被害人捆绑起来。最后他将被害人点火烧死。

陪审团非常聪明。他们没有说一句话就接受了我的推理。而辩护律师则在我的作证过程中不断地抗议：“法官大人，我反对！法官大人，我反对！”那个法官非常好，他说道：“请让专家继续陈述他的意见。因为我认为他的意见是与本案中所发生的事件相关的。”我们非常漂亮地确定了案件的事实，结果被告被判定有罪。这对于检察官办公室的调查人员来说是一个巨大的荣耀，因为他们真的很优秀。

我想被告方做得也非常非常聪明。从审判第一天开始，他们就让被告的妻子怀里抱着一个婴儿坐在最前排。她每天都参加审判。我想这对陪审团产生了影响，他们没有判处被告死刑，那个家伙仅被判处了终身监禁。

——验尸官

司法证据科学家谈其他司法证据科学家

我认为司法证据科学所面临的危险之一就是，人们有时会相信他们自己所吹嘘的东西。我们经常出庭作证，并被承认为专家；因为我们知道的东西很多，所以人们会专门来找我们，他们想知道事实的真相。经过一段时间之后，这会对我们产生一定的作用。对此我们必须非常警惕，因为我们可能会开始相信自己真的像检察官所说的那么优秀。

这可能会影响我们的证言。这种事情曾经发生过，而且经常发生。我想我们几乎都产生过那样的心态，但是我们学会了如何应对。我们认识到这不是我们应做的事情，因此我们退了回来，去做我们所应该做的事情，那就是从事科学工作，真正的科学工作。

但是有的人为了成为英雄，或者为了在别人面前证明自己是最好的，他们开始过分强调某些东西，过分作证，甚至做出了在本质上属于撒谎的事情。

——隐秘印痕专家

作为一名科学家， 每当有人试图详细地向我描述他所推测的案件发生经过的时候，我就会变得非常怀疑。科学并不是一个十分确定的东西，只有江湖骗子才会那么确定。我曾经不止一次地在法庭上说过这句话。陪审团理解这句话，他们真的理解。

一个人越是固执己见，那么我们在接受他所说的东西的时候就越应该谨慎。知识分子的不诚实行为并不局限在某一个行业。我们必须不断地监督自己，以确保自己不做不诚实的事情。

——司法病理学家

有时陪审员之所以接受专家证人的证言， 仅仅因为他们是专家。比如说，如果有一位头发花白、身穿实验室白大褂的瘦小的老头走上证人席说："我是某某博士……"那么陪审员几乎都不会去听他到底说了什么，他们只是想："无论这个人说什么，肯定是对的。"

——DNA 专家

一位辩护律师谈一个基于伪科学作出的错误的有罪判决

有一个轰动一时的案件。 该案的判决是基于一个非常有问题的咬痕证据作出的。我曾经在最初判决作出后担任被告的辩护律师。这个案件的审理从 1991 年一直延续到 2002 年。

1991 年的除夕夜，凤凰城的一名酒吧老板娘在晚上停止营业后关闭了酒吧。第二天早上，第一批前去上班的雇员发现这位妇女赤身裸体、四肢摊开地躺在男厕所中。她的衣服被抛撒在厕所四处，背心被用一把刀子从中间割开。这是一起非常野蛮的犯罪。

第二天警察逮捕了空军部队退伍人员、当时做邮递员的雷·克朗。一名侦探让当地的一位牙医看了在犯罪现场拍的被害人尸体的照片。那位牙医说："我认为在死者胸部有一个咬痕。我认为凶手可能有弯曲的牙齿。"其实如果死者的皮肤有弹性的话，那么任何牙齿都可能留下这样的咬痕。

尽管如此，那名侦探从被害人的朋友那里听说被害人有点喜欢雷·克朗。他们翻了一下她的地址簿，结果在那上面看到了他的名字和电话。那名侦探在谋杀发生的第二天到克朗家里去和他谈话。克朗正好有弯曲的牙齿，因此那名侦探认定："这就是咬了被害人的牙齿。"

在带克朗去警察局讯问的路上，这个侦探在一个便利店中买了一些泡沫塑料碟子。在审讯过程中，他们拿出一个泡沫塑料碟子，让克朗在上面咬了一下，然后把它送到了那个牙医那里。那个牙医看了之后说："这看上去与尸体上的咬痕是匹配的。"

于是克朗就被指控犯有一级谋杀罪。审判只持续了七天半的时间。在审判过程中，有一个证人证明在犯罪发生时克朗不在犯罪现场。那位证人说，当天他和克朗一起度过了除夕夜，他们一起在克朗的家中观看橄榄球比赛："克朗一直和我在一起。他 11 点钟上床睡觉，我是在稍晚的时候睡的。"谋杀发生在凌晨两点钟，因此检察官说："你不知道他是否在夜晚出去实施谋杀，然后又回到家中。"他们在克朗的家中没有找到任何证据。

就是因为那个泡沫塑料，克朗被判定犯有一级谋杀罪。他们所掌握的唯一证据就是那个咬痕。在第一次审判之后，被告的家属于

1993 年与我取得了联系，因为我曾经做过有关 DNA 证据的工作。在研究了该案中的证据以及相关的司法证据工作后，我认为这一司法证据在法庭上遭到了完全错误的解释。我与被关在亚利桑那州死囚牢中的克朗进行了交谈。他看上去是一个很平常的人。他对我说："帮帮我，这不是我干的。"

我问他是否愿意接受 DNA 测试。他说："我愿意做一切你认为需要的 DNA 测试。"我总是向我的顾客提出这个问题。在通常情况下，如果他们真的有罪，那么他们不会太热衷于去作 DNA 测试。因此这个问题是检验他们是否有罪的试金石。

我研究了这个案子之后说："上帝！从卷宗上看，检方所掌握的唯一证据就是这个有关咬痕的证言。"他们有一个来自内华达州的咬痕专家。他在法庭上告诉陪审团：他可以根据一个咬痕确定犯罪嫌疑人的身份，这种方法比指纹还要准确——其实这种说法是错误的。我想："怪不得被告会被判定有罪。"

我们在现场提取到了另一个人的 DNA。我们在被害人当时所穿的牛仔裤上发现了既不属于被害人，也不属于被告的血迹。地区检察官争辩说，被害人当时所穿的肯定是一条借来的带有血迹的牛仔裤。陪审团中一个矮小的老太太说道："我们怎么知道，也许这条裤子是她从捐赠义卖活动中买来的。"这就是我当时所面对的一种心态。

我肯定这个血迹是真正的嫌疑人留下的。在被害人身上有几根不属于克朗的阴毛。在第一次审判中，专家说它们属于克朗，但实际上不是。

法庭再次审理了这个案件，结果克朗再次被判定有罪。在审判过程中，双方各有三四名专家证人出庭作证，他们争论的焦点就是那个咬痕。陪审团在庭外审议了很长时间，他们仔细检查了所有的证据。该案中的关键性证据就是在被害人乳房上的一个咬痕。检方专门制作了一个被害人乳房和被告牙齿的模型，陪审团可以用模型进行比对。陪审团说它们看起来的确是匹配的，因此他们再次认定克朗有罪。法官认为克朗有可能是无辜的，因此没有判处他死刑，从而将他从死囚牢中救了出来。

被告回到了监狱中，他所有的申诉都遭到了拒绝，但我仍然在为该案工作。后来 DNA 技术发展了，短串联重复序列（STR）技术得到了应用。我们要求法院作 STR 测试，通过这种测试我们可以探测到很少量的 DNA。我们还使法官下达了这样一个命令，如果通过测试查出了未知的 DNA 图谱，那么他们就必须在 DNA 数据库中对其进行检索。我们用了两三年的时间才使法院作出了这样的决定。

因此在 2001 年末和 2002 年初，我们从被害人所穿的那件背心上的唾液中取得了一个基因图谱。那件背心被一把刀子割成了两半，而凶手正是用那把刀子杀死了被害人。在那件衣服的左胸部位，也就是被害人乳房被咬的那个部位，有一些污迹，我们后来证明这些污迹是唾液。由于被害人是一名酒吧招待，因此她身上有很多唾液。

那时已经有新的 DNA 技术可以测试那件背心了。我坚持让警察部门的犯罪实验室作这项实验，因为这样检方就不会抱怨测试结果的可信度了。他们在那件背心上获得了一个未知的 DNA 图谱，它与从牛仔裤上的血迹中取得的 DNA 图谱相匹配。因此我们知道它们来自同一个人。

然后他们在合并 DNA 索引系统的全国性数据库中对这个新的 DNA 图谱进行了检索，结果找到了匹配的记录。那个 DNA 来自居住在案发的那家酒吧马路对面的一个家伙。在我们作 DNA 测试的时候他正因为猥亵儿童罪而在监狱中服刑。

检察官不相信这个检测结果，他们认为犯罪实验室搞错了。他们要求重新进行测试，他们完全不相信这个结果。

警察到监狱中去讯问了那个家伙。一开始他对警察说："不，他们肯定是弄错了，因为案件发生时我正在监狱中服刑。"因此警察就说："哦，好吧，那他们肯定是弄错了。"

我知道我们没有弄错，因为在数据库中不可能发生两个人具有相同 DNA 图谱的情况，而他恰好又是在数据库中唯一居住在与谋杀现场仅隔一条马路的地方的人。这绝对不可能是个错误。

我们查了一下他的犯罪记录，结果发现在案发时他并不在监狱中。他是在那个酒吧的强奸杀人案发生 30 天之后才被逮捕的。

侦探发现了这个情况之后又回到监狱去讯问那个家伙。这次他说："哦，我从未去过那家酒吧。"而他们竟然又相信了他。

那时克朗已经在监狱中被关了 10 年。两次审判都引起了媒体的极大关注。侦探们对有关被告无辜的说法嗤之以鼻。我对他们说："你们使一个无辜的人被判定有罪，你们这些狗娘养的！"他们甚至还在一个名叫"逮捕和审判"的全国性电视节目中吹嘘自己，大意是说："是我们抓住了克朗先生；是我们把他送进了监狱；我们是多么的了不起！"这是在我们作新的 DNA 测试一年之前的事情。

和我一起担任被告律师的那个人和圣地亚哥市一位非常善于与人交谈的凶杀案专家一起，到监狱中去找到我们这个案件中的新犯罪嫌疑人——那个名叫菲利普斯的家伙。一开始他说自己从未去过那家酒吧。我们这位凶杀案专家和嫌疑人进行了交谈，他说："嗯，你知道，我们只是想知道为什么我们会在那里发现了你的 DNA。"那个嫌疑人开始有些撑不住了。他说当时他喝得酩酊大醉，去了酒吧，接下来所发生的事情他一点儿也记不清了。但是当他第二天醒来的时候，发现自己身上沾满了血迹。他打开电视，发现每个电视台都在报道那个发现尸体的酒吧。当时他说："噢，我的上帝，我干了什么？我干了什么?”

他的基本意思就是说：他去过现场，但是他记不清当时到底发生了什么。但是现场的一切证据都表明，这是一起有条理的谋杀案——例如，在行凶之后，凶手将那把被用做凶器的刀子清洗干净，然后将其藏在了垃圾桶中的垃圾袋的下面。这是一起由一个具有思考和推理能力的人所实施的犯罪。但是那就是他所讲述的事情经过。我们把他的话录在了磁带上。

而那些检察官仍然不肯相信这是真的。这是一个轰动性的故事。我发现，如果媒体发现一个真正无辜的人受到了冤枉，那么它们就会竭尽全力对当局施加压力，迫使它纠正错误。如果有关这个案件的报道出现在早报的头版，那么它肯定也会出现在晚间新闻中，这对我们的案子起到了很好的作用。因此，现在检方也召开记者招待会，为自己不释放布朗的行为进行辩护。

他们回去对所有的证据进行了重新测试。警察曾经在犯罪现场提取过一些指纹，现在他们发现其中一些指纹与这个新的嫌疑人相匹配。

最终案件有了定论：他们说克朗是无辜的，并于2002年释放了他。而他恰好是在全国范围内被DNA证据证明无罪的第100名死刑犯。

在雷·克朗被释放的那天，所有的报纸都在头版头条刊登了我和克朗的照片。当时我首先想到的就是那个检察官。在这个案件中，我和他整整斗了七年。他真是个不折不扣的狗娘养的。当时我想：“想想看，今天早上当这个检察官起床之后端起一杯咖啡，打开报纸的时候，他会发现自己在世界上最痛恨的那两个人正盯着自己呢。”那天早上他的那杯咖啡肯定没有喝好。对于我来说这种感觉真是太棒了。

那个叫菲利普斯的家伙被指控实施了那起谋杀罪。现在这个案件即将开庭审判。他们正在寻求法庭判处他死刑。

“让科学告诉我们真相”

控辩双方并不总是愿意让科学告诉人们真相。当科学所揭示的东西与他们的说法不相符的时候，他们就不愿意相信科学。检察官和辩护方都会根据自己的需要决定相信什么，不相信什么。

——辩护律师

我做过许多“定罪后工作”，即向那些代表在监狱中服刑人员重新审查证据的辩护律师提供一些帮助。我提出了一个所谓的“创伤后巴里·谢克*综合征”的概念，即这些律师相信他们的那些在监狱中服刑的顾客是清白的，因此他们要求对相关证据作DNA测试。在一半以上的案件中，DNA测试结果表明被判定有罪的人的确就是实施犯罪的人。

但是这些辩护律师花费了大量的时间去代表这些犯人，他们会说：“我相信这个人。他一直说自己是无辜的。他说事情经过是这样的……”他们真的相信这些犯人所讲的故事。

因此，当DNA结果出来之后，他们不愿意相信这是真的，他们会想：“上帝！他们肯定是弄错了！我知道他是无辜的！”因为他们都想当巴里·谢克。他们想使无辜的人重获自由。在DNA证据揭示了与他们的愿望相反的真相后，这些律师会变得非常沮丧、

---

* 巴里·谢克（Barry Scheck），美国律师，曾在O·J·辛普森案件中担任被告的辩护律师。美国“冤案平反项目”主任，曾使许多被冤枉入狱的人重获自由。——译者注

抑郁。

因此我有时会握着这些律师的手，向他们提供一些心理治疗，对他们说："你知道，这种事情并不少见。不要太难过。你的工作做得还是很好的。虽然结果并不是你所期望的，但是对于你来说这并不是一个彻底的失败。"但是他们永远不会这么看这个问题。他们完全失去了信心——这就是"创伤后巴里·谢克综合征"。

当然在另一些案件中，DNA 测试表明被判定有罪的人的确是无辜的。在这种情况下，检察官会完全不相信检测结果。在被平反的案件中，检察官总是最后一个相信自己冤枉了无辜的人。他们会坚持到最后。

警察也一样。我曾经与一些很好的警察交谈过。他们真的确信自己没有抓错人。在许多案件中，他们认为就是他们所抓的那个人干的。但是事实证明他们完全错了。他们曾经花了五年的时间来调查某个嫌疑人，然后测试结果出来了……我告诉你，我曾经与某些侦探交谈过，当他们知道测试结果之后，他们的下巴差点掉在了桌子上。这真是不可思议。

科学是永远也不会出错的。会出错的是那些应用科学的人。在得到正确应用的情况下，科学是不会出错的。我们必须学会正确地应用科学，让它来告诉我们真相。

——辩护律师

警察、辩方和检方，我们都有着共同的利益。这不是检方与辩护方的对抗。我们都希望正义得到伸张。有罪的被告应该被定罪判刑。我们都希望防止无辜的人被判处死刑或监禁。作为一名辩护律师，我从来没有想到我会与这么多警察成为朋友。你应该看看他们在侦破悬案之后是多么兴奋——不仅因为他们抓住了真正的凶手，也因为他们使无辜者获得了自由。在这方面我们的立场是一致的。

——辩护律师

正常运作的刑事司法制度的最好体现就是一个调查工作做得很好、起诉工作做得很好、辩护工作也做得很好的案件。如果在一个案件中这三方面的工作做得很好，因而正义得到了伸张，那是非常美妙的。

在公众的眼里，律师的形象不是太好。但实际上大多数律师都非常非常好。警察都很诚实。陪审团都具有足够的洞察力和聪明才智，使他们能够应用法官为他们制定的规则弄清案件原委。

——检察官

检察官谈陪审团作出裁决的那一刻

想象一下在凶杀案宣判时检察官的感受：案件的审判工作做得很好。对于我来说这不是一个轻而易举就能够取得胜利的案件。我被叫回法庭并被告知陪审团已经作出了裁决。我坐在那里，我的领导就坐在我的旁边，被告和辩护律师也坐在那里。我看着陪审团的12名成员依次进入法庭。我试图从他们的神情上猜测他们所作出的决定："他们是否在看着被告？"这是一个非常紧张的时刻。

作为检察官，我曾经为这个案子付出了如此辛勤的劳动，倾注了如此多的精力。在听到有罪判决之后，我的第一感觉就是松了一口气，我们取得了我们所期望的结果。我们在感到欣慰之余，往往同时也会感到一丝遗憾。

我们之所以感到遗憾，是因为我们不曾有机会与被害人相识。在凶杀案中，我们会因为未能在被害人还活着的时候与他们相见而感到遗憾，因为在与他们的家人交谈之后，我们真的很希望能够与他们相识。但是那时已经太晚了。有时我们会因此而感到悲伤。

从某种意义上说，我比世界上任何人——被告除外——都更加了解被害人在他们生命的最后一刻都经历了什么。

在本书中接受访谈的专家简介

J·M·阿多瓦西欧（J.M.Adovasio）：宾夕法尼亚州伊利市默西赫斯特考古研究所主任，人类学和地理考古学教授。阿多瓦西欧于1970年在犹他大学获得人类学博士学位，在此之后他曾担任斯密森研究所博士后研究员和匹茨堡大学人类学系教授。阿多瓦西欧在27个州和5个国家中从事过考古学研究，他的实地考古工作包括目前正在宾夕法尼亚州密多克罗夫特—洛克谢尔特、乌克兰的梅兹里奇和捷克共和国的多尔尼—维斯托尼斯—帕夫洛夫开展的一个多学科调查研究项目。在37年的职业生涯中，他将研究重点集中在对易腐烂材料文化（编织品和纺织品）的研究以及高科技在考古研究中的应用方面。他是受到批评家盛赞的非小说著作《最早的美国人》的作者。

埃伦·阿拉贡（Ellen Aragon）：洛杉矶县地区检察官办公室铁杆犯罪团伙科高级出庭律师、地区副检察长。阿拉贡于1985年在南加利福尼亚大学获得法律学位后开始在地区检察官办公室工作。

克里斯托夫·阿斯普伦（Christopher Asplen）：“DNA证据的未来”全国委员会前执行主任，检察官，美国史密斯·阿林·莱恩律师事务所政府事务部合伙律师、国际政府关系部副主任。阿斯普伦于1980年担任宾夕法尼亚州巴克斯县地区检察官办公室检察官，从而开始了他的法律生涯。他在该办公室工作了七年，专门负责起诉针对儿童的性侵害罪和性犯罪。1996年，当时担任地区副检察长的阿斯普伦前往华盛顿特区全国地区检察长协会工作，并成为该协会新成立的DNA法律援助部的主任；1998年进入位于华盛顿特区的美国检察官办公室，负责起诉家庭暴力罪和性犯罪；同年应邀担任在司法部部长詹妮特·雷诺支持下成立的“DNA证据的未来”全国委员会执行主任，阿斯普伦组建了该委员会并担任该委员会执行主任；2003年加入位于英国伦敦的史密斯·阿林·莱恩律师事务所政府事务组，专门从事司法证据DNA方面的工作。

苏珊·巴卢（Susan Ballou）：马里兰州盖瑟斯堡市国家标准和技术研究所司法证据科学研究项目经理。1977年在康涅狄克州纽黑文大学获得司法证据学学士学位；2002年获得约翰·霍普金斯大学生物技术学硕士学位；1997年作为化学分析员就职于康涅狄克州验尸官办公室；1978年就职于弗吉尼亚州司法系统北弗吉尼亚司法证据科学分部，担任毒品化学分析员，同时从事血清、毛发和纤维分析；1987年担任蒙哥马利县警察局犯罪实验室唯一的血清专家；为《无声的证据》一书撰写了有关假发纤维的章节，并发表了数篇有关案件分析、弹道学和计算机司法证据方面的论文；2002年就职于全国标准和技术研究所；为司法部部长詹妮特·雷诺支持下成立的“DNA证据的未来”全国委员会成员。

约翰·M·巴特勒（Johe M.Butler）博士：马里兰州盖瑟斯堡市国家标准和技术研究所司法证据科学研究室人类身份确定DNA测试项目主任，研究化学家。1995年获得弗吉尼亚大学化学博士；就职于位于弗吉尼亚州宽提科的联邦调查局学院司法证据研究部；曾为联邦调查局犯罪实验室招聘的博士后研究人员（由国家标准和技术研究所全国研究理事会研究基金资助）；1997年任加利福尼亚门罗公园基因痕迹系统研究所科学家；1999 年回到国家标准和技术研究所，专门从事 DNA 司法证据研究。他所写的《DNA 配型司法证据：STR 标记背后的生物学和技术》一书被认为是该领域最权威的教科书。

托马斯·A·布雷特尔（Thomas A.Brettell）：司法证据科学家，新泽西州汉密尔顿市新泽西州警察局司法证据办公室主任，新泽西州密德尔兰德马类实验室主管，维拉诺瓦大学分析化学博士。1976 年担任警察部门司法证据化学家，从而开始其司法证据职业生涯；1980 年被任命为汉蒙顿南部地区实验室技术主任；从 1982 年起担任位于西特伦顿的新泽西州中央犯罪实验室技术主任。专业领域：毒品分析和毒物学，1998 年成为首席司法证据科学家；2001 年转为该犯罪实验室主任。

迈克尔·J·坎普（Michael J.Camp）：威斯康星州密尔沃基市犯罪实验室主任。1966 年获任瑟里尔综合技术研究所学士学位；1972 年获威斯康星大学麦迪逊分校化学博士学位并在伊阿华大学从事博士后研究；1972 年担任位于麦迪逊的威斯康星州犯罪实验室微量痕迹分析员；曾担任犯罪现场反应小组成员和组长；1976 年担任位于波士顿的西北大学司法证据科学硕士学位项目协调员；1981 年回到威斯康星州密尔沃基犯罪实验室，担任微量痕迹分析员；曾担任麦迪逊和密尔沃基两个犯罪实验室的微量痕迹部主任；1991 年成为位于密尔沃基市的州犯罪实验室主任；在威斯康星大学密尔沃基分校教授“犯罪侦查学”课程。

乔治·E·卡彭特（George E.Carpenter）：伊利诺伊州威尔梅特市警察局警长。1984 年获西伊利诺伊大学执法行政管理学硕士；1973

年开始在威尔梅特市警察局工作，1991 年成为警察局长。

玛丽·安·克雷顿（Mary Ann Clayton）博士：新泽西州帕拉姆斯市贝尔根县验尸官办公室副验尸官。1981 年获卢特格斯医学院医学学位；在位于新泽西州利文顿市的圣巴拿马巴斯医学中心担任实习医生期间从事解剖病理学和临床病理学方面的工作；1986 年获得罗德岛州验尸官办公室司法证据病理学研究基金；1988 年作为病理学家就职于位于新泽西州纽瓦克市的州验尸官办公室；1992 年担任贝尔根县验尸官办公室副验尸官。

菲尔·克莱因（Phil Cline）警察总监：芝加哥警察局总监。在 2003 年担任警察总监之前，克莱因曾在该警局担任 5 年的侦探科主任。在其 30 年的职业生涯中曾在暴力犯罪、街头犯罪团伙和毒品科工作过。1970 年进入芝加哥警察局，1972 年提升为警探并进入毒品犯罪科工作；1977 年被提升为警官并被分配到第十警区，同年回到毒品犯罪科工作；1985 年提升为警司并被分配到第二十一警区；1986 年成为第二地区暴力犯罪科调查警督；1980 年被任命为第十一警区外勤警督；1993 年被调至新成立的犯罪团伙调查科；1994 年被任命为第二区警探科科长；2000 年调任有组织犯罪科副科长；2004 年成为警察总监。

爱德华·康伦（Edward Conlon）警探：纽约警察局第四十四警区警探小组成员，畅销回忆录《蓝色的血液》作者。1995 年 1 月加入纽约警察局；2001 年 11 月被提升为警探小组成员。

汤姆·克罗宁（Tom Cronin）警长：爱达荷州科达伦部落警察局

局长；在联邦调查局接受过嫌疑人画像技术培训；芝加哥警察局司法证据科科长。1969 年进入芝加哥警察局，担任第十三警区巡警；1971 年成为犯罪分析员；1973 年提升为警探；1977 年提升为警司；1985 年提升为警督，同年被芝加哥警察局选派到联邦调查局暴力犯罪全国分析中心接受嫌疑人画像技能培训——这是联邦调查局行为科学科所提供的为期一年的培训项目；1990 年提升为警监；1998 年提升为司法证据科科长；2000 年 6 月从芝加哥警察局退休；2000 年 7 月担任爱达荷州科达伦部落警察局局长；2003 年 10 月担任科达伦部落警察局局长；2005 年 10 月退休。

W·马克·戴尔（**W.Mark Dale**）：纽约警察局犯罪实验室主任（2004 年离任）；现为纽约州立大学奥巴尼分校司法植物学系教员。1973 年进入纽约州警察局，担任巡警；1982 年成为纽约州警察局中哈得逊犯罪实验室主任；1996 年从纽约州警察局退休；1997 年担任位于华盛顿州奥林匹亚市的华盛顿州巡警实验室主任；1997 年回到纽约州警察局，担任高级警监，负责司法证据调查中心和实验室系统；2002 年担任纽约警察局犯罪实验室主任；1994 担任美国犯罪实验室主任协会主任。

格蕾钦·德格鲁特（**Gretchen DeGroot**）：威斯康星州密尔沃基市州犯罪实验室 DNA 分析科科长。1986 年担任威斯康星州犯罪实验室技术员；1990 年起在位于密尔沃基的州犯罪实验室血清/DNA 科工作。

丹尼斯·C·迪尔玛特（**Dennis C.Dirkmaat**）：宾夕法尼亚州伊利市默西赫斯特学院应用司法证据学系主任，默西赫斯特考古学院人类学副教授，经认证的司法人类学家。1990 年获匹兹堡大学人类学博士学位；曾为四十多名验尸官进行过近二百个司法人类学分析，曾协助联邦调查局开展过案件调查。

弗兰克 · C · 多雷斯（Frank C.Dolejsi）：明尼苏达州圣保罗市司法证据科学实验室刑事追踪科科长。1968 年就职于威斯康星州麦迪逊犯罪实验室，从事毒品化学、毒物学和血清学分析工作；1982 — 1984 年任血清学科科长；1984 年担任明尼苏达州司法证据科学实验室副主任；1997 年成为该实验室主任。

唐 · 埃尔福德（Don Elford）警探：密歇根州布尔顿市警察局侦探科警探。1980 年进入布尔顿警察局；1984 年开始在侦探科工作，直到 2003 年退休。专业领域：人身侵害犯罪；1990 年成为一名测谎员，除从事侦探工作外，还为密歇根州杰纳西县警察局从事测谎工作；现就职于美国国防部。

盖瑞 · 埃尔福德（Gary Elford）警监：密歇根州大布朗乡警察局警监，弗林特悬案小组前成员。1975 年加入弗林特警察局巡警队；1983 年提升为调查警司，曾在入室盗窃案组和抢劫案组工作；1985 — 1998 年在凶杀案组工作，在此期间曾于 1990 — 1991 年在性侵犯案组工作 9 个月；1998 年提升为警督并在行政科担任行政警督；2000 年从弗林特警察局退休并被杰纳西县地区检察官办公室聘为调查员和悬案调查小组合作伙伴；2001 年担任大布朗乡警察局警监，负责侦探工作。

保罗 · 费拉拉（Paul Ferrara）：弗吉尼亚司法证据科学学会弗吉尼亚分会主任，弗吉尼亚司法证据科学研究所共同主任，弗吉尼亚联邦大学著名的司法证据科学和化学教授。获锡拉丘兹大学和纽约州立大学环境科学和森林学院博士，国家科学院院士，《国家研究理事会有关 DNA 技术在司法证据科学领域的应用的报告》（1992—1996 年）的合著者，美国犯罪实验室主任协会实验室认证委员会前委员和前主席（1992—1996 年）。1994 年被联邦调查局局长路易斯·弗里奇任命为联邦调查局 DNA 咨询委员会成员；1998 年担任“DNA 证据的未来”委员会委员；2001 年被美国犯罪实验室主任协会授予布里格斯·怀特奖，以表彰其在司法证据科学研究管理方面的杰出贡献；2002 年担任司法部部长约翰·阿什克罗夫特建立的“DNA 实验室工作积压问题工作组”成员。

基斯·芬德利（Keith Findley）：辩护律师，“刑事上诉项目”共同主任，威斯康星州大学麦迪逊分校法学院“威斯康星冤案平反项目”共同主任。1985 年获得耶鲁法学院法律学位，在此之前曾在威斯康星州法院上诉庭和审判庭担任州助理公共辩护律师，曾在数百个定罪后案件和上诉案件中从事诉讼工作，曾在美国最高法院参加诉讼。

巴里·A·J·费舍（Barry A.J.Fisher）：加利福尼亚州洛杉矶县警察局犯罪实验室主任。获纽约城市大学化学学士学位（1966 年）和普度大学有机化学硕士学位；1973 年获加利福尼亚州立大学工商管理硕士学位；1969 年加入洛杉矶县警察局犯罪实验室，曾在大多数科室工作过，并曾担任微量痕迹科和毒物学科科长；1987 年起任实验室主任；曾任美国犯罪实验室主任协会主席。《犯罪现场调查技术》一书作者，该书受到高度评价，目前已出第七版。曾任国际司法证据科学学会主席。1999 年 8 月在加州大学洛杉矶分校主办第十五届国际司法证据科学学会大会。美国犯罪实验室主任协会及该协会下属的犯罪实验室认证委员会前主席；现为国家司法证据科学技术中心理事会成员。

多娜·方塔纳（Donna Fontana）：新泽西州警察局司法人类学家。1981年进入新泽西州验尸官办公室工作；1992年任新泽西州警察局司法人类学家；曾为“DNA证据的未来”全国委员会成员。

诺尔曼·加恩（Norman Gahn）：威斯康星州密尔沃基市地区助理检察官，在过去14年中一直负责起诉性攻击案件。1984年7月毕业于密尔沃基市马凯特大学法律系，后进入密尔沃基市地区检察官办公室工作。获得圣路易斯大学心理学学士学位和乔治华盛顿大学司法证据学硕士学位；曾在全国各地讲授DNA证据在法庭上的应用课程。美国检察官研究院DNA法律援助咨询小组成员；1998年被美国司法部任命为“DNA的未来”国家委员会成员；1998年联邦调查局正式承认其为法庭DNA技术先驱。获国家司法研究所授予的“DNA图谱奖”和威斯康星州反性侵犯联盟授予的“刑事司法勇气之声”奖，因其在通过DNA证据促进美国司法方面的贡献而被佐治亚州亚特兰大改善司法基金会授予全国奖。

弗农·J·格伯斯（Vernon J.Geberth）：纽约警察局布朗克斯凶杀案组警督长，《凶杀案调查实用手册》作者。1965年加入纽约警察局，在该警察局工作23年，曾担任战术巡警、警探、巡逻警司、调查警司、巡逻警督、调查警督、警督长、布朗克斯凶杀案组组长；1987年从纽约警察局退休；1988—1991年担任生命密码公司调查顾问；1987年至今任P. H. I. 调查咨询公司总裁，该公司向美国和加拿大各警察部门提供有关凶杀案和司法证据案件调查方面的最先进的指导和咨询。发表多篇论文，出版多部受到高度评价并被广泛使用的有关司法证据学方面的著作，其中包括《实用凶杀案调查手册：战术、程序和司法证据技术》和《与性相关的凶杀案和死亡案件调查：实用和临床的视角》。心理学硕士，联邦调查局国家学院毕业生。

吉姆·吉文斯（Jim Givens）警司：亚利桑那州凤凰城悬案调查组组长。1977 年加入凤凰城警察局，担任巡警；1982 年提升为巡逻警司，后担任前台警司；1983 — 1984 年在侵财犯罪组担任调查警司，后调入性犯罪组指导针对儿童犯罪的调查工作；1986 年调入凶杀案组；1987 年担任街道警司，三年后回到凶杀案组；1992 年负责组建悬案调查组并担任组长，同时被任命为特殊检察官的调查员；后因伤病在家休养；1995 年回到警察局重新担任悬案组组长；1998 年退休。

加思·格拉斯伯格（Garth Glassburg）：伊利诺伊州弗农山市北伊利诺伊犯罪实验室执行主任。1977 年获伊利诺伊大学生物学学士学位；1981 年获南伊利诺伊大学生物学硕士学位；1986 年加入伊利诺伊州警察局司法证据科学室担任司法证据科学家，专门从事毒品分析；1995 年担任该实验室化学培训协调员；1997 年担任化学科科长；2000 年担任北伊利诺伊警察局犯罪实验室执行主任，该实验室为北伊利诺伊州四十余个城市提供服务。

安·玛丽·格罗斯（Ann Marie Gross）：明尼苏达州圣保罗市司法证据科学实验室刑事追踪科 DNA 室三级司法证据科学家，技术科科长。1989 年 1 月开始在刑事追踪局工作，从事血液酒精分析；1991

年，当该实验室开始进行 DNA 测试时调至生物学科，曾接受 DNA 分析测试培训并作为访问科学家在联邦调查局实验室工作三个月，参与了刑事追踪实验室 PCR－DNA 测试室的组建工作。

苏珊·格罗斯（Susan Gross）：明尼苏达州圣保罗市司法证据科学实验室刑事追踪实验科化学室司法证据科科长。曾获化学和心理学学士学位和司法证据科学硕士学位；1997 年加入明尼苏达刑事追踪科，担任毒品化学室一级司法证据科学家；1999 年调至微量痕迹科；犯罪现场处理组成员；2004 年担任司法证据科科长。

戴维·霍尔（David Hall）：司法植物学家和植物分类学家。曾获佐治亚南方大学学士和硕士学位；1978 年获佛罗里达大学系统植物学博士学位。取得资格认证的司法证据检查员、植物学专家和湿地科学家。1972—1991 年任佛罗里达大学植物鉴定和信息服务中心主任，其职责包括教学、植物鉴定和佛罗里达州所有植物的生物学研究；1991—1997 年担任 KBN/高达集团高级科学家。公认的司法证据学和植物鉴定专家，出版 10 部著作，发表 135 篇论文；曾为联邦调查局、佛罗里达州警察局验尸官办公室、佛罗里达州水资源管理部、佛罗里达州环境保护部以及一些警察局和大学提供有关培训和案件调查方面的指导和咨询；现为佛罗里达州盖恩斯维尔市一家环境和司法证据咨询公司总裁。

威廉·汉密尔顿（William Hamilton）：新泽西州大西洋县警察局重案组警探。1971 年加入大西洋县警察局，在该警察局工作 28 年，曾担任巡警、无线电巡逻车队、警察潜水队和紧急反应组成员。他的调查工作包括警察照相、犯罪现场调查和指纹鉴定，曾在侦探科、一般调查科和罪犯身份确认科担任侦探；1999 年退休。

比尔·汉密尔顿（Bill Hamilton）博士：司法证据病理学家，佛罗里达州盖因斯维尔市佛罗里达州警察局第八警区地区验尸官。1975 年获迈阿密大学医学博士；1979 年在杜克大学完成解剖和临床病理学住院实习；1979 年在北卡罗来纳大学医学院完成司法证据病理学实习；1977—1979 年任北卡罗来纳州杜尔汉姆市验尸官；1977—1978 年任北卡罗来纳州助理首席验尸官；1979 年任北卡罗来纳州杜尔汉姆市北卡罗来纳验尸官系统地区病理学家；1979 年 10 月—1980 年任肯塔基州助理首席验尸官；1981 年至今任佛罗里达州盖因斯维尔阿拉查阿总医院助理病理学家及佛罗里达州第八警区地区验尸官。

格林·哈丁（Glenn Hardin）：明尼苏达州圣保罗市司法证据科学实验室刑事追踪科毒物学室主任，司法证据毒物学家。加州大学伯克利分校化学学士和司法证据学硕士；1989 年起在刑事追踪科任毒物学家；1998 年至今任毒物学室主任。

罗克纳·哈蒙（Rockne Harmon）：加利福尼亚州奥克兰市阿拉梅达县地区高级助理检察官。1974 年获圣弗朗西斯科大学法学院法律学位；1974 年 8 月起任阿拉梅达地区助理检察官。曾制作一套通过使用 DNA 配型帮助执法机关解决悬案的程序，曾在 O·J·辛普森案审判中作为检方成员处理 DNA 证据问题。“DNA 证据的未来”全国委员会法律问题工作组成员，加利福尼亚地区检察官协会司法证据委员会主席，2003 年获得国家凶杀案调查员协会颁发的成就奖。

尼尔·哈斯克尔（Neal Haskell）：司法证据昆虫学家，印第安那州伦斯勒市圣约瑟夫学院司法证据科学和生物学教授。获得普度大学司法昆虫学硕士（1980 年）和博士（1993 年）学位，从事有关司法昆虫学方面的犯罪现场调查、研究和教学工作，曾在全世界六百多个案件中担任司法昆虫学顾问。

卡罗·E·霍尔登（Carol E.Holden）：司法心理学家，密歇根州司法精神病学中心评估服务部主任，密歇根大学心理学副教授。1986 年获密歇根大学临床心理学博士学位；1986 年进入司法精神病学中心工作，任司法心理学家；2002 年任该中心主任。

马克斯·霍克（Max Houck）：西弗吉尼亚州莫干市西弗吉尼亚大学司法证据科学项目主任。密歇根州立大学人类学学士、硕士；1984—1985 年担任密歇根州立大学电子显微复制技术员，后任牛津仪器公司应用专家，帮助该公司开发司法证据产品；1991 年进入得克萨斯福特沃思验尸官办公室工作，任司法人类学家和微量痕迹证据检查员；曾在得克萨斯州韦科大卫教事件中担任协调人类学家；1992—2001 年在联邦调查局实验室微量痕迹科工作；2001 年进入西弗吉尼亚大学工作。为学术出版社出版的《无言的证人》和《微量痕迹分析》的合著者和编者。

马克·A·约翰塞（Mark A.Johnsey）：伊利诺伊州警察局高级警司，犯罪现场调查员，司法人类学家，现任伊利诺伊州伍德河市拉金律师事务所法律调查员。1975 年加入伊利诺伊州警察局，任在编警察；曾在司法证据科任犯罪现场调查员和司法人类学家，处理过五六百个死亡现场。"DNA 证据的未来"全国委员会成员。

罗兰德·琼斯（Roland Jones）：芝加哥警察局第一区抢劫/入室盗窃科警探。1994 年加入芝加哥警察局，担任第二十三警区巡警，同年担任第十七警区特警；1996 年调至第十一警区西区；1999 年调至特别行动科，同时担任人质、路障和恐怖袭击组局势控制警官；2002 年提升为警探并被调至第一区。

约翰·朱哈拉（John Juhala）：密歇根州兰辛市密歇根警察局司法证据科学室主任。1970 年获北达科他大学化学博士，并在伊利诺伊大学厄本那—香槟分校完成博士后研究；1971 年作为实验室科学特别工作人员加入北达科他犯罪调查局；1972 年作为实验室科学家进入密歇根公共健康部犯罪侦查室工作，专门从事纵火分析和毒品分析；1973 年被任命为公共健康部布瑞奇波特犯罪实验室主任；1977 年犯罪侦查室与密歇根警察局司法证据科学室合并后任密歇根警察局犯罪实验室副主任；1993 年提升为负责技术服务室的助理副主任；2000 年成为室主任；2002 年退休。

丹尼斯·M·基廷（Dennis M.Keating）：伊利诺伊州警察局芝加哥分局司法证据调查员；现任联邦酒精、烟草、枪支和爆炸物管理局枪支犯罪分析员。1977 年获伊利诺伊大学刑事司法学士学位；1993 年获刘易斯大学（伊利诺伊州洛克波特）科学硕士学位；1965 年作为警校学员进入芝加哥警察局工作，后成为编制警官；1981 年分配到芝加哥警察局犯罪实验室化学室工作，后被提升为证据技术员、司法证据调查员和枪支检查员；1996 年从芝加哥警察局犯罪实验室退休；1996—1999 年担任伊利诺伊州警察局武器检查员；目前任联邦酒精、烟草、枪支和爆炸物管理局枪支犯罪分析员。

布莱恩·金（Brian King）：伊利诺伊州威尔梅特市警察局副局长，伊利诺伊州北部地区重案组组长。1987 年以来曾担任巡警、警探、警司、组长和副警长，负责犯罪调查培训和凶杀案调查员培训工作，另外也为悬案调查提供咨询。

乔·莱瑟曼（Joe Leatherman）：南卡罗来纳州科伦布市南卡罗来纳执法部门司法证据实验室隐秘印痕和犯罪现场科警督，南卡罗来纳州国际身份鉴定协会第一任副主席。1987 年 10 月进入南卡罗来纳州瑞奇兰县警察局工作，警犬搜捕队队长；1991 年提升为调查员并被调至犯罪现场科；1997 年 1 月提升为警司并成为犯罪现场调查科科长；2001 年调至南卡罗来纳执法部门；2004 年提升为警督。

李昌钰（Henry C.Lee）：康涅狄克州警察局犯罪实验室名誉主任，康涅狄克州公共安全局前局长，康涅狄克州警察局司法证据科学实验室前主任。1975 年获纽约大学生物化学博士；1975 年起在康涅狄克州警察实验室工作。自愿帮助州警察局建立了司法证据实验室服务部门，出版过数本受到好评的司法证据科学著作，曾应邀参加过 4 000 个凶杀案的调查工作；出庭作证次数超过 1 000 次。

里奇·朗肖尔（Rich Longshore）：洛杉矶县警察局凶杀案处警司。1966—1969 年在北加利福尼亚诺瓦托警察局工作；1970 年 1 月进入洛杉矶警察局，在拘留处工作二年后调至洛杉矶中南部的雷诺克斯警察分局；1975 年提升为警司并被调至洛米塔警察分局，曾在警察学校任培训警司；后调回雷诺克斯分局，在特别执法处担任四年特警队队长；曾是 1984 年奥运会特别行动委员会成员；在随后的七年中曾在警察总部内部事务科和内部调查处任职；随后在缉毒科任职二年；从 1995 年起一直在凶杀案处工作。

詹姆士·M·马克尔特（James M. Mackert）：伊利诺伊州芝加哥市警察局有组织犯罪科警督、培训官员。1994 年进入芝加哥警察局，曾在第八和第九警区工作；1995 年调至第十一警区，曾在战术科和团伙犯罪科工作九年（9·11 事件后曾在中央控制集团担任三个月的情报分析员）；2004 年调至有组织犯罪科毒品和犯罪团伙调查室，与机关街道分队一起从事长期毒品犯罪调查；2005 年初提升为警探，2005 年 8 月提升为警督。曾获刘易斯刑事社会司法硕士学位和伊利诺伊州理工学院公共管理硕士学位；2005 年获芝加哥洛约拉大学教育学博士学位。

格雷格·马西森（Greg Matheson）：洛杉矶警察局刑事侦查实验室执行主任，首席化学分析师。1978 年 6 月作为司法证据科学家进入犯罪实验室工作，曾分别在毒物科、特殊测试科（包括用以进行毒物分析以及爆炸物和纵火材料测试的色谱仪和质谱仪等设备）、纤维检验组和血清组工作（1989 年成为血清组组长）；1994 年被任命为洛杉矶警察局犯罪实验室两个副主任之一，负责司法证据科的工作，该科包括重案组、血清组、DNA 组、微量痕迹组、枪支组、文书鉴定组和实地反应组；2003 年被任命为犯罪实验室执行主任。

泰瑞·麦克亚当（Terry McAdam）：华盛顿州塔克马市华盛顿州警察局犯罪实验司法证据科学家，专业特长：微量痕迹证据、血迹和一般犯罪现场处理。1977 年 12 月在贝尔法斯特的北爱尔兰司法证据实验室开始职业生涯，在该实验室工作 10 年，曾分别在爆炸物、枪支、血液酒精、毒物、纵火证据和微量痕迹等科室工作；1987 年进入位于西雅图的华盛顿州犯罪实验室，从事两年毒品分析工作，后从事微量痕迹证据和犯罪现场处理工作；1998 年被任命为塔科马市犯罪实验室微量痕迹科科长，另为犯罪现场反应小组成员。曾处理过大约 500 个犯罪现场。

威廉 · J · 麦金泰尔（William J.McIntyre）：新泽西州汉蒙顿大西洋县检察官办公室暴力犯罪科警探。1974 — 1978 年担任新泽西州诺斯菲尔德警察局巡警；1978 年担任大西洋县检察官办公室诉讼室调查员；1980 — 1987 年任凶杀案组高级调查员和强奸案组组长；1987 年任诉讼室高级调查员；1992 年任犯罪调查处特别行动科高级调查员；1994 年提升为大西洋县重案组警探；1999 年 1 月 — 2000 年 7 月任暴力犯罪组警探；曾参加有关 DNA 技术的全国执法峰会。最初参加工作时在新泽西州萨默塞特任巡警；从 1980 年起一直在重案组从事凶杀案调查工作，直到 2000 年退休；现在全国各地提供悬案评估培训课程，并为一家私人司法证据咨询公司（WJM 合伙咨询公司）的负责人。

乔 · 莫菲（Joe Murphy）：芝加哥警察局司法证据科科长，悬案小组前组长。1970 年进入芝加哥警察局工作；1978 年提升为警探并被调至第一区谋杀案科；1984 年提升为警司，并任侦探科科长；1988 年提升为警督并调至酒精、烟草和武器工作组；1989 年成为第二区暴力犯罪科科长，直至 2000 年；2000 — 2002 年任悬案组组长；现任侦探处凶杀案科警监。

约翰 · P · 尼尔森（John P.Nielson）：威斯康星州密尔沃基市州犯罪实验室刑事侦查主管，隐秘指纹专家。1975 — 1983 年任衣阿华州衣阿华市副警长；1977 年开始学习指纹辨认技术，1979 年成为指纹鉴定警官；1981 年成为经过资格认证的隐秘指纹检查员；1983 年作为指纹检查员进入密尔沃基州犯罪实验室工作；从 1996 年开始在犯罪实验室指导枪支检查、文书鉴定、指纹和照相方面的工作。

戴夫·奥卡拉汉（Dave O'Callahan）：芝加哥警察局侦探科抢劫案组警督。1970 年进入警察部门工作，在职业生涯早期为犯罪团伙调查组和战术组成员；1977 年成为凶杀/性犯罪案组警探；1986 年提升为警司；1987 年进入酒精、烟草和枪支工作组，在侦探处负责指导战术小组；2003 年回到侦探处抢劫案组；2005 年退休；现为芝加哥库克县州检察官办公室特别起诉科调查员。

雷·皮维（Ray Peavy）：加利福尼亚州洛杉矶市洛杉矶县警察局凶杀案科警监。1968 年进入警察局工作，担任县监狱警官，后分配到雷克伍德警察分局担任巡警，该分局负责洛杉矶县六个城市的警察工作；1970 年加入不道德罪行科，在西好莱坞地区担任便衣警察；1983 年提升为警司并被调至雷诺克斯分局，随后又调至马利纳德尔雷；1986 年调至凶杀案科担任调查员；1988 年提升为警监并调至监狱机构工作，后调至阿拉梅达分局担任警戒警长；1993 年回到凶杀案科；2003 年提升为凶杀案科科长。

戴维·B·彼得森（David B.Petersen）：明尼苏达州圣保罗市司法证据科学实验室刑事追踪科前副科长，犯罪实验室主任协会前主席，司法证据学家。1981 年进入明尼苏达司法证据科学实验室，任化学分析员；1981—1986 年 6 月从事纵火调查、爆炸物分析和毒品化学分析工作，同时担任犯罪现场小组成员；1986 年任惠普公司设备工程师；1989 年回到明尼苏达司法证据科学实验室，从事毒品化学、爆炸物和纵火等方面的分析工作；1990 — 1997 年任犯罪现场小组组长和实验室质量保证协调员，后任犯罪实验室副主任；2004 — 2005 年任美国犯罪实验室主任协会主席；2005 年被判定毒品犯罪，入狱服刑六个月。

戴维·彼得森（David Peterson）：明尼苏达州圣保罗市司法证据科学实验室明尼苏达刑事追踪科隐秘印痕检查员。1968 年参加空军，在空中防御局和特别调查办公室工作，其工作包括犯罪现场处理；1989 年从空军退伍后在科赫工业公司工作数年；1993 年进入堪萨斯州警察局担任犯罪现场调查员，其间接受隐秘指纹检查培训；1995 年成为威奇塔警察局隐秘印痕检查员；1997 年 7 月进入明尼苏达刑事追踪科工作，分别担任隐秘指纹检查员、犯罪现场小组成员和组长。

克里斯托弗·J·普鲁尔德（Christopher J. Plourd）：律师，刑事侦察专家，司法证据顾问，位于加利福尼亚州圣地亚哥市的克里斯托弗·J·普鲁尔德律师事务所的唯一执业律师，专业领域：涉及司法科学证据，尤其是 DNA 技术的案件。圣地亚哥托马斯·杰弗逊法学院毕业；1983 — 1986 年任加利福尼亚州埃尔森特罗市英皮利奥县公共辩护人办公室助理公共辩护人；1986 — 1988 年 6 月任辩护人公司全职律师；1988 年成立私人律师事务所。“DNA 证据的未来”全国委员会犯罪现场证据收集工作组成员，定期为律师、法官、执法人员和法律专业学生提供有关司法科学证据的讲座。

诺曼·里夫斯（Norman Reeves）：亚利桑那州图森市血迹模式分

析咨询公司司法证据顾问，新泽西州伍德伯里市格洛斯特县检察官办公室调查科副科长。1966—1974 年在新泽西州皮特曼市警察局任巡警、警探和调查警司；1967—1969 年在越南服役；1974 年进入格洛斯特县检察官办公室，任县警探、探长、县警督、县调查警监和副科长；1991 年 8 月退休后担任血迹模式分析咨询公司总经理。

汤姆·雷诺兹（Tom Reynolds）：芝加哥警察局司法证据调查员。1966 年进入芝加哥警察局，担任巡警；1971—1979 年担任证据技术员；1979—1999 年担任司法证据调查员；在芝加哥州立大学和芝加哥警察学校哈罗德·华盛顿学院教授司法证据科学基础课程。

凯瑟琳·“点心”·雷多尔菲（Kathleen “Cookie” Ridolfi）：法学教授，加利福尼亚州桑塔克拉拉大学“冤案平反项目”北加利福尼亚州负责人。1982 年获鲁特基尔斯大学法学学位；80 年代任费城辩护人协会出庭律师；1991 年开始在纽约城市大学法学院任教，在桑塔克拉拉大学教授刑法和刑事诉讼法。

里士满·M·里格斯（Richmond M. Riggs）：密歇根州弗林特市吉纳西县检察官办公室起诉律师。曾就读于密歇根大学，1981 年在密歇根兰辛市托马斯·库利法学院获得法学学位；曾在密歇根州芒特普莱森特萨基诺/齐皮瓦保留区从事私人执业律师工作；1986 年进入吉纳西县检察官办公室工作。

威廉·C·罗德里格兹三世（William C. Rodriguez Ⅲ）：华盛顿特区武装部队病理研究院首席助理验尸官。1983 年获得田纳西大学人类学博士学位；1984 年任路易斯安那州什里夫波特卡多县验尸官办公室司法人类学家助理验尸官；1987 年成为纽约西里库斯奥农达戈先验尸官办公室司法人类学家和行动科主任；1990 年进入武装部队病理研究院工作。

马克·拉辛（Mark Rusin）：酒精、烟草、枪支和爆炸物管理局特工，枪支专家，亚利桑那州图桑市 ATF 全国弹道信息识别一体化系统地区协调员。从小在芝加哥西城区长大；1980 年加入拉斯维加斯地铁警察局，担任巡警；1983 年 12 月成为 ATF 工作人员并被分配到圣弗朗西斯科市，在都市警察局枪支控制组和有组织犯罪组工作；后进入位于华盛顿特区的 ATF 总部爆炸物处工作，并于 1989—1990 年担任项目官员；1990 年 12 月提升为费城组组长；1992 年回到 ATF 总部情报处，担任禁止酒精和烟草国际协调员；1995 年调入 ATF 监察办公室；1996 年成为负责芝加哥分局的监察员，后担任助理特工；1999 年回到 ATF 总部特别行动组担任 ATF 派驻白宫的代表；2003 年 11 月成为 ATF 西部地区协调员。

拉希德·萨布尔（Rashid Sabur）：新泽西州纽瓦克市纽瓦克警察局刑事调查科凶杀案组警探。1987 年进入纽瓦克警察局，在刑事调查科工作 14 年，其中 3 年负责调查性犯罪，另外 11 年负责调查凶杀案和悬案。

诺姆·索尔（Norm Sauer）：密歇根州立大学司法人类学实验室主任，人类学教授，司法人类学家。1973 年开始在密歇根州立大学任教；1974 年获密歇根州立大学体质人类学博士学位；20 世纪 70 年代中期开始从事司法人类学工作；曾在一千多个案件中为密歇根州警察局、密歇根各地验尸官办公室以及美国各地的律师和检察官提供过司法人类学方面的服务，并曾与联邦调查局和酒精、烟草、枪支和爆炸物管理局开展合作；停尸房行动反应小组成员，该小组为联邦机构，负责组织专家前往大规模灾难现场辨认遇难者尸体的工作。索尔博士为该机构所做的工作包括在“9·11”遇难者身份辨认过程中提供帮助。

罗伯特·C·谢勒（Robert C. Shaler）：宾夕法尼亚州立大学埃伯利科学学院司法证据科学系主任（2005年7月—　），DNA实验室纽约市司法生物学科首席验尸官办公室医生（1990—2005年），宾夕法尼亚州立大学生物化学博士。60年代后期任匹兹堡大学生物化学教授时在《匹兹堡报》上看到一则有关犯罪实验室人员讲授的科学探案课程的广告，在参加并完成该课程后获得司法证据科学硕士学位，于1970年进入州犯罪实验室担任毒品分析员；1977年受聘于华盛顿特区的航天工作，负责几个合同项目的管理工作，其中包括血迹分析系统项目；1978年成为纽约市验尸官办公室的首席血清学家；1986年加入美国第一家私人司法证据DNA实验室——生命密码公司担任司法证据业务拓展部经理，在全国各地向警察部门和律师团体做有关DNA测试的益处的讲座；1990年回到纽约市验尸官办公室，在那里建立了DNA测试实验室并将其命名为“司法生物学室”——现为美国DNA实验室；1990年还建立了犯罪现场情景复原部门，并将其命名为“验尸官办公室科学分析和培训小组”；9·11事件发生后，带领该小组花费了将近四年的时间，使用包括DNA技术在内的各种方法确定该事件遇难者身份。《他们是谁：世贸中心内部的DNA故事：在确定失踪者身份方面前所未有的努力》一书的作者。

罗纳德·L·辛格（Ronald L. Singer）：得克萨斯州福特沃思市塔

伦特县验尸官办公室犯罪实验室主任，生物科学硕士。1972 年加入当时刚刚成立的路易斯安那州梅塔瑞市杰弗逊县治安办公室犯罪实验室工作，担任毒品分析员；1975 年从事枪支和工具痕迹分析，并开始接受微量痕迹方面的培训；1976—1988 年担任杰弗逊县治安办公室主任；1989 年应邀为塔伦特县验尸官办公室建立犯罪实验室；1989 年起担任该实验室首席刑事侦查学家；2000 年成为实验室主任；2004 年任美国司法证据科学院院长；现为国际司法科学协会主席（其任期被延至 2005—2008 年）。

苏南丹·B·辛格（Sunandan B.Singh）博士：新泽西州帕拉默斯市贝尔根县验尸官。毕业于印度海得拉巴德省奥斯马尼亚大学，曾在印度农村担任二年家庭医生，后在孟买大学格兰特医学院接受病理学和细菌学方面的研究生培训；1965 年印巴战争爆发之后在印度军队中担任上校至 1969 年；1970 年获得病理学和细菌学博士学位；1971 年到美国，作为住院实习人员在哥伦比亚大学附属哈勒姆医院中心工作、学习，后成为南泽西的一位病理学家；1980—1986 年在新泽西州卡姆登县任验尸官，后在新泽西州纽瓦克市周验尸官办公室担任助理验尸官；1992 年成为贝尔根县验尸官。

詹姆士·斯奈道夫（James Snaidauf）：伊利诺伊州芝加哥市伊利诺伊州警察局司法证据科学中心隐秘指纹科科长，司法证据科学家。1995 年进入伊利诺伊州警察局隐秘印痕科工作；2001 年任伊利诺伊州国际身份辨认协会主席；2001 年成为隐秘指纹科科长；伊利诺伊大学芝加哥分校司法证据科学硕士班兼职教授。

卡拉·斯蒂芬森（Kara Stefanson）：伊利诺伊州芝加哥市库克县

检察官办公室 DNA 资源专家。1992 年获密歇根州立大学司法证据科学和刑事司法学学位后成为度帕奇县警察局犯罪实验室血清专家；1998 年成为伊利诺伊州芝加哥市伊利诺伊州警察司法证据科学中心司法生物学/DNA 科科长；2004 年进入库克县检察官办公室工作，曾向两千多名执法人员、急救人员和检察官提供有关司法生物学和 DNA 分析方面的培训。

戴维·戴尔·斯蒂芬斯（David Dyer Stephens）：密歇根州警察局布瑞奇波特地区司法证据实验室血清和微量痕迹科司法证据科学家。1983 年获密歇根州立大学医学技术学士学位；1997 年获中部密歇根大学一般管理学硕士学位；1997 年起在密歇根州警察局担任司法证据科学家。专业领域：血清学、鞋印和轮胎印比较、毛发比较、纤维比较、血迹解释和情景复原。

R·P·（拉斯蒂）萨利文［R.P.（Rusty）Sullivan］：伊利诺伊州奥罗拉市警察局调查科犯罪现场组组长。1979—1982 年任伊利诺伊州蒙哥马利市蒙哥马利村警察局调度员；1980—1985 年在苏格格拉夫村和蒙哥马利村担任警官；1985 年 4 月进入奥罗拉市警察局；1982 年任证据技术员，使用致命武力事件（涉及警察的枪击案）调查小组成员。

安贾利·斯威顿（Anjali Swienton）：司法证据科学家，律师，马里兰州德国镇“科学法律司法证据”有限公司总裁。获约翰霍普金斯大学分子生物学学士学位、乔治华盛顿大学司法证据科学硕士学位（1992 年）、美国大学华盛顿法学院法学学位（2002 年）。1998 年 3 月—2002 年 11 月在 ACS 防卫公司（该公司为华盛顿特区国家司法研究所科技办公室联邦承包商）任高级司法证据分析员；现任“科学法律司法证据”有限公司总裁，该公司致力于从科学和法律的角度帮助政府机构、私人机构和教育机构开发刑事司法系统培训工具。

斯蒂文·A·塞姆斯（Steven A.Symes）：司法人类学家，宾夕法尼亚州伊利市默西赫斯特学院默西赫斯特考古研究所助理教授。1992年获田纳西大学体质人类学博士学位；1976—1978年在位于南达科他州福特米德南市达科他州考古研究中心担任考古学家；1981—1984年在史密森研究所从事阿里卡拉印第安人骨骼数据的研究；1985—1987年在美国数个考古项目中担任首席体质人类学家；1986—1987年任戴维森县拿什维尔市验尸官办公室司法人理学家和停尸房主任；此后任孟菲斯田纳西大学病理学系谢尔比现地区司法证据中心司法人类学家，并在病理学系任教；2003年加入默西赫斯特考古学研究所，承包新泽西州纽瓦克市验尸官办公室工具痕迹分析工作，专业领域：司法证据工具痕迹和裂纹模式解释。

乔治·小塔夫特（George Taft Jr.）：阿拉斯加州安卡里奇市阿拉斯加公共安全部科学探案实验室创始人、主任。20世纪50年代末—1984年任得克萨斯州奥斯汀市得克萨斯州公共安全部犯罪实验室化学家；1980年提升为该实验室主任；1984年应阿拉斯加州聘请为该州建立新的犯罪实验室，为该实验室购置设备、招聘司法证据科学家并为其申请美国犯罪实验室主任协会认证；在全国各地为年轻人提供有关司法证据学教育方面的讲座。

安·塔尔博特（Ann Talbot）：新墨西哥州圣菲市新墨西哥州公共安全部司法证据实验室管理局局长。1979年开始在新墨西哥州阿布奎基大都市司法证据科学中心犯罪实验室工作，担任血清分析员和微量痕迹证据分析员，同时也从事血液酒精分析和控制物质分析；1982年开始作为“副业”从事犯罪现场工作，负责照相和隐秘指纹的提取工作，直到1990年一直从事实验室工作；1991年被任命为阿布奎基市司法证据科学中心犯罪实验室主任；1997年成为中心主任；2005年成为新墨西哥州公共安全部司法证据实验室管理局局长。

鲍勃·范纳（Bob Vanna）：芝加哥警察局水上警察科警司。1967年12月进入芝加哥警察局，任第三警区巡警，曾在战术小组（便衣）和特别行动组工作；1977年提升为警司；曾任巡逻警司、战术警司、特别行动警司和人质、路障和恐怖袭击组警司；曾在芝加哥住房管理局从事大规模转移和摩托车特遣队工作；1986—2002年在水上警察科工作，负责密歇根湖和芝加哥河的巡逻、救援、证据收集和尸体打捞工作。

迈克尔·A·瓦索维兹（Michael A. Wasowicz）：伊利诺伊州斯科基市警察局证据技术员，北部地区重案特别工作组司法证据组组长。北部地区重案特别工作组为北部海岸地区和芝加哥地区的14个社区提供服务，主要调查凶杀和非父母绑架儿童等案件。1984年加入斯科基警察局，担任了16年的证据技术员，为获得国际身份鉴定协会资格认证的高级犯罪现场分析员和血迹模式检查员。

迈克尔·C·韦尔（Michael C. Well）：计算机司法证据专家，国防部前计算机司法证据检查员。1996年8月—1998年3月在伊利诺伊州检察长办公室政策和计划发展室担任政策研究员，制定了一个发展伊利诺伊州计算机犯罪研究所的资助计划——一个全州范围内的执法部门计算机犯罪调查和培训计划；1998 年成为该计算机犯罪研究所的高级司法证据分析员，负责制定和教授有关互联网调查和计算机司法证据学方法的课程；2002 年 1 月—2002 年 11 月在国防部计算机司法证据实验室反间谍/反恐科工作，后担任国防部司法证据实验室数据成像和提取科科长；2001 年 4 月—2002 年 10 月担任国际标准和技术研究所计算机司法证据工具测试和国家软件参考图书馆指导委员会成员；2004 年 1 月加入一个芝加哥咨询公司，从事计算机司法证据检查工作；现任国家司法研究所数字证据教育技术工作小组和高科技的调查应用技术工作小组成员。

厄尔·韦尔斯（Earl Wells）：南卡罗莱纳州哥伦比亚市警察局司法证据服务实验室主任。化学学士；1969 年在南卡罗莱纳州“默示同意项目”担任微量痕迹分析员，并担任司法证据化学实验室主任，田纳西大学国家司法证据学院犯罪现场和微量痕迹证据工作促进员；1997 年起担任司法服务实验室主任；2005 年担任美国犯罪实验室主任协会主席。

查尔斯·J·沃尼克（Charles J. Wernick）：伊利诺伊州警察总监。1972 年进入埃文斯通市警察局工作，担任警官，在随后的 14 年中曾担任选择性执法小组（该小组集中处理主要犯罪模式）成员和少年犯罪科调查员；后调至侦探科从事犯罪调查工作，并担任不道德犯罪和毒品犯罪组高级调查员；1986 年提升为警司；随后三年的工作包括在内部事务科和侦探科担任督导员，负责重大案件的调查；1996 年提升为警督，负责犯罪团伙组和毒品组的工作；1997 年被任命为北部地区重案特别工作组行动队队长；1999 年成为北部地区重案特别工作组组长；1998 年成为警察总监，负责调查服务科的工作，并担任证据技术督导员；2001年成为伊利诺伊州海伍德市警察总监；2005年成为伊利诺伊州诺斯布鲁克警察总监。

约翰·H·威尔默（John H. Willmer）：弗吉尼亚州里士满市犯罪实验室司法证据科枪支和工具痕迹识别组司法证据科学家。北密歇根大学化学学士；在越战期间担任海军少校，负责炸弹排除工作；1973年进入密歇根州警察局，担任警员；1977年进入密歇根警察局布瑞奇波特犯罪实验室枪支/工具痕迹科工作，在随后的20年中一直担任枪支和工具痕迹检查员，同时担任密歇根警察局炸弹小组成员；1997年从密歇根警察局退休，当时的警衔为侦探警司；同年加入弗吉尼亚州里士满市犯罪实验室工作，担任司法证据科学家。

德博拉·奥曼·齐迈特（Deborah Oman Zimet）：佛罗里达州布劳沃德县检察官办公室一级凶杀案科助理检察官。1981年获得佛罗里达州福特劳德代尔市诺瓦东南大学法律学位；1985年获乔治敦大学国际和比较贸易法学位；曾做过二年有关保险方面的案件的辩护工作；1987年进入检察官办公室工作，在过去13年中一直在一级凶杀案科工作。

新知
文库

01 《证据：历史上最具争议的法医学案例》[美] 科林·埃文斯 著 毕小青 译

02 《香料传奇：一部由诱惑衍生的历史》[澳] 杰克·特纳 著 周子平 译

03 《查理曼大帝的桌布：一部开胃的宴会史》[英] 尼科拉·弗莱彻 著 李响 译

04 《改变西方世界的 26 个字母》[英] 约翰·曼 著 江正文 译

05 《破解古埃及：一场激烈的智力竞争》[英] 莱斯利·亚京斯 著 黄中宪 译

06 《狗智慧：它们在想什么》[加] 斯坦利·科伦 著 江天帆、马云霏 译

07 《狗故事：人类历史上狗的爪印》[加] 斯坦利·科伦 著 江天帆 译

08 《血液的故事》[美] 比尔·海斯 著 郎可华 译

09 《君主制的历史》[美] 布伦达·拉尔夫·刘易斯 著 荣予、方力维 译

10 《人类基因的历史地图》[美] 史蒂夫·奥尔森 著 霍达文 译

11 《隐疾：名人与人格障碍》[德] 博尔温·班德洛 著 麦湛雄 译

12 《逼近的瘟疫》[美] 劳里·加勒特 著 杨岐鸣、杨宁 译

13 《颜色的故事》[英] 维多利亚·芬利 著 姚芸竹 译

14 《我不是杀人犯》[法] 弗雷德里克·肖索依 著 孟晖 译

15 《说谎：揭穿商业、政治与婚姻中的骗局》[美] 保罗·埃克曼 著 邓伯宸 译 徐国强 校

16 《蛛丝马迹：犯罪现场专家讲述的故事》[美] 康妮·弗莱彻 著 毕小青 译

17 《战争的果实：军事冲突如何加速科技创新》[美] 迈克尔·怀特 著 卢欣渝 译

18 《口述：最早发现北美洲的中国移民》[加] 保罗·夏亚松 著 暴永宁 译

19 《私密的神话：梦之解析》[英] 安东尼·史蒂文斯 著 薛绚 译

20 《生物武器：从国家赞助的研制计划到当代生物恐怖活动》[美] 珍妮·吉耶曼 著 周子平 译

21 《疯狂实验史》[瑞士] 雷托·U·施奈德 著 许阳 译

22 《智商测试：一段闪光的历史，一个失色的点子》[美] 斯蒂芬·默多克 著 卢欣渝 译

23 《第三帝国的艺术博物馆：希特勒与“林茨特别任务”》[德] 哈恩斯—克里斯蒂安·罗尔 著 孙书柱、刘英兰 译

24 《茶：嗜好、开拓与帝国》[英] 罗伊·莫克塞姆 著 毕小青 译

25 《路西法效应：好人是如何变成恶魔的》[美] 菲利普·津巴多 著 孙佩妏、陈雅馨 译

26 《阿司匹林传奇》[英] 迪尔米德·杰弗里斯 著 暴永宁 译

27 《美味欺诈：食品造假与打假的历史》[英] 比·威尔逊 著 周继岚 译

28 《英国人的言行潜规则》[英] 凯特·福克斯 著 姚芸竹 译

29 《战争的文化》[美] 马丁·范克勒韦尔德 著 李阳 译

30 《大背叛：科学中的欺诈》[美] 霍勒斯·弗里兰·贾德森 著 张铁梅、徐国强 译

31 《多重宇宙：一个世界太少了？》[德] 托比阿斯·胡阿特、马克斯·劳讷 著　车云 译
32 《现代医学的偶然发现》[美] 默顿·迈耶斯 著　周子平 译
33 《咖啡机中的间谍：个人隐私的终结》[英] 奥哈拉、沙德博尔特 著　毕小青 译
34 《洞穴奇案》[美] 彼得·萨伯 著　陈福勇、张世泰 译
35 《权力的餐桌：从古希腊宴会到爱丽舍宫》[法]让—马克·阿尔贝 著　刘可有、刘惠杰 译
36 《致命元素：毒药的历史》[英]约翰·埃姆斯利 著　毕小青 译
37 《神祇、陵墓与学者：考古学传奇》[德]C. W. 策拉姆 著　张芸、孟薇 译
38 《谋杀手段：用刑侦科学破解致命罪案》[德]马克·贝内克 著　李响 译
39 《为什么不杀光？种族大屠杀的反思》[法] 丹尼尔·希罗、克拉克·麦考利 著　薛绚 译
40 《伊索尔德的魔汤：春药的文化史》[德] 克劳迪娅·米勒—埃贝林、克里斯蒂安·拉奇 著
王泰智、沈惠珠 译
41 《错引耶稣：〈圣经〉传抄、更改的内幕》[美] 巴特·埃尔曼 著　黄恩邻 译
42 《百变小红帽：一则童话中的性、道德及演变》[美] 凯瑟琳·奥兰丝汀 著　杨淑智 译
43 《穆斯林发现欧洲：天下大国的视野转换》[美] 伯纳德·刘易斯 著　李中文 译
44 《烟火撩人：香烟的历史》[法] 迪迪埃·努里松 著　陈睿、李欣 译
45 《菜单中的秘密：爱丽舍宫的飨宴》[日] 西川惠 著　尤可欣 译
46 《气候创造历史》[瑞士] 许靖华 著　甘锡安 译
47 《特权：哈佛与统治阶层的教育》[美] 罗斯·格雷戈里·多塞特 著　珍栎 译
48 《死亡晚餐派对：真实医学探案故事集》[美] 乔纳森·埃德罗 著　江孟蓉 译
49 《重返人类演化现场》[美] 奇普·沃尔特 著　蔡承志 译
50 《破窗效应：失序世界的关键影响力》[美] 乔治·凯林、凯瑟琳·科尔斯 著　陈智文 译
51 《违童之愿：冷战时期美国儿童医学实验秘史》[美] 艾伦·M·霍恩布鲁姆、朱迪斯·L·纽曼、格雷戈里·J·多贝尔 著　丁立松 译
52 《活着有多久：关于死亡的科学和哲学》[加] 理查德·贝利沃、丹尼斯·金格拉斯 著
白紫阳 译
53 《疯狂实验史Ⅱ》[瑞士] 雷托·U·施奈德 著　郭鑫、姚敏多 译
54 《猿形毕露：从猩猩看人类的权力、暴力、爱与性》[美] 弗朗斯·德瓦尔 著　陈信宏 译
55 《正常的另一面：美貌、信任与养育的生物学》[美] 乔丹·斯莫勒 著　郑嬿 译
56 《奇妙的尘埃》[美] 汉娜·霍姆斯 著　陈芝仪 译
57 《卡路里与束身衣：跨越两千年的节食史》[英] 路易丝·福克斯克罗夫特 著　王以勤 译
58 《哈希的故事：世界上最具暴利的毒品业内幕》[英] 温斯利·克拉克森 著　珍栎 译
59 《黑色盛宴：嗜血动物的奇异生活》[美] 比尔·舒特 著　帕特里曼·J·温 绘图　赵越 译
60 《城市的故事》[美] 约翰·里斯 著　郝笑丛 译